전쟁이
만든 나라,
미국

전쟁이 만든 나라, 미국

주제가 있는
미국사 3

강준만 지음

인물과
사상사

머리말
'전쟁의 축복'을 받은 나라

미국 심리학자 윌리엄 제임스William James, 1842~1910는 원래부터 대중에게
는 전쟁을 선호하는 경향이 내재한다고 믿는 편이었다. 그는 "자신이 어
떤 집단에 봉사하는 데 필요한 존재임을 알 때, 한 인간의 모든 특성은 존
엄성을 얻기 때문이다"며 전쟁이 누군가에게는 그 자체로 유토피아임을
인정했다.

크리스 헤지스Chris Hedges는 『전쟁은 우리에게 의미를 주는 힘이다
War Is a Force That Gives Us Meaning』(2002)에서 '전쟁의 지속적인 매력'에 대해
다음과 같이 말한다.

"비록 파괴와 살육이 자행되지만, 전쟁은 우리가 살면서 갈망해온
것을 줄 수 있다. 전쟁은 우리에게 의미와 목적, 살아야 할 이유를 줄 수
있다. 우리가 전쟁의 한가운데에 있을 때에만, 우리의 삶이 피상적이고
생기가 없다는 것을 깨닫게 된다. 사소한 것들이 우리의 대화를 지배하

고, 우리의 TV 채널을 점점 더 강력하게 지배하고 있다. 그리고 전쟁은 유혹적인 만병통치약이다. 전쟁은 해결책과 명분을 준다. 전쟁은 우리를 고귀하게 만들어줄 수 있다."

이언 모리스Ian Morris는 『전쟁의 역설: 폭력으로 평화를 일군 1만 년의 역사War! What Is It Good For?』(2014)에서 전쟁의 심리적 장점을 넘어서, 평화로운 사회를 만들기 위해 '인류가 찾아낸 유일한 방법'이 전쟁이라고 주장한다. 전쟁 이후 "군수품 공장은 병원이나 보육을 위한 시설로 개조"되었으며, 히틀러를 상대로 제2차 세계대전을 치른 서유럽인들은 "큰 정부야말로 가난, 부당함과의 전쟁 등에서 승리를 이끌 수 있다고 기대하면서, 정부를 강압의 존재가 아니라 자유의 수단으로 보게 됐다"는 것이다. 1만 년이라는 거시적 관점으로 "전쟁은 인류에게 유익했다"는 도발적이고 불편한 주장을 펼치는 모리스는 한국어판 서문에서도 도발적인 주장을 펼친다.

"대한민국은 전쟁의 산물이다. 제2차 세계대전이 없었다면 지금의 대한민국은 존재하지 않았을 것이다. 또 냉전이 없었다면 한강의 기적 역시 가능하지 않았을 것이다. 50년 전 일반적인 한국인들은 아프리카인 평균보다 겨우 조금 잘사는 수준이었다. 그러나 오늘날 대한민국은 전 세계적으로 소득 수준 8위의 국가이다. 그러면서 교육과 의료 수준에서 세계를 선도하고 있다. 블룸버그 혁신 지수에 따르면 한국은 세계에서 가장 혁신적인 국가이기도 하다."

도발적이긴 하지만, 처음 듣는 이야긴 아니다. 사실 인명 피해와 고

통의 관점에서 보자면, 6·25전쟁은 악마의 저주로 간주되어야 마땅한 일이었다. 사망자, 부상자, 실종자를 포함한 인명 손실은 300만 명으로 전체 인구의 10분의 1이나 되었으며, 1,000만 명이 가족과 헤어졌고, 500만 명은 난민이 된, 필설로 다할 수 없는 끔찍한 비극을 낳은 그 전쟁을 악마의 저주로 여기지 않는다면 과연 무엇이 악마의 저주란 말인가?

그런데도 6·25전쟁이 그 어떤 혜택을 가져왔다면? 박명림은 그런 곤혹스러움을 비켜가기 위해 '분단의 역설'이라는 표현을 쓴다. 그는 분단의 역설 중 가장 크고 비밀스런 역설은 그것이 사회 발전에 기여했다는 역설일 것이라고 말한다. 같은 맥락에서 정진상은 '한국전쟁 축적 구조'를 역설한다. 6·25전쟁이 전근대적 계급 관계를 깨끗이 청소한 것은, 혁명이 과거의 유산을 쓸어버리는 것과 같은 결과를 가져왔으며, 그걸 한마디로 표현하면 '자본의 천국'이었다는 것이다.

이채진은 "전쟁 그 자체는 바람직하지 못한 괴물임에는 틀림이 없지만, 그 과정에서도 예상치 못한 새로운 무엇이 발아하고 창조될 수 있다는 사실을 지적할 필요가 있겠다"고 말한다. "한국전쟁에서도 전통적인 사회질서의 변화, 신흥 자본주의의 대두, 고난을 타개하려는 의지, 국가안보를 위한 결의, 여성 해방의 출발, 일부 북한 주민의 남하, 국제적 감각의 향상 등 다양한 긍정적 영향을 생각해볼 수 있다."

흔히 '지옥'으로 묘사된 전쟁의 참상이 불러일으킨 그 어떤 정신적 자세, 즉 '6·25 심성'은 생존경쟁, 물질만능주의, 개인주의, 경쟁과 같은 가치들을 촉진했다. 물론 이 가치들은 자본주의 이데올로기의 심층을 구성하는 것들이었다. 즉, 전쟁의 소용돌이에서 발생한 평준화 의식과 상승 이동의 기회균등화가 사회 발전에 기여했다는 뜻이다.

하긴 혼란으로 인해 하루아침에 지위와 신세가 뒤바뀔 때에 사람들은 무슨 생각을 했을까? "너나 내가 다를 게 무엇이냐. 너는 어쩌다 출세를 했을 뿐이니 나도 운수만 따르면 출세하는 건 시간문제다"라는 생각을 했을 것이고, 이런 사고방식이 뜨거운 교육열로 이어지면서 긍정적으로 작용한 점도 있을 것이다.

그럼에도 한국이 '전쟁의 축복'을 받은 나라라고 말하긴 어렵다. 앞서 지적한 '악마의 저주'라고 해도 좋을 참극 때문이다. 반면 미국은 다르다. 미국은 '전쟁의 산물'인 동시에 '전쟁의 축복'을 받은 나라의 전형이다. 독립전쟁(1776~1783), 미국-멕시코 전쟁(1844~1846), 남북전쟁(1861~1865) 등이 미국의 정체성을 형성한 전쟁이었다면, 이후 벌어진 전쟁은 미국을 제국으로 만든 전쟁이었다.

물론 미국도 수많은 전쟁을 치르느라 헤아릴 수 없는 인명이 희생되었지만, 독립전쟁과 남북전쟁을 제외하고 모든 대부분의 주요 전쟁이 미국의 땅 밖에서 벌어졌다. 한국과는 비교할 수 없을 정도로 희생이 적었다는 것이다. 희생의 대소를 기준으로 축복의 여부를 가리려는 게 아니다. 미국을 이해하는 데 가장 중요한 것이 바로 '전쟁'이라는 말을 하려는 것일 뿐이다.

이 책은 지난 2014년 네이버에 연재했던 글을 묶은 것으로, 미국이 제국주의 국가로 우뚝 서게 되는 1880년대에서 1950년대까지의 70년간을 다루고 있다. 비단 전쟁뿐만 아니라, 정치, 경제, 사회, 문화 등 전 분야에 걸쳐 역사의 흐름에 따라 그 70년간에 일어난 주요 사건들을 분석하고 해석했다. 독립전쟁, 미국-멕시코 전쟁, 남북전쟁 등은 앞서 출간한 『미국은 세계를 어떻게 훔쳤는가』(2013), 『미국은 드라마다』(2014)에서 다루었다. 옛날이야기를 듣듯이, 독자들께서 이 책을 재미있게 즐기시길 바란다.

2016년 5월
강준만

차
례

제1장

이민과 사회통합

미국은 누구를 위한 땅이었나?
'자유의 여신상'과 '헤이마켓 사건'

'세계를 밝혀주는 자유의 상'

Give me your tired, your poor, Your huddled masses yearning to breathe free, The wretched refuse of your teeming shore. Send these, the homeless, tempest-tost to me, I lift my lamp beside the golden door(나에게 다오. 지치고 가난한 사람들을. 자유롭게 숨쉬기를 갈망하는 무리를. 부둣가에 몰려든 가엾은 난민들을. 거처도 없이 폭풍에 시달린 이들을 나에게 보내다오. 나는 황금빛 문 옆에 서서 그대들을 위해 햇불을 들어 올리리라)!

미국 뉴욕 '자유의 여신상Statue of Liberty'의 받침대에 새겨진 19세기 미국 시인 엠마 라자루스Emma Lazarus, 1849~1887의 시詩다. '자유를 열망하는 모든 이의 어머니'인 자유의 여신상은 프랑스에서 미국으로 옮겨져 1886년

10월 28일 뉴욕항에 모습을 드러냈다. 여신상의 공식 명칭은 '세계를 밝혀주는 자유의 상Statue of Liberty Enlightening the World'이었다. 고대 의상 차림에 횃불을 높이 든 여신상은 미국 독립 100주년을 기념해 프랑스에서 기증한 것으로 무게는 225톤, 지면에서 횃불까지의 높이는 93.5미터에 이르렀다.

약 2만 명의 사람이 베들로섬Bedloe's island(1956년에 리버티섬으로 이름이 바뀌었다)에서 열리는 자유의 여신상 제막식을 축하하기 위해 몰려들었다. 이때에 월스트리트 사람들은 이 행사를 기념하기 위해 건물 창에서 색종이를 뿌려댔는데, 이게 이후 퍼레이드에 색종이가 등장하는 계기가 되었다. 섬이 너무 좁아 많은 사람이 들어갈 수 없자 섬 주변에는 수백 척의 배 위에서 사람들이 지켜보는 가운데 스티븐 그로버 클리블랜드Stephen Grover Cleveland, 1837~1908 대통령이 축하 연설을 했다.

자유의 여신상은 프랑스 정치인 에두아르 르네 드 라불라예Édouard René de Laboulaye, 1811~1883의 주도로 만들어졌고, 설계는 프랑스 유명 조각가 프레데리크 오귀스트 바르톨디Frederic Auguste Bartholdi, 1834~1904가 맡았다. 바르톨디는 수에즈운하를 건설한 페르디낭 마리 드 레셉스Ferdinand Marie de Lesseps, 1805~1894와 친해서 이집트를 자주 방문했는데, 이집트와 로마의 고대 건축에 관심이 많았다고 한다. 그래서 고대 이집트의 사라진 유적 '알렉산드리아 등대'와 로마제국의 리베르타스Libertas(자유의 여신)상 같은 거대하고 기념비적인 작품을 남기고 싶어 했다. 그의 꿈을 이뤄준 것이 자유의 여신상이었다. 입상은 1884년에 완성되었으며, 미국으로 건너가기 전까지 파리에 서 있었다. 여신상을 분해해 배에 싣는 데도 엄청난 기술과 아이디어가 필요했다. 해체와 분해, 재조립을 맡은 사람

• 1886년 10월 28일 뉴욕항에 모습을 드러낸 자유의 여신상. 제막식에는 스티븐 그로버 클리블랜드 대통령이 참석해 축하 연설을 했다.

은 5년 후 에펠탑을 건축할 알렉상드르 구스타브 에펠Alexandre Gustave Eiffel, 1832~1923이었다.

자유의 여신상을 미국으로 가져오는 데엔 조지프 퓰리처Joseph Pulitzer, 1847~1911의 『뉴욕월드』가 큰 역할을 했다. 라이벌인 『뉴욕헤럴드』의 제임스 고든 베넷James Gordon Bennett, 1795~1872은 그 조각상을 그냥 프랑스에 남겨두고 대신 미국 독립전쟁에서 식민지 주민들과 함께 영국에 맞서 싸웠던 프랑스 귀족 라파예트Lafayette, 1757~1834의 조각상을 세우자고 제안했으며, 『뉴욕타임스』는 이 '청동 여자'가 지금 우리의 재정 상태로는 진정한 애국자조차 감당할 수 없을 만큼 비싸다고 주장했지만, 결국 퓰리처의 승리로 끝났다.

자유의 여신상은 뉴욕항에 들어왔을 때부터 1902년까지 항구의 등

대로 쓰였다. 당시 여신상 꼭대기의 불빛은 40킬로미터 밖 바다에서도 보였다고 한다. 미국 최초로 '전기를 사용한 등대'라는 기록도 갖고 있다. 롱아일랜드 항공학교 졸업생인 파일럿 후안 파블로 알다소로Juan Pablo Aldasoro는 1913년 졸업 비행 삼아 여신상의 머리 위를 날았다. 이후 이 학교 졸업생들에게는 여신상 위를 나는 것이 관행이 되었고, 훗날 '얼리 버드 비행 쇼'로 굳어졌다. 여신상은 1984년 유네스코 세계문화유산으로 등재되었다.

중국인에게는 기회가 전혀 없다

자유의 여신상이 상징하는 것처럼, 미국은 과연 지치고 가난한 사람들을 위한 땅이었던가? 1880년대엔 550만 명의 이민자가, 1890년대에는 400만 명의 이민자가 미국으로 쏟아져 들어왔지만, 모든 이민자가 '자유의 여신상'의 축복을 받을 수 있는 건 아니었다. 자유의 여신상 좌대 건축을 위한 모금 운동에 참여하도록 권유를 받은 한 중국인은 "우리에게 기부금을 요구하는 것은 모독 행위이다"며 다음과 같이 말했다.

　　"이 나라에 들어오는 모든 사람들을 인도하기 위하여 횃불을 든 여신상, 그것은 자유를 상징한다.……중국인들은 다른 유럽계 이민자들처럼 자유를 누리며 인격적인 대우를 받고 있는가? 중국인들이 이 사회에서 과연 모독과 학대, 폭력과 차별 그리고 린치로부터 자유로울 수가 있는가?……이 나라에서 중국인들은 시민이 될 자격이 없으며 따라서 변호사도 될 수 없다. 미국은 중국인을 제외한 모든 사람만이 자유로운 땅일 뿐이다."

당시 중국인들은 어떤 대우를 받고 있었던가? 중국인이 1880년경 30만 명으로 증가해 캘리포니아 인구의 10분의 1을 차지하자, 미 의회는 1882년 '중국인 배척법Chinese Exclusion Act'을 만들어 중국인의 노동 이민을 금지했다. 이 법안을 논의하는 과정에선 "중국인들은 자율 정부 구성에 필요한 동기를 제공할 두뇌의 용적이 부족하다"와 같은 중국인 비하 발언들이 쏟아져나왔다.

이후로도 중국인 박해는 끊이지 않았다. 1885년 와이오밍의 록스프링스Rocksprings에서는 한 무리의 백인들이 500명의 중국인이 모여 사는 마을에 침입해서 단지 그들이 싫다는 이유만으로 28명을 살해하고 수백 명을 마을에서 내쫓았다. 서부의 법정에서는 중국인들에게 정당방어권조차 용납하지 않았다. "기회가 전혀 없다He doesn't have a Chinaman's chance"는 서부 특유의 표현이 생겨날 정도였다.

1888년 스티븐 그로버 클리블랜드 대통령은 중국인들이 "미국의 평화와 복지를 위협한다"고 선언했으며, 그의 정적인 공화당의 벤저민 해리슨Benjamin Harrison, 1833~1901도 거의 동일한 언어를 사용하면서 중국인들을 비난했다. 즉, 중국인은 완전히 '이질적인' 인종이기 때문에 미국인과의 융화는 "가능하지도 않고 바람직하지도 않다"는 것이었다.

이런 인종차별은 이후 수십 년간 지속되었다. 자유의 여신상이 있는 베들로섬 근처의 엘리스섬Ellis Island은 널리 알려져 있지만, 샌프란시스코 앞바다에 있는 에인절섬Angel Island과 설리번섬Sullivan Island에 관한 이야기를 아는 사람은 거의 없다. 미국 정부가 교과서에서 삭제해버렸기 때문이다.

THE ONLY ONE BARRED OUT.

ENLIGHTENED AMERICAN STATESMAN.—" We must draw the line somewhere, you know."

● '중국인 배척법'이 제정되었던 1882년의 정치 만화. "자유의 문"에 입장이 거부된 중국인 남자를 그리며 "당신
도 알다시피, 우리는 어딘가에 선을 그어야 합니다We must draw the line somewhere, you know"라고 말하고 있다.

　　엘리스섬에 도착한 유럽계 이민자들은 간단한 입국 절차를 마치고
곧 자유의 도시 뉴욕에 도착해 새로운 삶을 시작했지만, 1910년 문을 연
에인절섬 검문소는 아시아인 이민을 억제하기 위한 일종의 이민자 수용
소였다. 최고 3년까지 이곳에 갇혀 지내야만 했기 때문에 사실상 창살
없는 감옥이었다. 흑인 노예들은 설리번섬에 노예로 팔려왔다. 엘리스
섬이 자유를 상징한다면, 에인절섬과 설리번섬은 수탈과 압박과 노예제
도를 의미한다. 자유의 여신상이 상징하는 자유, 평등, 평화, 민주주의 등
은 백인만을 위한 것이었다.

　　백인들 중에서도 '지치고 가난한' 사람들은 제대로 대접받지 못했
다. 이를 생생하게 보여준 것이 바로 전국 총파업 사건이다. 자유의 여신
상이 미국에 도착한 1886년은 '노동자 대반란의 해'라고 해도 좋을 정도
로 노동운동이 최고조에 이르렀다. 남부의 사탕수수 농장들에서도 노동

조합이 형성되었고, 이런 기세를 몰아 노동자들은 파업을 일으켰다. 1886년 5월 1일 8시간 노동을 요구하는 총파업이 전국 1만 1,500여 곳에서 약 35만 명의 노동자가 참여한 가운데 전개되었다. 이는 당시로선 놀라운 사건이었다. 5월 1일이 메이데이May Day(노동절)가 된 이유다.

시카고에서만 4만여 명이 파업에 동참했는데, 5월 3일 시카고 맥코 믹리퍼사의 파업 파괴자들이 노동자들의 공격을 받자 경찰이 노동자들에게 발포해 6명이 죽고 수십 명이 부상하는 사건이 일어났다. 다음 날 헤이마켓 광장Haymarket Square에는 수천 명의 군중이 운집해 경찰의 폭력에 항의하는 시위를 벌였다. 출동한 경찰의 한가운데에 폭탄이 떨어져 경관 7명이 사망하고 67명이 중상을 입었다. 이에 경찰은 군중에게 발포해 1명이 사망하고 33명이 부상을 당했다. 경찰은 아나키스트 시위 주동자에게 책임을 돌렸다. 아나키스트에 대한 공포가 전국을 휩쓸었다. 수개월 내로 아나키스트 파업 주동자 여러 명이 재판에 회부되어 유죄 선고를 받았다. 4명은 교수형에 처해졌고, 다른 사람들에겐 무기징역이 선고되었다.

헤이마켓 사건과 아나키즘 운동

헤이마켓 사건은 유럽 좌파들의 비상한 관심의 대상이 되었다. 주동자들의 사형 집행을 반대하는 대중 집회가 영국, 프랑스, 네덜란드, 러시아, 이탈리아, 스페인 등에서 열렸으며, 런던 집회엔 윌리엄 모리스William Morris, 1834~1896, 조지 버나드 쇼George Bernard Shaw, 1856~1950, 표트르 크로폿킨

● 1886년 5월 4일, 시카고 헤이마켓 광장에서 벌어진 헤이마켓 사건을 묘사한 판화. 수천 명의 군중이 운집한 가운데 경찰의 폭력에 항의하는 시위가 벌어졌고, 누군가가 던진 폭탄에 의해 경찰과 시위대에서 많은 사상자가 발생했다.

Pyotr A. Kropotkin, 1842~1921 등이 참여했다. 아나키스트인 크로폿킨은 런던 집회에서 연설을 했으며, 피고에 대한 사형선고를 반대하는 편지를 미국 언론에 보내는 등 적극 활동했다. 헤이마켓 사건의 의미에 대해 역사가 폴 애브리치Paul Avrich, 1931~2006는 다음과 같이 말한다.

"헤이마켓 사건은 종종 시카고에서의 폭발 사고, 즉 많은 경찰관들이 죽거나 부상을 당했고, 네 명의 아나키스트를 교수형시키고 다섯 번째 아나키스트를 감방에서 자살하게 만든 사건, 미국에서 아나키스트 운동의 몰락을 촉진했던 사건이라고 얘기된다. 하지만 정확히 말해 그 반대가 진실이다. 헤이마켓 처형은 이민자와 미국 토박이들 모두에서 아나키즘의 성장을 자극했고, 이후 아나키스트 모임의 수가 빠르게 늘어났다."

헤이마켓 사건 이후 만들어진 아나키스트 모임 중에는 1886년 10월 9일 뉴욕에서 결성된 자유 개척단the Pioneers of Liberty이 있었다. 미국 최초의 유대인 아나키스트 모임인 자유 개척단은 사형 위기에 처한 시카고 동지들을 구해내기 위한 캠페인을 벌였으며, 1887년 11월 11일 4명이 처형된 뒤에도 아나키즘 운동을 맹렬히 전개했다.

1889년 7월 프랑스혁명 100주년을 기념해 파리에서 열린 제2인터내셔널 설립 대회에서는 미국 노동자의 8시간 노동을 위한 운동 상황을 보고 받고, 1890년 5월 1일을 '노동자 단결의 날'로 정해 8시간 노동 쟁취를 위한 세계적인 시위를 결의했다. 앞서 지적했듯이, 헤이마켓 사건이 '메이데이'를 낳게 한 셈이다.

헤이마켓 폭동 이후 지도자인 테런스 파우덜리Terence V. Powderly, 1849~1924의 반대에도 파업에 참여한 노동기사단Knights of Labor에는 아나키스트라는 오명이 씌워졌다. 1869년 필라델피아에서 유리아 스티븐스Uriah S. Stephens, 1821~1882가 재단사들의 비밀 조직으로 창립한 노동기사단은 1879년 파우덜리의 지도하에 양지로 나온 뒤 전국노동조합 1세대로서 상당한 정치력과 교섭권을 획득했다. 1884년에는 70만 명 이상의 조합원을 거느리게 되었고, 바로 이 힘 때문에 철도 재벌 제이 굴드Jay Gould, 1836~1892가 노동기사단과 협상을 벌이기도 했다. 그러나 노동기사단은 시카고의 파업에 말려들면서 몰락의 길을 걷게 된다.

늘 노동자의 편을 들어온 조지프 퓰리처Joseph Pulitzer, 1847~1911의 『뉴욕월드』마저 아나키스트들을 '다이너마이트 악마'라 부르면서 통렬하게 비난했다. 퓰리처는 노동단체들에 "독을 품은 파충류와의 접촉을 피하듯이" 아나키스트들과 기타 급진주의자들을 피하라고 촉구했다. 과격한 노동운동에 대한 여론이 나빠지면서 1890년 노동기사단 조합원 수는 6년 전의 70만 명에서 10만 명으로 줄어들었다.

"흑인들은 신청할 필요 없음"

노동기사단이 쇠퇴하면서 그 공백을 메운 인물이 미국 노동계의 대부로 통하는 새뮤얼 곰퍼스Samuel Gompers, 1850~1924다. 영국계 유대인으로 담배 제조 노동자 출신인 그는 사회 개선이라는 유토피아적 환상에는 별 관심이 없었으며, "좀더 좀더, 바로 지금 당장More and More, Here and Right Now"이라는 슬로건을 내걸고 정치적 목적이 아닌 노동시간, 임금, 안전 등과 같은 실리적인 것에 치중했다. 노동기사단의 대중 조합주의에 반대한 그는 헤이마켓 사건이 일어난 바로 그해에 숙련공 노동조합의 연합체로 미국 노동총연맹American Federation of Labor, AFL을 결성했다.

1886년에 조합원 수는 15만 명에 이르렀지만, 미국노동총연맹은 "흑인들은 신청할 필요 없음"이라는 간판을 내걸었다. 곰퍼스는 열렬한 마르크스주의자였음에도 "무식한 흑인들에게서는 우리가 사랑이나 존경이라고 배워온 자질 같은 것을 조금이라도 찾을 수 없다. 이 몸집이 집채만 한 자들은 무식하고 유해하고, 아주 동물적 근성만 갖고 있다"고 주장했다. 나중에 유진 데브스Eugene Debs, 1855~1926가 이끄는 사회당도 흑인들의 문제는 사회주의적 평등이 실현된 후에 저절로 오는 것으로 보고 문제 삼지 않았다.

곰퍼스는 1886년부터 1924년까지 미국노동총연맹 회장을 거의 독식하다시피 하면서 적극적으로 효과적인 파업을 벌여 8시간 노동, 주 5~6일 근무, 사용자 배상 책임, 탄광의 안전 개선 등과 더불어 단체교섭권을 따내는 데에 성공한다. 그리하여 1901년에 조합원 수 100만 명을 돌파하게 된다.

곰퍼스가 노조 조직자로서 이처럼 성공할 수 있었던 비결은 조직 범위를 숙련 기술자들에게 국한했던 점에 있다. 이러한 조직 방법이 점차 발전하자 노동운동과 사회주의자들의 사이가 좋지 않게 되었다. 그래서 결국엔 미국노동총연맹은 노동자들에게 사회주의를 주입하는 일을 방해하는 주요한 장애물로 부상한다.

훗날 니콜라이 레닌Nikolai Lenin, 1870~1924은 곰퍼스를 '부르주아의 첩자'라고 비난하지만, 미국은 러시아가 아니었다. 무엇보다도 다양한 인종과 민족으로 구성된 이민의 물결은 러시아식 단일대오의 형성을 불가능하게 만들었다. 미국 노동운동의 기조를 곰퍼스가 만들었다기보다는 미국의 그런 특성이 곰퍼스를 만든 것이다.

프리드리히 엥겔스Friedrich Engels, 1820~1895는 1886년 미국 노동자의 단결이 어려운 책임의 일부를 독일에서 미국으로 건너간 사회주의자들의 행태에 물었다. 이들은 미국이라는 나라의 특성은 전혀 고려하지 않은 채 독일에서 나온 강령 등에 교조적으로 매달렸으며, 심지어 이들은 영어조차 배우려 하지 않아 미국의 노동 대중과 유리된 채 살고 있다는 비판이었다.

헤이마켓은 오늘날 어떻게 기념되고 있을까? 김명환은 2002년 미국 방문기에서 이렇게 말한다. "어렵사리 찾아간 역사의 현장에는 겨우 몇 년 전에야 시장 명의로 만든 조그만 동판 하나가 보도에 초라하게 박혀 있다. 이처럼 자신의 중요한 역사를 방치하는 노동자들이 헤이마켓 사건 당시 유럽 노동운동이 보내준 관심과 연대의식을 기억할 수 없고, 결국 오늘날 자신들의 나라로 인해 세계 각지에서 벌어지는 고통에 대해 무관심할 수밖에 없는 것이다."

헤이마켓에 대한 망각이 시사하듯이, 미국 노동운동은 오늘날 거의 사망 일보 직전이다. 미국 노동부에 따르면, 노조에 가입한 조합원 수는 1,430만 명(2012년 기준)에 불과하고, 노조 조직률(근로자 중 노조에 가입한 비율)은 11.3퍼센트까지 떨어졌다. 오늘날 자유의 여신상이 단지 관광객들을 끌어들이는 관광 상품에 불과한 것과 맥을 같이한다고 보아야 할까?

코카콜라는 어떻게 '미국의 상징'이 되었는가?

코카콜라의 탄생과 성장

코카콜라와 매약 산업

1886년 5월 조지아주 녹스빌 출생으로 애틀랜타에서 활동하던 가난한 늙은 의사인 존 펨버턴John S. Pemberton, 1831~1888은 피나는 노력과 인내로 코카콜라를 발명했다. 자신의 집 뒤뜰에 걸어놓은 허술한 솥에서 설탕과 캐러멜을 주원료로 해서 이걸 첨가해보고 저걸 첨가해보는 등 수많은 실험을 반복한 끝에 이룬 결실이었다. 탄산수를 섞은 게 주효했다. 탄산수는 1767년 영국 화학자 조지프 프리스틀리Joseph Priestley, 1733~1804가 그 제조법을 발명했는데, 당시엔 '고정된 공기'로 불렸다.

코카콜라 탄생 무렵의 미국은 '매약賣藥의 전성시대'였다. 남북전쟁 (1861~1865) 이전에도 신문 지면의 절반은 약 광고가 차지할 정도로 약장사들은 극성스러웠는데, 남북전쟁은 이 극성의 불길에 기름을 퍼부은 결과를 초래했다. 이 전쟁은 이른바 '군인병'으로 알려진 마약 상용화를 널리 퍼뜨렸기 때문이다. 1870년 한 해에 미국인들은 무려 5,000만 파운드에 달하는 아편과 그것의 모르핀 유도체를 주로 매약의 형태로 소비했다.

'통증 억제 산업'이라고나 할까? 이 산업에 종사하는 업자들의 치열한 광고 공세가 전국을 휩쓸었다. 열차 승객들이 볼 수 있도록 야외의 산중턱에 세워진 거대한 입간판은 흔한 풍경이었다. 심지어 어떤 제약업자는 '자유의 여신상'의 대좌를 거대한 간판으로 이용할 수 있게 해주면 그 건설 자금을 제공하겠다고까지 제의하기도 했다. 당시 제약업자들의 약 광고 공세가 어찌나 치열했던지, 심리학자이자 철학자인 윌리엄 제임스 William James, 1842~1910는 『네이션The Nation』의 편집장에게 보낸 편지에서 다음과 같이 말했다.

"이 죄악은 무서울 정도의 속도로 증식되고 있다. 이제 광고는 많은 신문의 지면을 차지해버렸고, 자살이나 살인, 유괴, 폭행, 강간 사건을 합친 것 다음가는 비중을 차지하고 있다. 이러한 광고의 범람을 정당화할 수 있는 유일한 것은, 누구나 자기의 발명에 의하여 부자가 될 권리가 있다는 주장밖에 없을 것이다."

광고만 한다고 해서 대중이 약을 사먹겠는가? 아마도 당시 의사가 부족해서 생겨난 현상이었겠지만, 미국인들이 약에 탐닉했다고 보는 게 옳으리라. 그러나 약을 만든다고 해서 누구나 다 성공할 수 있는 건 아니었다. 코카콜라가 나오기 1개월 전 『뉴욕트리뷴』은 "매약은 그 무엇보다도 유망한 분야이고, 이 사업을 시작한 사람들은 대부분 호화 요트나 경주마를 가질 정도로 부자가 되었다는 것이 일반인들의 평가지만, 실제로

• 1886년 코카콜라를 발명한 존 펨버턴. 코카콜라를 만들었지만 자신이 만든 발명품의 진가를 알아보지 못한 그는 2년 후 제조와 판매에 관한 권리를 다른 사람에게 넘겨 큰돈을 벌지는 못했다.

는 매약으로 성공을 거둔 사람은 겨우 2%에 불과하다"고 말했다.

남북전쟁 후 자칭 '불사조의 도시'가 된 애틀랜타는 재건 의욕이 충만했다. 전후 남부 비즈니스의 중심지가 된 애틀랜타를 방문한 사람들이 "모든 사람들의 머리에 들어 있는 것은 오직 한 가지, 돈벌이 생각뿐이다"고 말할 정도였다. 당시엔 여러 약 중에서도 코카의 잎에서 추출한 코카인의 인기가 대단했다. 코카인은 1860년 독일 과학자들이 붙인 이름인데, 많은 사람이 그 효능에 주목했다. 1880년대의 코카인 붐에 대해 당시 한 의학 잡지는 "알코올과 모르핀의 사용이 늘고 있는 데 대한 반대운동으로 코카 붐이 일고 있다"고 분석했다. 일부 의사들은 코카인의 부작용을 경고했지만, 이걸 심각하게 받아들이는 사람은 거의 없었다.

지그문트 프로이트Sigmund Freud, 1856~1939는 1880년 디트로이트의 의학 잡지에서 코카인 관련 기사를 읽고 그 가능성에 매료되었다. 그는 1884년 자기 자신이 실험 대상이 되어 처음으로 코카인을 실험했는데,

코카인이 주기적으로 일어나는 우울 상태나 무기력을 방지하는 데 효과가 탁월하거니와 성적性的 능력도 향상시킨다는 걸 밝혀냈다. 바로 그해에 프로이트는 『코카에 관하여Über Coca』라는 책을 출간했다.

1885년 11월 25일 애틀랜타에서는 금주법이 가결되었다. 그 내용은 7개월 후인 1886년 7월 1일부터 2년간에 걸쳐 시험적으로 실시한다는 것이었다. 금주법은 실제로 시행되었다가 1887년 11월 26일 실시된 투표에 의해 폐지되었지만, 이 법은 많은 제약업자를 기대에 부풀게 만들었다. 펨버턴이 1886년 4월 신제품 발표 시 '나의 금주용 음료'라고 부른 것도 바로 그런 금주법 분위기에 편승하고자 했기 때문이다. '코카콜라'는 나중에 붙인 이름이지만, 중요한 건 코카콜라가 금주의 대용품이 될 수 있다는 점이었다.

코카콜라, 광고로 사람들을 매혹하다

1886년 5월 29일 『애틀랜타저널』에 낸 최초의 광고는 "코카콜라! 향긋하고 시원하고 마음을 유쾌하게 하며 기운이 넘치게 한다! 이 탄산수 매장의 새로운 인기 음료에는 신비한 코카의 잎과 유명한 콜라 열매의 성분이 들어 있습니다"라고 주장했다. 처음엔 주성분이 코카와 관련이 있다는 걸 인정했으나, 나중엔 점점 의문시되는 코카인과의 연계를 차단하기 위해 '코카콜라'는 단순히 어조가 좋아서 붙인 이름이라는 점을 강조했다. 코카콜라의 약효 성분이 소문이 나자 코카콜라 측은 이를 강하게 부정하고 나섰지만 실은 이게 판매 촉진에 크게 기여했다.

이후 코카콜라의 대대적인 성공의 열쇠는 광고였다. 1850년 최초의 광고대행사인 미국 신문 광고대행사가 출현할 때부터 '광고 게시판 billboards'이란 용어가 처음 사용되었지만, 이때의 광고 대행은 단순 대리 업무에 지나지 않았다. 현대적인 의미로 최초의 광고대행사는 1869년 필라델피아에서 창립된 '아이어 앤드 선N. W. Ayer & Sons'이다. 광고대행사들이 생겨나 상호 경쟁하면서 광고도 점점 공격적으로 바뀌어갔으며, 이를 잘 보여준 것이 바로 코카콜라 광고다.

팸버턴은 "만약 나에게 2만 5,000달러가 있다면 2만 4,000달러는 광고하는 데 쓰고 나머지 1,000달러로 코카콜라를 만들겠다"고 말할 정도로 광고를 중요하게 생각했다. 코카콜라는 1891년부터 '코카콜라 걸'로 불린 미녀들을 내세운 섹스어필 광고 공세를 퍼부었다. 1892년 원료

• 1895년의 코카콜라 광고. 여배우 힐다 클라크Hilda Clark를 모델로 내세워 '코카콜라를 5센트에 드세요'라고 광고하고 있다. 코카콜라를 미국 전역에 알린 것은 그들의 영리한 광고 전략이었다.

비의 절반에 해당되는 돈을 광고비로 쓸 정도였다. 코카콜라는 1895년 말 미국 전역에서 판매되었다.

1896년의 광고는 "코카콜라를 마시는 사람은 점점 더 강해진다. 코카콜라를 마시면 머리가 점점 더 총명해진다"고 주장했다. '코카콜라=약'이라는 이미지는 장점도 있었지만 멀리 보면 약점이기도 했다. 그래서 코카콜라사는 "마시자 코카콜라를. 매우 향긋하고, 시원한"이라고만 강조한 광고를 늘려나갔다.

1898년 스페인-미국 전쟁 때 매약에 전시 특별세를 징수하는 법률이 통과되자, 코카콜라사는 법정 투쟁을 벌여 결국 승소 판결을 받아냈다. 그러나 이런 문제를 피하기 위해 코카콜라사는 이후 더욱 약 이미지를 탈피하기 위해 애를 썼다. 그럼에도 "심신의 피로를 가시게 하고, 두통을 고친다"는 광고 카피는 포기하지 않았다. 사회적으로 계속 코카인의 중독성이 문제가 되자 코카콜라사는 1903년부터 원료에서 코카인 성분을 제거했다. 이해에 코카콜라는 3억 병 판매를 축하했다.

1913년경 코카콜라사의 치열한 광고 공세로 인해 미국 어디를 가든 코카콜라 광고를 피할 수 없었다. 계절도 뛰어넘었다. 당시 광고 문구는 "갈증에는 계절이 없다Thirst Know No Season"였다. 1915년에 열린 디자인 공모전을 통해 당선된 코카콜라 '컨투어 병Contour Bottle'은 훗날 20세기의 가장 뛰어난 디자인으로 평가받으며 그 가치만 4조 원에 이른다고 추산된다. 1919년 이후 코카콜라는 세계 설탕 소비 1위를 차지한다.

코카콜라사는 1920년대에 발효된 금주법에 의해 술 판매가 전면적으로 금지되면서 비약적인 성장을 맞게 된다. 또 1920년대부터 겨울철 매출을 더욱 늘리기 위해 산타클로스Santa Claus가 코카콜라를 마셔대는 그 유명한 '산타클로스 마케팅'을 시작한다. 원래 산타클로스의 이미지 원조는 1822년 미국 신학자인 클레멘트 클라크 무어Clement Clarke Moore, 1779~1863가 자신의 딸들을 위해 쓴 「성 니콜라스의 방문」이라는 시詩지만, 크리스마스라고 하면 곧장 산타클로스가 연상되게끔 산타클로스의 대중화에 결정적인 기여를 한 건 바로 코카콜라사의 산타클로스 마케팅이다.

코카콜라의 경쟁자는 없었던가? 1894년에 생겨 1898년에 펩시콜라Pepsi-Cola로 개명을 한 경쟁자가 있긴 했다. 노스캐롤라이나주 뉴번New Bern의 약사인 칼레브 브래드햄Caleb Bradham, 1867~1934은 처음엔 소화불량dyspepsia을 치료할 수 있는 약이라는 생각으로 펩시콜라를 만들었다. '펩시'라는 이름은 dyspepsia에서 pepsi를 가져오면서 pep이라는 단어가 "원기, 기력"이라는 뜻이 있음을 감안해 붙인 것이었다. 그러나 펩시콜라는 처음엔 코카콜라의 적수가 되질 못했으며, 실질적인 라이벌 관계는 1930년대부터 시작되었다.

코카콜라는 1928년 제9회 암스테르담 올림픽과 1930년 제1회 우루과이 월드컵부터 후원해 이후 거의 매번 공식 후원사가 되었으며, 제2차 세계대전 때 유럽을 비롯한 전 세계로 진출함으로써 급성장했다. 코카콜라사는 특히 진주만 폭격 이후 노골적으로 애국심을 자극하는 광고 공세를 폈다. 전투기에서 콜라를 쥔 손이 튀어나오는 가운데 "미국에 위기 도래. 미국인은 준비 태세를 갖추지 않으면 안 된다"고 노래를 부르는 식이었다. 어린이들을 대상으로 10센트에 판매한 '전투기 시리즈' 팸플릿도 대인기를 누렸다.

제2차 세계대전 중 미군 병사들에게 코카콜라는 거의 종교적인 음료였다. 특히 드와이트 아이젠하워Dwight D. Eisenhower, 1890~1969를 비롯한 장군들이 코카콜라의 열성 신도였다. 1943년 6월 19일 아이젠하워 사령관은 워싱턴에 "코카콜라 300만 병을 보내달라"는 전보를 쳤다. 한여름이 되자 미군 병사들이 마신 코카콜라는 800만 병에 달했고, 연말에는 7,500만 병을 넘어섰다. 병사 1인당 일주일에 2병씩 마신 셈이었다. 미 육군은 코카콜라 사원을 후대해 이들에게 '기술고문'이라는 준군인 지위를 부여했기 때문에 코카콜라 직원이면 어느 군부대든 그냥 통과할 수 있었다. 이들은 병사들에게 '코카콜라 대령'이라 불리며 큰 인기를 누렸다.

코카콜라, 미국의 상징이 되다

코카콜라사는 군인들의 코카콜라 사랑을 애국심과 연결시켜 광고함으로써 코카콜라를 '미국의 상징'으로 만들었다. 코카콜라사는 1948년부터는 코카를 전혀 넣지 않은 코카콜라를 만들었다. 1950년 코카콜라는 전 미국 청량음료 시장의 50퍼센트를 점유했으며, 1960년엔 분당 4만 병, 1993년엔 전 세계적으로 1초당 4만 병이 소비되었다.

　코카콜라는 '미국화'의 전도사가 되었다. 이런 현상을 최초로 포착해 의미를 부여한 것은 『타임』 1950년 5월 15일자 표지 기사였다. 이전에 『타임』이 상품을 표지 기사로 다룬 적은 한 번도 없었다. 프랑스 저널리스트 윌리엄 레이몽William Reymond은 『코카콜라 게이트: 세계를 상대로 한 콜라 제국의 도박과 음모』에서 "물론 두 회사 사장들의 친분 관계가 큰 영향을 미쳤겠지만, 그래도 미국 남부에서 발명된 음료수가 세계적으로 각광받는다는 점이 편집부의 관심을 끌었기 때문에 가능한 일이었

● 제2차 세계대전 중 미군 병사들에게 종교적인 음료로 사랑받았던 코카콜라는 오늘날 전 세계인들에게 '미국화'의 상징이 되었다.

다"며 다음과 같이 말한다.

"특집 기사에는 사진 자료가 풍성하게 들어 있었다. 뉴욕에서 파리, 카사블랑카, 리우데자네이루까지 코카콜라가 새로운 경제 모델의 선봉장임을 보여주는 사진들이었다. 그 경제 모델은 미국 기업이 돈을 벌려면 반드시 지역 시장들의 발전에 기대야 한다는 것이었다. 보는 시각에 따라선 제국주의라고도, 자본주의의 가치를 수호하는 것이라고도 하겠지만 그게 무언지는 중요하지 않다. 중요한 건 『타임』이 '선지자'의 역할을 떠맡았다는 것이다. 코카콜라의 '글로벌'한 주도권을 칭송하면서 『타임』은 막 움트기 시작한, 아직 이름조차 없었던 '세계화'의 조짐을 보았다."

이 코카콜라 제국을 건설한 사람은 1923년에 실권을 장악한 로버트 우드러프Robert Woodruff, 1889~1985다. 창업자인 펨버턴은 1888년 8월 16일

57세로 사망했는데, 자신의 권리를 다른 사람에게 팔아넘겨 큰돈을 벌진 못했다. 그래서 '미스터 코카콜라'라는 타이틀은 우드러프에게 돌아갔다. 정치자금 제공 등과 관련해 "민주당은 코카콜라, 공화당은 펩시콜라"라는 말이 나올 정도로 코카콜라사는 친親민주당 노선을 걸었다.

미국 사회학자 린다 매독스Linda Maddox는 코카콜라의 성공 비결을 ① 미국에서 전국적으로 뻗어나간 최초의 상품으로 어디에서나 손쉽게 구할 수 있었다, ② 대중과 시대를 의식한 광고로 소비자에게 어필했다, ③ 드러내지 않고 애국심을 자극했다 등 3가지를 꼽았다.

코카콜라가 미국적 평등주의의 상징이었다는 점도 중요한 의미를 갖는다. 2010년 11월 미국 팝 아트의 선구자 앤디 워홀Andy Warhol, 1928~1987의 흑백 그림 〈코카콜라〉가 뉴욕 소더비 경매에서 3,536만 달러(약 390억 원)에 판매되었는데, 워홀은 코카콜라가 미국적 평등주의의 상징이라는 점을 다음과 같이 역설한 바 있다.

"이 나라, 아메리카의 위대성은 가장 부유한 소비자들도 본질적으로는 가장 빈곤한 소비자들과 똑같은 것을 구입한다는 전통을 세웠다는 점이다. 이렇게 생각해보자. 즉 여러분은 TV를 시청하면서 코카콜라를 볼 수 있는데, 여러분은 대통령 또는 리즈 테일러가 그것을 마신다는 것을 알고 있으며, 여러분도 마찬가지로 그것을 마실 수 있다. 콜라는 그저 콜라일 뿐, 아무리 큰돈을 준다 하더라도 길모퉁이에서 건달이 빨아대고 있는 콜라와는 다른, 어떤 더 좋은 콜라를 살 수는 없다. 모든 콜라는 똑같은 것으로 통용된다. 리즈 테일러도 거렁뱅이도, 그리고 여러분도 그 점을 알고 있다."

약 100년간 펩시콜라와 대결을 벌인 코카콜라는 2005년에 1위 자리(시가총액 기준)를 펩시콜라에 내주고 2위로 주저앉았다. 펩시가 콜라 등 기존의 설탕 음료 부문에서 벗어나 게토레이, 트로피카나 오렌지 주스, 아쿠아피나 생수 등 소비자들의 변화된 입맛에 적극 부응하는 동안 코카콜라는 기존 사업에 안주했기 때문이다.

2009년 2월 이란 국회의원 비잔 노바베Bijan Nobaveh는 "미국 공화당 정치인과 민주당 정치인의 차이는 펩시콜라와 코카콜라의 차이와 같다"고 주장했다. 미국 정치인들은 이스라엘 로비의 포로가 되어 있다면서 한 말이긴 하지만, 이 말은 의외로 의미심장하다. 공화당과 민주당의 경쟁이나 코카콜라와 펩시콜라의 경쟁 모두 실질보다는 상징적인 싸움이라는 점에서 말이다.

코카콜라는 글로벌 브랜드 컨설팅사인 인터브랜드Interbrand가 선정하는 '글로벌 100대 브랜드Best Global Brands 100'에서는 2001년부터 2012년까지 연속 1위를 차지했지만, 2013년 애플과 구글에 1, 2위를 내주고 3위로 내려앉았다. 마케팅 전문가 마틴 린드스트롬Martin Lindstrom은 코카콜라를 즐겨 마시는 이들의 평균 나이가 56세나 된다고 지적했는데, 세계 최고를 자랑하던 코카콜라의 브랜드 가치도 세월 앞에선 무릎을 꿇은 걸까?

코카콜라는 2016년까지 브랜드를 강화하는 데 10억 달러를 쓰겠다고 했는데, 과연 세월을 이겨낼 수 있을지 두고 볼 일이다. 설사 코카콜라의 브랜드 가치가 원상회복을 하지 못한다 하더라도 '미국의 상징'이라고 하는 위상은 한동안 계속될 것이다.

'쇼핑'은 어떻게 탄생했는가?

백화점과 페미니즘의 결혼

백화점의 탄생

세계 최초의 백화점은 1852년 프랑스 파리에 아리스티드 부시코Aristide Boucicaut, 1810~1877가 세운 봉 마르셰Bon Marché다. 이전의 상점과 비교해 '최초'라는 의미를 부여할 만한 무슨 차별성이 있었는가? 당시는 나폴레옹 3세가 다스리던 시대로 봉건주의 경제 체제에서 자본주의 경제 체제로 이행하던 시기였다는 점에 주목할 필요가 있겠다. 이때까지만 해도 상인에 대한 평판은 좋지 않았다. '교활'이나 '사기' 같은 이미지가 강했다. 이런 이미지는 주로 흥정 과정에서 발생했는데, 봉 마르셰가 정찰제를 들고 나왔다는 것 자체가 혁명이었다. 여기에 강매가 없었고 교환과 반품을 보장해주었다는 것도 놀라운 발전으로 여겨졌다.

각국에서 무엇을 백화점의 시초로 보느냐에 따라 이견이 있긴 하지만, 명실상부한 백화점은 각기 6여 년의 시차를 두고 미국, 영국, 독일로 전파되었다. 1858년 미국 뉴욕 맨해튼 번화가에 롤런드 메이시Rowland H. Macy, 1822~1877가 세운 메이시Macy's가 들어섰고, 이어 1863년 영국 런던, 1870년 독일에도 백화점이 등장했다. 1858년의 메이시는 아직 백화점 이라고는 할 수 없었고, 장갑·손수건·리본 등을 파는 수수한 상점이었다. 메이시는 현금 구입, 정가 판매, 저렴한 가격, 적극적인 선전 등 4대 원칙을 실시하면서 급성장했다. 1872년 상점이 11채의 건물로 늘어나면서 백화점다운 구색을 갖추게 되었다. 미국에선 메이시에 뒤이어 로드 앤드테일러Lord & Taylor, 헨리 벤델Henri Bendel, 버그도프 굿맨Bergdolf Goodman 등과 같은 대형 백화점들이 들어섰다.

백화점의 탄생지는 유럽이지만, 백화점의 마케팅 기법이 꽃을 피운 나라는 미국이었다. 미국에서 백화점의 대중화가 이루어진 시점은 1880년대였으며, 적어도 이때부터 백화점 문화는 미국에서 유럽으로 전파되기 시작했다. 백화점이 미국과 프랑스에서 발달하고 영국과 독일에선 비교적 늦게 발달했다는 것은 결코 우연이 아니다. 백화점은 미국적인 동시에 프랑스적이었다. 백화점은 소비 자본주의의 풍요 또는 방탕을 과시하는 동시에 소비주의를 삶의 맛과 멋에 결부시키는 문화공학적 요소가 흘러넘치는 곳이었다.

1886년 전기가 뉴욕 백화점의 창문들을 최초로 밝혔을 때, "사람들에게 미친 효과란 황홀지경이었다". 『일렉트리컬리뷰Electrical Review』는 밝은 조명에 대한 행인의 반응을 다음과 같이 회상했다. "마치 나방이 오일 램프에서 하는 것과 같이 사람들이 떼를 이루어 흩어지며 혼란스러웠다.……전깃불이 미국 한 도시의 작은 한 부분에 나타나자마자, 상점에

• 1907년의 미국 메이시 백화점. 메이시는 현금 구입, 정가 판매, 저렴한 가격, 교환과 반품 보장, 적극적인 광고를 통해 급성장했다. 소비 자본주의의 풍요를 과시하는 백화점 문화는 미국에서 발달되어 유럽으로 전파되었다.

서 상점으로, 거리에서 거리로 퍼지고 있는 지금까지도 빛에 대한 수요가 빠르게 퍼져 나가고 있다."

1890년경부터 백화점은 신문의 주요 광고주로 등장했는데, 선두 주자는 1861년부터 남성 기성복 업계에 뛰어든 존 와나메이커John Wanamaker, 1838~1922였다. 1874년부터 엄격한 가격 정찰제를 실시한 와나메이커는 광고를 대규모로 활용함으로써 소비자들을 유혹하는 데 성공했다. 그는 "내가 광고에 쏟아부은 돈 중 절반은 돈 낭비였다. 그런데 그게 어느 쪽 절반인지는 나도 모른다"는 명언(?)을 남겼다.

백화점은 '판매 혁명'을 몰고왔다. 물론 이 혁명은 양적 변화인 동시에 질적 변화를 의미했다. 한 곳에서 많은 종류의 상품을 취급해야 할 필요성은 기획, 마케팅, 유통, 가격 정책, 확장 전략 등에 이르기까지 판매의 성격을 근본적으로 변화시켰다. 판매는 상품을 생산하는 공장처럼 매우 복잡다단한 구조와 기능을 갖게 되었고, 그에 따라 합리성의 증대가 필요하게 되었다.

백화점, 여성운동에 기여하다

백화점이 필요로 했던 합리성은 '쇼핑shopping'의 탄생으로 이어졌다. 백화점은 쇼핑을 새로운 부르주아 여가 활동으로 만들었다. 백화점이 생겨나기 이전에 여성들은 상품을 동네 근처에서 구입했다. 그건 단순한 구매buying에 지나지 않았다. 그러나 백화점의 탄생은 가격을 비교하고 판매점을 비교해가면서 상품을 구매하는 쇼핑을 가능케 했다.

이 쇼핑이 갖는 문화적 의미는 매우 컸다. 쇼핑은 여성의 외출을 빈번하게 만들었고 정당화했다. 집에만 갇혀 지내던 여성에게 쇼핑은 품위 있는 외출을 가능케 한 명분이 되었으며 실질적인 여가 활동으로 기능했다. 19세기 후반 미국 도시의 길거리엔 남자들로 흘러넘쳤으며 여자는 보기 힘들었지만, 백화점의 대중화는 여자들이 길거리를 활보할 수 있는 길을 열어주었던 것이다.

당시 남자들은 길거리에 여자들이 점차 늘어나는 걸 못마땅하게 여겼던 모양이다. 예컨대, 1881년 6월 『뉴욕타임스』는 여성의 쇼핑을 남성의 음주나 흡연처럼 우려할 만한 사회악으로 간주하는 사설을 게재하기도 했다. 그러나 이 시기에 급성장한 『여성 가정의 벗Women's Home Companion』(1873), 『여성 가정 저널Women's Home Journal』(1878), 『레이디스 홈 저널Ladies Home Journal』(1883), 『좋은 집 꾸미기Good House Keeping』(1885) 등과 같은 여성 잡지들은 소비를 훌륭한 주부의 조건으로 격상시키는 데에 앞장섰다. 이즈음 프랑스에서도 작가 에밀 졸라Émile Zola, 1840~1902가 『숙녀들의 천국Au bonheur des dames』(1883)에서 세계 최초의 백화점인 봉마르세 연구를 시도했다는 것도 흥미롭다.

사무직 여성 노동자가 늘면서 길거리에 여성이 많아지는 걸 무작정 비난하기는 어렵게 되었다. 특히 1870년대부터 총기 제조업체인 레밍턴사에 의해 보급된 타자기는 1886년에 이르러 월 1,500대를 생산할 정도로 급증했는데, 1887년 어떤 기업 사보는 다음과 같이 말했다. "5년 전 타자기는 단순하게 호기심을 불러일으키는 기계에 불과했다. 이제 타자기의 단조로운 자판 소리는 이 나라의 거의 모든 회사의 경영 관리가 잘된 사무실에서 들을 수 있다. 거대한 혁명이 일어나고 있으며 타자기는 그 기반을 이루고 있다."

이는 그만큼 타자기를 다루는 사무직 여성 노동자의 증가를 의미하는 것이기도 했다. 이에 따라 여성의 사회 활동 참여도 왕성해졌다. 전국에 걸쳐 각종 여성 클럽이 생겨났으며, 1890년에 설립된 여성클럽총연합회General Federation of Women's Clubs, GFWC는 200개의 여성 클럽을 통합해 2만여 명의 여성을 대표했으며, 1900년엔 15만 명의 회원을 갖게 된다. 여성 클럽들은 젊은 여성 근로자들을 위한 투자, 속기, 부기 강습에서부터 주부를 위한 예술 강좌에 이르기까지 다양한 활동을 펼쳤다.

여성클럽총연합회가 설립된 1890년에 여성 참정권 단체들의 통합기구인 전미여성참정권협회National American Woman Suffrage Association, NAWSA도 결성되었다. 이후 '페미니즘Feminism'이란 단어가 널리 쓰이면서 이 단어는 1890년대에 일반 용어로 정착한다. 1893년 전미여성참정권협회는 여성의 참정권 부여가 '바람직하지 않은' 투표권자들을 수적으로 증가시킬 것이라고 주장하는 이들에 대해 다음과 같이 반박했다.

"참정권의 적합한 자격에 대하여 아무런 의견도 표명하지 않은 객관적 입장에서, 우리는 모든 주에 걸쳐 문명의 남성 투표권자의 수보다 글을 읽고 쓸 줄 아는 여성이 더 많으며, 모든 흑인 투표권자보다 글을 읽고 쓸 줄 아는 여성이 더 많으며, 모든 외국 출생의 투표권자보다 글을 읽고 쓸 줄 아는 여성이 더 많다는 중요한 사실에 주목하고자 한다. 따라서 이러한 여성에게 참정권을 부여하는 것은 본토 출신이든 외국 출신이든 문맹에 의한 통치라는 골치 아픈 문제를 해결할 것이다."

여성의 참정권 획득은 1920년에 가서야 이루어지는데, 그간 여성들의 이런 투쟁에 동참한 협력 세력 중의 하나는 바로 백화점이었다. 미국의 백화점 발달사는 페미니즘 운동사와 밀접하게 연관되어 있다. '결혼'이라고 해도 좋을 정도다. 백화점들은 매장 내에 여성의 회합 장소를 만들어 제공했으며, 여권운동을 마케팅에 이용하는 데 큰 노력을 기울였다. 백화점들은 여성 참정권 쟁취 운동의 장소를 제공해주었고, 백화점 쇼윈도를 운동의 홍보에 활용토록 해주기까지 했다.

백화점의 소비주의 문화

백화점의 소비주의와 페미니즘의 결혼은 백화점이 여성의 문화 활동을 주관한 데에서도 잘 나타났다. 백화점은 그간 여성이 접하기 어려웠던 문화 행사들을 백화점에서 개최해 여성들이 당당하게 백화점을 찾을 수 있게 만드는 데 심혈을 기울였다. 그와 동시에 매장은 늘 축제 분위기에 흘러넘치게끔 꾸며 일단 백화점에 들어온 여성이라면 도저히 그냥 지나칠 수 없게 만들었다.

1890년대에 백화점 내 육아실이 만들어졌으며, 1910년경엔 도서관과 진료소가 들어서고, 연극 · 전시회 · 강연회가 정기적으로 개최된다. 물론 모두 다 공짜였다. 그런 서비스 덕분에 사람들은 백화점을 공적 기관으로 인식하게 되었다. 백화점은 미국을 방문하는 외국인들에게도 미국 자본주의의 '인자한 얼굴'로 여겨졌다.

이런 변화는 여성의 쇼핑 외출을 더욱 용이하게 해주었으며, 이에 따라 '쇼핑 중독'이라는 새로운 현상마저 나타났다. 1890년 한 잡지 기

● 뉴욕에서 벌어진 여성 참정권 운동의 현장. 백화점은 매장 내에 여성 참정권자들을 위한 회합의 장소를 제공하고 쇼윈도를 통해 홍보를 돕는 등 '결혼'이라고 표현해도 좋을 정도로 여성운동과 밀접하게 결합했다.

사는 "백화점 고객은 거의 무의식적으로 피곤함을 잊어버리고 새로운 흥미를 느끼게 되었다"고 했는데, 가끔 '쇼핑 중독'이 사회문제로 비화 되는 일이 벌어졌다.

1898년 12월 10일 『뉴욕타임스』는 뉴욕 6번가의 대형 백화점인 시겔 쿠퍼Siegel-Cooper에서 여성 2명이 체포된 사건을 보도했다. 은행 지배인 의 부인인 세일러 레이먼드Sailor Raymond라는 여성이 1달러짜리 향수 1병 을 훔친 혐의였으며, 또 다른 여성 용의자인 로라 스위프트Laura Swift는 성 직자의 부인으로 7달러짜리 우산과 잡화 몇 개를 훔친 혐의였다. 신문은 두 여성 모두 온화하게 생겼고 세간의 평판도 좋은 여성이라고 보도했 다. 이에 대해 김인호는 다음과 같이 말한다.

"유복한 중류 계급의 이들 두 여인은 당시 잡화와 의류품을 취급하 던 거대 백화점에 쇼핑을 하러 갔다가 눈앞에 무한히 펼쳐지는 소비의 세계에 푹 빠지고 말았다. 이들의 절도 사건은 문화와 경제가 뿌리째 흔 들리는 격동의 시대 변화를 받아들이기에 벅찬 미국 중류층 여성과 사회 가 직면한 곤경을 보여준 것이었다. 실제로 미국에서는 1870년부터 1914년까지 소비사회가 출현하면서 발생한 주요 사건은 주로 중류층 여 성의 절도였다."

여성운동의 발전에 기여했던 백화점은 1920년대 들어 본격적인 소 비주의로 여성을 즐겁게 만드는 데 앞장섰다. 백화점들은 무료 서비스를 즐기려고 백화점을 찾는 사람들이 꼭 상품을 구입하게 만들기 위해 내부 장식에 신경을 썼을 뿐만 아니라 새로운 광고 기법을 선보여, 전반적인 광 고 발달에도 큰 영향을 미쳤다. 1919년 어느 백화점 재벌은 "대량생산은 대중의 교육을 필요로 한다. 대중은 대량생산의 세계에서 인간처럼 행동하는 법을 배워야 한다"고 했는데, 그런 배움의 교사는 단연 광고였다.

또한 백화점은 이벤트 연출에도 큰 신경을 썼는데, 가장 대표적인 이벤트 연출은 '명절'을 만들어내는 것이었다. 백화점들은 이미 사라진 옛날의 명절들을 부활시켰으며 전혀 새로운 명절을 만들어냈다. 당연히 백화점의 최대 고객인 여성을 위한 '여성의 날'도 만들어졌다. 1년 365일 내내 매일은 그 나름의 특별한 날이어야 했다. 백화점은 바겐세일이라는 백화점 명절을 만들어냈으며, 바겐세일을 다양화해 1년 365일 백화점이 명절로 흥청댈 수 있게 만들었다.

1918년 최초의 가정용 냉장고가 선보여 주부의 가사 노동에 획기적인 변화를 가져오기 시작했다. 가전업체 캘비네이터사가 아이스박스 형태의 몸체 위에 압축기와 모터가 달린 소형 냉장고를 개발한 것이다. 1923년 프리저데어사는 좀더 볼품 있고 사용이 편리한 냉장고로 인기를 끌었다. 가정의 중심이 된 냉장고는 새로운 생활 혁명을 몰고 왔다. 한 사회학자는 미국 가정에선 가족 구성원들이 냉장고에서 약 3미터 이내에 모여 대부분의 대화를 나눈다는 사실을 보고하기도 했다. 1921년엔 킴벌리클라크사가 '코텍스'라는 생리대를, 존슨&존슨사가 1회용 반창고를 내놓아 갈수록 편리해지는 생활 혁명에 일조했다.

화려하고 매력적인 백화점의 두 얼굴

제1차 세계대전 후 대중의 축제였던 퍼레이드가 뉴욕 맨해튼에서 사라졌는데, 1924년 20층의 거대한 건물을 완공한 메이시 백화점은 그해부터 크리스마스 퍼레이드를 시작했다. 뉴욕시의 허가는 물론 지원까지 받은 퍼레이드였다. 맨해튼의 45번가부터 시작해서 34번가에서 끝나는 이 퍼레이드엔 다량의 퍼레이드 차와 5개의 밴드가 동원되었으며, 밴드의 중심에는 산타클로스가 있었다. 크리스마스를 메이시가 기업 홍보용으로 이용한다는 비판도 있었지만, 이 퍼레이드는 뉴욕시의 연례 대형 명물 행사로 자리 잡았다.

코카콜라사의 산타클로스 마케팅과 더불어 모든 백화점이 산타클로스를 판촉 수단으로 이용함으로써 산타클로스는 전 세계로 확산되었다. 크리스마스 영화의 고전으로 통하는 〈34번가의 기적Miracle on 34th Street〉(1947)에 나오는 백화점의 이름은 콜스 백화점이지만 사실 메이시 백화점을 다룬 것이다. 러셀 벨크Russell W. Belk는 이후 미국에서 나타난 산타클로스 문화를 가리켜 "산타클로스의 신성화, 소비의 종교화Santa Claus as Deity, Consumption as Religion"라고 말한다.

크리스마스 상업화의 선두 주자가 된 메이시의 급성장 비결은 여성 고객과 더불어 어린이 우대 정책이었다. 메이시는 후에 "메이시를 만든 것은 완구 부문이다"라는 말이 나올 정도로 어린이 시장에 집중했다. 1920년대 초반 할부 구매는 일부 부유층만이 할 수 있는 특권이었지만, 메이시를 운영하고 있던 스트라우스Straus 가문이 처음 중산층을 대상으로 할부 구매를 실시한 뒤 널리 퍼져 1920년 중반에는 대부분의 백화점 고가품은 할부로 팔려나갔다. 1920년대 후반엔 중산층까지 신용카드가 보급되었다.

외면의 화려함과는 달리, 미국에서 초기 백화점의 역사는 잔인한 면도 있었다. 1910년대 말 미국 백화점에서 주당 60~80시간의 노동에 박

● 2008년 뉴욕에서 벌어진 메이시 백화점의 추수감사절 퍼레이드에 등장한 산타클로스. 메이시 백화점은 축제와 산타클로스 마케팅을 효과적으로 이용함으로써 크리스마스 상업화의 선두 주자가 되었다.

봉蒂俸을 받으면서도 고객들에게 아름다운 미소를 지어 보이게끔 교육받은 여직원들이 겪어야 했던 고통은 어떠했던가? 판매 여직원들은 하루 종일 서 있느라 발의 감각조차 느낄 수 없었으며, 급기야 과로로 기절하는 여직원들이 속출했다. 주 의회는 백화점에 직원들을 위한 의자를 마련하도록 법으로 정했지만 별 소용이 없었다. 볼티모어의 한 백화점은 85명의 여직원을 위해 단 의자 2개를 설치했을 뿐이며, 어떤 백화점은 282명의 여직원에게 단 하나의 화장실만 배정했다. 화장실에 갈 때엔 남성 감독관에게 보고를 해야 했는데, 그게 싫어서 많은 여직원이 몸에 이상이 생길 정도까지 용변을 참아야 했다.

이는 겉과 속이 다른 백화점의 두 얼굴을 말해주는 적나라한 사례였지만, 대중은 백화점의 이면을 볼 수는 없었다. 백화점의 어두운 면은 학자들의 연구서에나 등장할 뿐, 언론은 광고를 매개로 백화점의 충실한 동반자였기 때문에 백화점의 화려한 면만 전달하기에 바빴다. 그런 문제에도 코카콜라로 대변되는 광고와 백화점으로 대변되는 소비주의는 다인종·다민족으로 구성되어 사분오열四分五裂되기 십상인 미국 사회를 피상적으로나마 통합해주는 동력으로 기능하게 된다.

'황색 저널리즘'은 어떻게 탄생했나?
퓰리처와 허스트의 신문 전쟁

현대 저널리즘의 창시자

미국에서 1880년대와 1890년대는 도시가 드라마틱하게 팽창하던 시기다. 1840년 인구 25만 명이 넘는 도시는 1개, 1860년 인구 5만 명이 넘는 도시는 16개에 불과했지만, 1890년엔 인구 25만 명이 넘는 도시가 11개에 이르고(3개는 100만 명 이상) 전 인구의 3분의 1이 도시에 거주했다. 인구 8,000명 이상의 도시는 1880년에서 1900년 사이에 2배로 증가했으며, 도시 인구는 5,000만 명에서 7,600만 명, 점유비로는 전체 인구의 22.7퍼센트에서 32.9퍼센트로 증가했다. 역사학자 아서 슐레진저Arthur M. Schlesinger, Sr., 1888~1965는 1878년부터 1898년까지를 '도시의 발흥the rise of the city' 시기로 보았다.

도시의 발흥은 대중신문의 급속한 성장을 가져왔다. 일간지의 총 발행부수는 1850년 75만 부에서 1890년 830만 부로 급증했다. 신문의 성격은 어떠했던가? 1900년까지도 평균적인 미국인의 학교 교육 연한은 5년 미만이었다. 여기에 눈높이를 맞춰야 할 필요가 있었다.

미국 언론사에서 1830년대에서 1850년대 초까지를 '페니 신문 시대', 1860년대 후반부터 1900년까지를 '뉴저널리즘 시대'라고 한다. '뉴저널리즘'은 ① 신문 가격이 싸고, ② 진보적·개혁적이고, ③ 읽기가 쉬웠으며(외양은 물론 내용도 통속적), ④ 뉴스 기능을 강조하는 등의 특성으로 이전의 저널리즘과 구별되었다. 특히 1880년대와 1890년대는 흔히 '기자의 시대Age of Reporter'라고 불릴 만큼 기자Reporter들의 활동이 왕성해졌다.

이 '뉴저널리즘 시대'의 선두 주자는 단연 『뉴욕월드』를 발행한 조지프 퓰리처Joseph Pulitzer, 1847~1911였다. 퓰리처는 특권계급에 대한 혐오를 강하게 드러내면서도 그들의 삶을 동경하는 독자들의 호기심도 충족시키는 이중 전술을 능숙하게 구사했다. 이와 관련, 데니스 브라이언Denis Brian은 『퓰리처: 현대 저널리즘의 창시자, 혹은 신문왕』에서 다음과 같이 말한다.

"특히 여자들은 그가 경멸하는 이른바 귀족들의 재미있는 이야기를 듣고 싶어 안달이었다. 그는 귀족들의 굉장한 저택과 화려한 생활, 약점, 재산 등에 대한 기사를 그림과 함께 실음으로써 자신의 원칙을 배반하지 않고도 여자들의 욕구를 충족시켜주었다. 그는 귀족들의 어떤 점도 미화하지 않고, 그들 중 일부를 조롱과 경멸의 대상으로 만들기도 했다."

퓰리처는 뉴욕의 일간지 발행인 중에서 최초로 별도의 체육부를 만들었으며, 살인 사건 보도에서도 살해 방법을 자세히 설명하고 현장 스케

• '현대 저널리즘의 창시자, 혹은 신문왕'이라 불리는 조지프 퓰리처. 유대계 헝가리인으로 17세 때 미국으로 이민 온 그는 당시의 독자들이 원하는 것이 무엇인지를 정확하게 알고 있었고, 이를 능숙하게 신문에 구사했다.

치 그림을 싣는 새로운 방법을 도입했다. 이는 자신이 아마추어 탐정이라는 공상에 빠진 독자들의 욕구를 충족시켜주기 위한 것이었다. 이것이 유행이 되어 다른 신문들도 퓰리처의 방법을 그대로 베끼게 되었다.

퓰리처는 재벌을 비난할 때에도 흥미 위주의 비교 기법을 선보였다. 예컨대, 2억 달러에 이르는 윌리엄 헨리 밴더빌트William Henry Vanderbilt, 1821~1885의 재산을 금으로 바꾸면 350톤은 된다면서 이것을 들어올리려면 힘센 사람 7,000명이 필요하고, 운반하려면 말 1,400마리가 필요하다는 식이었다. 여기에 밴더빌트의 저택에서 겨우 몇 백 미터 떨어진 곳에서는 아이들이 굶주리고 있다는 사실을 밝히면서, 그 한 사람이 이렇게 많은 돈을 갖고 있는 것이 공정한 일인지에 대한 판단은 독자들의 몫이라고 말했다.

그러나 이미 특권층에 속할 정도로 많은 돈을 번 퓰리처는 노동자들도 궁극적으론 부자가 되는 '아메리칸 드림'을 꾸고 있다는 걸 잘 알고 있었다. 그래서 그의 신문은 '아메리칸 드림'을 미화하는 동시에 그 드림을 이룬 부자들을 공격하는, 양립하기 어려운 두 가지 일을 동시에 해냈다. 또 다른 퓰리처 연구자인 조지 주어건스George Juergens는 그런 '정신분열증적인 보도 태도'에 대해 다음과 같이 말한다.

"『뉴욕월드』는 월스트리트의 거물들을 해적이라 공격하고, 그들의 생활방식을 반사회적이고 천박하다고 공격하면서, 그들을 아메리칸 드림이라는 성공의 살아 있는 상징으로 미화했다. 이 신문은 발행될 때마다 거의 매번 자기 모순적인 태도를 보였다. 그 모순이 바로 매력의 일부였다. 이 신문은 자신을 만들어낸 사회의 이상주의와 어리석음을 반영했을 뿐이며, 그것은 그 신문이 사람들의, 사람들을 위한 신문임을 보여주는 또 하나의 방법이었다."

선정적인 신문이 고귀한 사회적 목표에 봉사하는 법

퓰리처는 "선정적인 신문이 고귀한 사회적 목표에 봉사할 수 있다"는 확고한 신념의 소유자였다. 그래서 『뉴욕월드』의 기자들에게 자제력은 결코 미덕이 아니었다. 그는 기자들에게 "어떤 인물도 신성불가침이 아니며, 도가 지나친 질문이란 존재하지 않는다"는 식의 태도를 갖도록 압박했다. 기자들의 무례함에 대해 항의가 들어오면 퓰리처는 기자들이 워낙 열정이 넘쳐 자신도 어찌할 수 없다고 오리발을 내밀었다.

유대계 헝가리인으로 17세 때 미국으로 이민을 온 퓰리처는 개혁적이었지만 인종적 편견이 매우 강한 인물이었다. 아일랜드인, 독일인, 헝가리인을 제외하고 그는 외국인들을 혐오했다. 그는 영국의 왕족과 귀족들에 대해서도 거친 독설을 퍼부어댔다. 그는 이탈리아인들은 더럽고 불결한 악취 속에서 만족스럽고 행복하게 살고 있다고 했으며, 프랑스인에 대해서는 볼테르, 루소, 위고를 찬양하는 구제불능의 멍청이라고 했다. 중국인들은 '야만인'이라고 무시했다. 그럼에도 데니스 브라이언은 퓰리처를 다음과 같이 옹호한다.

"퓰리처와 같이 지적이고, 경험 많고, 전체적인 시야를 지닌 사람이 이처럼 편협한 생각을 노골적으로 드러냈다는 사실은 매우 놀랍다. 그러나 그는 그 시대의 사람이었다. 그 시대에 아일랜드인은 독일인을 경멸했고, 독일인은 이탈리아인을 경멸했으며, 이탈리아인은 유대인을 경멸했다. 그리고 유대인은 아마도 그들 모두를 경멸했던 것으로 생각된다.……그러나 퓰리처는 형편없는 대우를 받는 이탈리아인 노동자들을 대신해 사회개혁 운동을 벌이는 등 이상할 정도로 일관성이 없었다."

퓰리처는 언젠가 자신의 친구에게 속내를 이렇게 털어놓았다. "난 외국인이니까 결코 대통령이 되지는 못할 걸세. 하지만 난 언젠가 대통령을 당선시키는 사람이 될 거야." 그런 신조하에 퓰리처는 1884년 대통령 선거에서 민주당 후보 스티븐 그로버 클리블랜드Stephen Grover Cleveland, 1837~1908의 승리, 1886년 뉴욕 시장 선거에서 어브램 휴잇Abram Hewitt, 1822~1903의 당선에 결정적 기여를 함으로써 언론 권력자로 우뚝 섰다.

• 넬리 블리는 '잠입 취재'의 새로운 경지를 선보이며, 그 경험을 토대로 보도하는 '탐정 저널리즘', '스턴트 저널리즘'의 원조가 되었다.

풀리처는 1887년부터 넬리 블리Nellie Bly, 1864~1922라는 23세의 여기자를 앞세워 '잠입 취재'의 새로운 경지를 선보였다. 그녀는 기자가 직접 위험한 사건에 개입하거나 모험적인 행사에 참여해 그 경험을 토대로 보도하는 이른바 '탐정 저널리즘detective journalism' 또는 '스턴트 저널리즘stunt journalism'의 원조가 되었다.

블리는 정신병자 연기를 해 정신병원에 환자로 들어간 뒤 열흘 동안 생활하면서 그곳의 인권유린을 취재해 폭로하는 기사를 썼다. 이 기사로 검찰의 대대적인 수사와 더불어 병원 예산이 57퍼센트나 늘어나는 당국의 조치가 취해졌다. 다음 해에 블리는 고객으로 위장해 거물 로비스트를 찾아가 어떤 법안을 매장시켜 달라고 요청한 다음, 로비스트에게서 뇌물을 줘야 할 사람들의 명단을 얻어낸 다음 그걸 폭로하는 기사를 썼다. 절도를 저질렀다는 허위 혐의를 만들어 교도소에 수감된 뒤 그곳에서 벌어지는 여성 수감자 학대를 폭로하는 기사를 씀으로써 당국이 여성 간수들을 채용하게끔 만들었다.

꼭 위장 잠입 취재를 하지 않더라도 센세이셔널하게 폭로할 거리는 많았다. 평소 편두통에 시달려온 블리는 의사 7명에게 찾아가, 그들의 진단과 처방을 비교 평가하는 기사를 썼다. 흥미롭게도 7명의 진단과 처방이 다 달랐다. 이 기사는 의사들의 실명을 밝힘으로써 그들에게 망신을 주었다.

퓰리처는 1889~1990년에 프랑스 소설가 쥘 베른Jules Verne, 1828~1905의 소설 『80일간의 세계 일주Around the World in Eighty Days』를 신문 판매에 적극 이용했다. 1873년에 출판된 이 소설의 주인공은 대영제국의 모든 자신감과 과도한 면을 구현한 인물이었다. 퓰리처는 블리에게 '80일간의 세계 일주'를 직접 하면서 기사를 써보내라고 했고, 독자들에겐 실제로 여행에 걸린 시간에 가장 가까운 답을 내놓은 사람에겐 공짜 유럽 여행을 시켜주겠다고 했다. 거의 100만 통의 응모 편지가 쏟아져 들어왔다. 덩달아 『80일간의 세계 일주』의 인기도 높아져 세계적인 베스트셀러가 되었고 연극으로도 만들어졌다.

72일 6시간 11분 만에 세계 일주를 마친 블리는 그 과정에서 세계적인 명사가 되었다. 72일간의 세계 일주 기록은 몇 달이 지나지 않아 깨졌지만, 훗날 블리는 미국 우표에 여성 언론인 4인방 중 한 명으로 등장한다. 뉴욕 브루클린엔 그녀의 이름을 딴 놀이공원이 있으며, 영화 〈슈퍼맨〉의 열혈 여기자 로이스 레인Lois Lane의 롤 모델이기도 하다.

이런 일련의 잠입 취재 폭로 기사와 이벤트 연출에 독자들은 열광했고, 신문 부수는 쑥쑥 늘어났다. 이즈음 퓰리처는 시력을 거의 잃어 죽을 때까지 시각장애인으로 지내게 되지만, 니콜로 마키아벨리Niccoló Machiavelli, 1469~1527를 뺨칠 정도의 책략으로 자신의 신문을 완전히 장악해 계속 주도권을 행사해나갔다. 퓰리처에게 용서할 수 없는 죄악이란 재미없는 신문을 만들어내는 것이었다. 1893년 발행부수가 50만 부를 넘어서는 등 승승장구하던 퓰리처에게 강력한 도전자가 나타났으니 그는 바로 윌리엄 랜돌프 허스트William Randolph Hearst, 1863~1951였다.

황색 저널리즘이 탄생하다

미국 캘리포니아의 부유한 광산업자의 아들인 허스트는 처음에 퓰리처의 『뉴욕월드』에서 기자 경력을 쌓은 뒤 1887년 샌프란시스코로 가서 『샌프란시스코이그재미너San Francisco Examiner』를 인수해 선정적이고 개혁적인 색깔로 1890년까지 재정적으로 성공적인 신문으로 만들었다.

허스트가 철도 회사의 무법적인 권력에 대항하는 캠페인을 전개하는 등 시민의 대변인으로 변신해 개혁 운동에 앞장선 건 당시의 시대상황에 따른 상업주의 전략이었다. 그의 신문 철학은 독자들의 입에서 "원 세상에!gee-wiz"라는 말이 나오도록 하는 것이었다.

1896년 허스트는 『뉴욕저널』을 인수해 퓰리처의 『뉴욕월드』에 도전하면서 치열한 경쟁을 벌였는데, 이때에 '대중신문'의 모든 본색이 적나라하게 드러났다. 두 신문이 벌인 치열한 경쟁의 와중에서 비롯된 저널리즘을 가리켜 '황색 저널리즘yellow journalism'이라고 하는데, 황색 저널리즘은 1896년에서 1901년까지 전성기를 누리면서 '영혼이 없는 뉴저널리즘'으로 불린다. '황색 저널리즘'이란 말이 나오게 된 배경은 이렇다.

허스트의 주특기는 '사람 빼내가기'였다. 그는 돈으로 『뉴욕월드』의 기자들을 빼내간 건 물론이고 『뉴욕월드』에 첩자까지 심어놓았다. 그래서 퓰리처는 기자들에게 지시를 내릴 때 암호를 사용하기도 했다. 허스트는 1896년 『뉴욕월드』의 일요판인 『선데이월드』에 대항해 『선데이월드』의 제작진을 몽땅 비밀리에 돈으로 매수해 『선데이저널』을 창간했다.

『선데이월드』에 게재된 인기 만화 〈노란 꼬마Yellow Kid〉의 작가 리처드 펠턴 아웃콜트Richard Felton Outcault, 1863~1928도 『선데이저널』로 가 〈노란 꼬마〉를 그렸다. 아웃콜트는 엄청난 성공을 거둔 만화 시리즈 〈호건의 골목길Hogan's Alley〉을 만든 사람으로, 이 만화의 주인공은 반짝이는 눈동자에 웃을 때면 앞니가 빠진 자국이 드러나는 장난꾸러기 소년이었다. 이 아이는 노란색 잠옷처럼 생긴 옷을 입고 있었는데, 이 때문에 '노란 꼬마'라는 별명이 붙어 있었다.

『선데이월드』는 새로운 만화가를 고용해 계속 〈노란 꼬마〉를 그리게 함으로써 두 신문 사이에 '노란 꼬마' 경쟁이 붙었다. 두 신문들 간의 상호 공격적인 광고로 당시 뉴욕 시내 어디에서나 〈노란 꼬마〉를 볼 수 있었다. 『뉴욕프레스』 편집국장 어윈 워드맨Erwin Wardman은 끔찍한 사건과 스캔들을 이용하는 두 신문의 방식을 가리켜 '황색 언론yellow press'이라 불렀는데, 이게 바로 '황색 저널리즘yellow journalism'이라는 용어를 탄생시킨 계기가 되었다.

이 신문들은 '열쇠구멍 저널리즘keyhole journalism'이라는 말도 들을 정

● 『선데이월드』와 『선데이저널』에 실린 〈노란 꼬마〉를 둘러싼 경쟁에서 '황색 저널리즘'이라는 말이 탄생했다. 1896년 『뉴욕저널』에 실린 〈노란 꼬마〉.

도로 선정성 경쟁을 벌였다. 『뉴욕월드』가 선정적인 문장과 편집을 사용하게 된 건 역마차, 전차, 버스 통근자들의 욕구에 맞춘 결과였다. 이 신문은 판 크기를 줄이고 제목 활자를 크게 하는 동시에 그림을 사용해 독자들의 시선을 사로잡고자 했다.

이 두 신문의 '황색 저널리즘' 경쟁은 1898년 미국—스페인 전쟁의 발발에 큰 영향을 미쳤다. 1896년 쿠바에 파견된 허스트 신문의 삽화揷畵 기자 프레더릭 레밍턴Frederic Remington, 1861~1909이 쿠바에 전쟁이라고 할 만한 사건은 없으므로 귀국하겠다고 했을 때에 허스트는 다음과 같은 내용의 전보를 보냈다. "그림만 그려 보내면 전쟁은 내가 만들어내마You'll furnish the pictures and I'll furnish the war."

미국–스페인 전쟁이 '허스트의 전쟁Hearst's war'이라는 말이 나오게 된 배경이다. 일부 역사가들은 1895년에 일어난 쿠바 폭동 사건 당시에 허스트가 발행부수 경쟁에서 퓰리처계의 신문에 도전하지 않았더라면, 1898년 미국과 스페인의 전쟁은 일어나지 않았을 것이라고 주장할 정도다.

1865년에 창간된 『네이션』은 1만 부를 넘지 않는 잡지였지만 영향력은 컸다. 이 잡지의 편집인 에드윈 고드킨Edwin L. Godkin, 1831~1902은 황색 언론을 맹렬히 비판했다. 스페인 전쟁이 선포되기 두 달 전인 1898년 2월 24일자에 고드킨은 다음과 같이 썼다.

"미국 언론의 역사에서 지금까지 알려진 것 가운데 지난주에 이 두 신문이 한 행동만큼 수치스러운 것은 없다. 사실을 전반적으로 왜곡하고, 공중을 흥분시킬 목적으로 이야기를 고의적으로 지어내고, 심지어 이런 지어낸 이야기가 무색할 정도로 엉터리 제목을 달고, 이 모든 것이 결합되어 발행부수가 가장 많은 이들 신문의 이슈가 사회 전체로 전파되고 있다. 단순히 더 많은 신문을 팔기 위해 인간이 이런 잘못된 일을 해야 한다는 것이 말할 수 없이 부끄럽다."

그러나 황색 저널리즘은 막기 어려운 대세였다. 1900년경 미국의 도시 지역에서 발행되던 신문의 적어도 3분의 1가량은 극도의 황색 저널리즘 경향을 보였다. 신문이 먹고사는 밥은 광고가 아닌가. 1890년대는 광고의 전성시대기도 했다. 1880년대 퓰리처에 의해 처음 시도된 일요판 신문은 광고로 뒤덮이다시피 했다.

언론매체는 물론이고 건물의 한쪽, 운행 중인 전차, 종이 가방, 종이

성냥에 광고가 등장했다. 특히 1892년에 발명된 종이성냥은 3년도 안 되어 광고매체로 광범위하게 사용되었다. 1900년대 초엔 '경품giveaway'이라는 용어가 최초로 등장했다. 미국 저널리즘 상업주의의 원형이라는 게 있다면, 그것은 바로 퓰리처와 허스트의 신문 전쟁 시기에 형성되었다고 해도 과언이 아니다.

이 전쟁의 승자는 누구였을까? 허스트는 끝내 황색 언론인으로 머물렀지만, 퓰리처는 정반대로 점차 선정주의와 거리를 두기 시작했다. 그의 생애 마지막 10년(1901~1911) 동안 퓰리처의 『뉴욕월드』는 미국 언론사에서 가장 존경받는 신문이 되었고, 언론인들 사이에선 '신문인의 신문The newspaperman's newspaper'으로 불릴 정도로 변모했다. 퓰리처는 1903년 컬럼비아대학에 언론대학원을 세우라며 200만 달러를 기부했다. 이 돈을 기금으로 삼아 1917년 퓰리처상이 만들어진다. 컬럼비아대학 신문방송학과가 주도하는 선정위원회가 수여하는 퓰리처상은 이후 언론·문학·예술 분야의 최고 영예를 자랑하는 상으로 우뚝 서게 되었다.

누가 메인호를 폭발시켰는가?
1898년 미국-스페인 전쟁

"메인호를 기억하라!"

1894년 미국은 관세 인상 조치의 하나로 설탕에 비교적 높은 관세를 부과했는데, 이는 쿠바 경제에 타격을 입혔다. 게다가 1895년 설탕의 과잉 생산으로 쿠바는 경제 파탄에 직면했다. 이렇게 되자 스페인 지배에 항거하는 혁명 운동이 쿠바에서 일어났으며, 스페인은 이에 강경 대응했다. 1892년 망명지인 미국에서 쿠바혁명당을 결성해 독립 투쟁에 나섰던 쿠바 독립의 영웅 호세 마르티José Marti, 1853~1895는 1895년 스페인군에 의해 참혹하게 처형당했다.

반란은 민간인 지원을 받고 있었기 때문에 스페인은 반란 진압을 위해 일반인을 철조망 수용소에 격리했다. 수용소에는 40만 명이 수용되었으며, 그 안에서 사망한 사람만도 21만 명에 이르렀다. 이런 격리 정책으로 미국의 호전 여론이 격화되었다. 미국은 오래전부터 쿠바를 매우 우려했다. 쿠바가 영국의 손에 떨어지지 않을까 하는 것과 흑인들에 의해서 혁명화되지 않을까 하는 두려움이었다. 이제 그 두려움을 떨쳐버릴 기회가 온 것이다.

1897년 스페인에 자유주의 내각이 들어서면서 쿠바에 어느 정도의 자치를 허용했지만, 이런 유화정책은 역효과를 가져와 반란은 더욱 격렬해졌다. 미국 정부는 쿠바 내 미국인의 생명과 재산을 보호한다는 이유로 1898년 1월 전함 메인Maine호를 아바나에 파견했다.

미국 내 호전파의 대표적 인물은 매사추세츠 명문가 출신 상원의원 헨리 캐벗 로지Henry Cabot Lodge, 1850~1924와 당시 해군부 차관보를 지내고 있던 시어도어 루스벨트Theodore Roosevelt, 1858~1919였다. 루스벨트는 "미국에 좋은 모든 것은 다 프런티어의 결과이며, 이제 스페인과의 전쟁에서 새로운 프런티어를 찾게 될 것이다"고 말했다.

1898년 1월 25일 메인호는 아바나항에 입항했는데, 2월 15일 정체불명의 폭발로 파괴되었고 그 와중에서 미군 266명이 사망하는 사건이 벌어졌다. 이 사건은 세계를 깜짝 놀라게 만들었다. 심지어 조선에서까지 신문 호외를 발행할 정도였다. 『독립신문』 1898년 2월 19일자가 발행한 호외는 한국인 발행 신문 최초의 호외로 기록되고 있다.

미국 정부가 원인 규명을 하는 상황에서 조지프 퓰리처Joseph Pulitzer, 1847~1911의 『뉴욕월드』와 윌리엄 랜돌프 허스트William Randolph Hearst, 1863~1951의 『뉴욕저널』은 확실한 근거 없이 경쟁적으로 추측성 기사를 남발했다. 후발주자인 허스트의 『뉴욕저널』이 더 공격적이었다. 이 신문은 이미 메인호 폭발 이전에 윌리엄 매킨리William McKinley, 1843~1901 대통-

● 1898년 1월 25일 아바나항에 입항한 메인호는 2월 15일 정체불명의 폭발로 파괴되어 미군 266명이 사망했는데, 미국-스페인 전쟁의 도화선이 되었다.

령을 "약해빠지고 말만 번지르르한 정치가"로 비판한 워싱턴 주재 스페인 대사 엔리케 뒤퓌 드 로메Enrique Dupuy de Lôme, 1851~1904의 편지를 입수해 공개한 데 이어 메인호 폭발을 스페인의 소행으로 단정 짓는 기사를 내보냈다.

스페인 정부는 이 사건에 자신들도 경악했다며 쿠바인들과의 싸움을 중단하겠다고 제의했지만, 이미 때는 늦었다. 퓰리처와 허스트는 쿠바인들의 고통을 끝장내야 한다는 명분을 앞세워 스페인과의 전쟁을 선동했으며, 그 와중에 〈메인호를 기억하라!〉라는 노래까지 나와 복수를 부추겼다.

매킨리 대통령은 처음엔 스페인에 더 공격적인 정책을 써야 한다는 의회의 압력이 거세질 때 "서두른다고 해서 애국적인 것은 아닙니다"라고 거부했지만, 이제 여론의 압박을 무시하긴 어려웠다. 매킨리는 1898년 4월 11일 억압받는 쿠바인들을 해방시키기 위한 무장 개입을 승인하라고 의회에 촉구하고 나섰다. 대對스페인 선전포고 안은 311대 6으로 하원을 통과했으며, 상원에서는 42대 35로 통과되었다. 미국은 4월 25일 스페인에 대해 공식적으로 선전포고를 했다.

메인호 폭발과 전쟁의 발발

전쟁을 촉발시킨 메인호의 폭발 원인은 무엇일까? 당시 스페인이 한사코 전쟁을 피하려고 발버둥친 걸로 보아 스페인이 저지른 것 같지는 않다. 1년 뒤 메인호가 엔진 고장으로 폭발했다는 사실이 밝혀지기도 했지만, 미국 역사서들은 대부분 "오늘날까지도 정확한 원인은 밝혀지지 않았다"고 기술하고 있다.

반면 쿠바의 역사 교과서는 "모든 정황은 이 사건이 미국의 자작극이었음을 보여준다. 백인 장교들이 폭발 당시 배에 없었기 때문에 대부분 참사를 피했다는 사실은 미국에 책임이 있다는 이론에 설득력을 더했다"고 말한다. 필리핀 교과서도 "메인호 폭발은 전쟁을 일으키기 위해 미국 스파이들이 저지른 사건"으로 단정 짓는다. 카리브 연안국의 교과서는 "아마도 이 사건은 재난을 겪은 미국을 자기편으로 끌어들이려고 쿠바의 애국자들이 저지른 일이었을 것이다"고 기술하고 있다. 가장 흥미로운 건 스페인 교과서다. 놀라울 정도로 담담하다. 스페인 교과서는 "명확하게 밝혀지지 않았지만, 미국은 스페인의 사보타주가 폭발의 원인이라고 주장했다"는 한 줄로 처리하고 넘어간다.

전쟁은 쿠바, 푸에르토리코의 카리브해, 스페인의 식민지인 필리핀 등 세 곳에서 발발했다. 해군부 차관보 시어도어 루스벨트Theodore Roosevelt, 1858~1919는 군 지휘 계통에서 비교적 낮은 서열에 있었음에도 열렬한 제국주의적 정열로 직위 이상의 권한을 행사하고 있었다. 그는 일방적으로 태평양 함대를 강화했고, 전쟁이 발발하게 될 경우 스페인 식민지인 필리핀 주둔 스페인 함대를 공격하라고 홍콩에 있던 태평양 함대 사령관인 조지 듀이George Dewey, 1837~1917 함장에게 훈령을 내려두었다.

5월 1일 필리핀에 도착한 듀이는 전함 6척을 이끌고 필리핀 마닐라 항에 정박 중이던 스페인의 고물 전함 12척을 모두 파괴하고 스페인 수병 381명을 죽였다. 미국 사망자는 단 한 명이었는데, 그것도 일사병으로 인한 사망이었다. 듀이는 즉시 제독으로 승진했으며 미국–스페인 전쟁의 첫 영웅이 되었다. 몇 달 후 미국 정벌군이 도착한 이후 스페인은 마닐라시를 포기했다.

이 전쟁에서 필리핀인들은 미국이 자신들을 독립시켜주는 줄 알고 열심히 미국을 도왔다. 필리핀 교과서는 그 점을 거론하면서 1898년 8월 18일 마닐라 정복 상황을 다음과 같이 묘사한다. 이건 미국의 주류 역사서에서는 거의 나오지 않는 이야기다.

"오후 1시 그린 장군은 앞으로 마닐라 항복의 상징이 될, 성벽 위에 나부끼는 스페인의 백기를 보았다. 곧바로 모든 적대 행위가 중단되었다. 미국군은 승리에 기뻐하며 도시에 들어섰는데 자신들을 도운 필리핀 군대가 들어오지 못하게 하려고 성문을 닫았다. 필리핀인들은 마닐라 함락을 즐겁게 축하하는 자리에서 배제됐다는 사실에 분노했다. 마닐라 함락은 필리핀과 미국의 협력이 끝났다는 것을 의미했다.······필리핀인들은 미국이 자신들의 자유를 옹호할 것이라고 기대했지만, 오히려 배반을

● 1898년 5월 1일 필리핀 마닐라만에서 벌어진 전투. 미국의 승리로 스페인의 아시아 함대는 괴멸되었으며 미국의 태평양 함대 사령관 조지 듀이는 미국-스페인 전쟁의 첫 영웅이 되었다.

당하고 미국 제국주의자들의 손아귀에 떨어졌다."

미국-스페인 전쟁은 취재 기자가 300~500명이 참여할 정도로 취재 열기가 뜨거운 언론 전쟁이기도 했다. 이 전쟁의 주요 무대인 쿠바에서 연일 신문의 1면을 장식하며 가장 유명해진 건 러프 라이더Rough Rider로 알려진 기병대였다. 러프 라이더는 거친 말을 잘 다루는 카우보이란 뜻이다.

600여 명으로 구성된 이 기병대는 명목상으로는 레너드 우드Leonard Wood, 1860~1927 장군이 지휘했으나, 실질적 지휘자는 시어도어 루스벨트Theodore Roosevelt, 1858~1919 대령이었다. 그는 전쟁에 참전하기 위해 해군부 차관보를 사임한 뒤 자원병을 모집해 스스로 전장에 뛰어든 것이다. 그는 "전쟁의 필요성을 주장하고 있는 사람이 참전하지 않는 것은 위선"이라고 했으며, 자신의 돈을 들여 전비戰費를 마련하는가 하면 부하들을 끔찍이 돌보았다. 백악관 일부에선 그의 정신 상태를 의심했지만, 곧 그는 전쟁 영웅으로 떠올랐다.

미국의 '새로운 프런티어'

스페인 전쟁은 4개월 만에 끝났다. 이 전쟁으로 희생된 미국인은 5,462명이었지만, 순수한 전사자는 379명에 지나지 않았다. 대부분 황열과 말라리아 등의 질병으로 사망했다. 8월 중순 휴전 조약을 거쳐 1898년 12월 10일 파리평화조약에서 필리핀과 푸에르토리코의 할양, 쿠바의 독립이 결정되었다. 마리아나스Marianas와 괌Guam도 미국에 할양되었다. 미국은 이렇게 해서 새로 얻은 지역을 '새로운 프런티어'라고 불렀다.

이 전쟁을 기술한 스페인 교과서가 메인호 폭발처럼 놀라울 정도로 담담하거니와 오히려 비판의 화살을 안으로 돌린 게 흥미롭다. "스페인은 쿠바, 푸에르토리코, 필리핀을 빼앗겼다. 언론과 정치인들은 평화조약이 스페인이 거둔 명백하고 신속하며 손쉬운 승리라며 여론을 기만했다. 1898년의 전쟁은 스페인 역사 전체를 통틀어 가장 충격적인 사건 중 하나였고, 평온하던 스페인 왕정 복고기에 큰 타격을 주었다."

반면 미국에는 '명백한 운명manifest destiny'을 재확인시켜준 사건이었다. 1898년 인디애나주 출신 상원의원 앨버트 베버리지Albert J. Beveridge, 1862~1927는 이렇게 주장했다. "우리는 세계를 지배할 인종이다.……우리는 세계의 문명화를 담당하라는 사명을 신으로부터 위탁받은 특별한 인

종이다. 그러므로 우리는 그 역할을 방기하지 않을 것이다.……신은 우리를 선택하셨다.……야만스럽고 망령든 사람들을 통치하기 위해, (신은 우리를) 통치의 달인으로 만드셨다." 그런 '달인' 중의 한 명인 시어도어 루스벨트는 미국 최고의 무공훈장인 명예훈장Medal of Honor을 기대했지만, 그의 공개적인 정부 비판에 비위가 상한 윌리엄 매킨리William Mckinley, 1843~1901 대통령은 그를 외면했다.

　　1901년 6월 미국과 쿠바 사이에 조약이 체결되어 쿠바의 법적 지위가 결정되었다. 쿠바의 주권은 인정하되 미국은 쿠바의 독립과 질서유지를 위해 개입할 권리가 있다는 내용이었다. 쿠바 내 관타나모Guantanamo를 미군 기지로 만드는 것도 포함되었다.

'명백한 운명'과 '영웅적 비전'

7,000여 개의 섬으로 이루어진 나라(30만 제곱킬로미터)인 필리핀은 세계 역사상 가장 광대한 제국을 건설했던 펠리페 2세Philip II, 재임 1556~1598 시절에 스페인 식민지가 된 지 330년 만에 독립했지만 다시 미국 식민지가 되는 운명에 처하게 된다. 필리핀이라는 국명은 펠리페 2세의 이름에서 따온 것이다. 필리핀은 이제 곧 미국을 상대로 피비린내 나는 독립 전쟁을 벌이게 된다.

스페인 전쟁이 끝나기 직전 미국은 하와이도 병합했는데, 그 과정은 좀 복잡하다. 1886년 대농장주들로 구성된 하와이 내 소수 미국인들은 선거를 통해 정권을 장악하는 데 실패하자 쿠데타를 검토하기 시작했다. 1887년에는 미국과 호혜통상조약을 체결해 미국이 진주만을 해군기지로 단독 사용할 수 있도록 해주었다. 1890년의 매킨리 관세법MacKinley Tariff은 하와이가 미국 내 설탕 시장에서 누리던 특권적 지위를 박탈함으로써 하와이 거주 미국인들 사이에 그곳을 미국 영토로 만들어야 한다는 분위기를 강하게 만들었다.

1891년 소극적인 성격의 원주민 국왕 데이비드 칼라카우아David Kalakaua, 1836~1891가 사망하고 미국의 영향력을 제거하려는 민족주의자 리디아 릴리우오칼라니Lydia Liliuokalani, 1838~1917 여왕이 그 자리를 계승하자, 미국인들은 쿠데타를 준비했다. 이들은 1893년 1월 16일 쿠데타를 일으킨 뒤 미국에 보호를 요청했다. 미국 공사 존 스티븐스John L. Stevens, 1820~1895가 호놀룰루 항구에 있던 전함에서 해병을 상륙시켜 반란군을 돕도록 명령하자 여왕은 자신의 권한을 이양하고 말았다. 무슨 수로 미국

● 하와이 원주민족 여왕 리디아 릴리우오칼라니는 미국인들이 쿠데타를 일으키고 미 해병이 하와이에 상륙해 쿠데타 군을 지원하자 자신의 권한을 이양했다.

을 당해낼 수 있으랴. 스티븐스는 워싱턴에 "하와이 배는 지금 완전히 익었다. 그리고 지금은 미국이 그것을 따기에 가장 적합한 황금시간"이라고 강조했다.

미국인들이 지배하던 임시정부는 즉각 합병 조약을 협상하기 위한 대표단을 워싱턴에 파견했다. 벤저민 해리슨Benjamin Harrison, 1833~1901 대통령은 퇴임 직전인 1893년 2월 합병 조약에 서명했지만, 상원은 조약 인준을 거부했다. 팽창주의자인 매사추세츠 상원의원 헨리 캐벗 로지Henry Cabot Lodge, 1850~1924는 제22대에 이어 다시 제24대 대통령이 된 스티븐 그로버 클리블랜드Stephen Grover Cleveland, 1837~1908가 하와이 병합을 거부하자 격분해 다음과 같이 주장했다.

"경제적 이익과 최대한의 나라 발전을 위해 우리는 니카라과 운하를 건설해야 하고, 그 운하의 보호와 태평양에서의 통상 우위를 지키기 위해 하와이 제도를 지배해야 한다. 사모아에서의 미국의 영향력도 계속 유지해야 한다.……통상에는 보통 국기國旗가 따르게 마련이므로 강력한 해군을 조직하여 전 세계 모든 곳에 있는 미국인을 한 사람도 빠짐없이 보호해야 한다."

1894년 7월 4일 하와이공화국이 선포되면서 미국 농장주인 샌퍼드 돌Sanford B. Dole, 1844~1926이 초대 하와이 대통령으로 취임했다. 이에 대해 놈 촘스키Noam Chomsky는 "돌Dole 상표가 붙은 파인애플 주스를 한 모금 마실 때마다 우리는 서구 문명의 또 다른 승리를 축하하는 것과 마찬가지이다"고 꼬집었다. 하와이 병합을 둘러싼 논란은 1898년 공화당이 정권을 다시 잡고 조약을 승인하면서 종지부를 찍었다. 그해 7월 7일 윌리엄 매킨리 대통령은 하와이 합병 결의에 서명했다.

하와이에서 남쪽으로 4,800킬로미터 떨어진 곳에 있는 사모아제도도 미국 선박이 태평양 무역을 위한 중간 거점으로 오랫동안 이용했는데, 미 해군은 사모아의 파고파고Pago Pago 항구에 주목했다. 1878년 러더퍼드 헤이스Rutherford B. Hayes, 1822~1893 행정부는 사모아 지도자들에게서 파고파고에 미국의 해군기지를 제공한다는 내용의 조약을 이끌어냈지만, 영국과 독일도 사모아제도에 관심을 갖고 원주민 왕자들에게서 비슷한 조약을 얻어냈다. 이후 10년간 3국은 사모아 지배권을 둘러싼 각축을 벌였는데, 1899년 미국과 독일은 자기들끼리 그 섬들을 분할하면서 영국에 대해서는 태평양에 있는 다른 영토로 보상했다. 이로써 미국은 파고파고 항구를 계속 보유할 수 있게 되었다.

또 다른 신新프런티어를 향한 미국의 질주는 미국-스페인 전쟁 이후 가속화된다. 특히 미국-스페인 전쟁의 영웅인 시어도어 루스벨트가 1900년 대선에 출마해 제26대 대통령에 당선됨으로써 미국의 20세기를 여는 팽창주의 질주는 더욱 탄력을 받게 된다.

무공훈장을 받고 싶었던 시어도어 루스벨트의 소망은 100여 년 후에서야 실현되었다. 2001년 1월 16일 빌 클린턴Bill Clinton 대통령은 그에게 명예훈장을 추서하고 그의 증손자에게 주었다. 빌 클린턴은 "시어도어 루스벨트는 우리 국민에게 영웅적 비전을 준 영웅적 인물이었다"고 말했다. 이로써 그는 미국 대통령 중 명예훈장을 받은 유일한 대통령이 되었다.

'영웅적 비전을 준 영웅적 인물'이라는 찬사의 관점에서 보자면, 누가 메인호를 폭발시켰느냐고 묻는 건 우문愚問일 수 있겠다. 미국-스페인 전쟁은 미국의 '명백한 운명'과 '영웅적 비전'을 위해 반드시 일어나야만 했던 필연이었을 테니 말이다.

제2장

제국주의의 혁신주의

약육강식이 '백인의 의무'인가?

제국주의의 '벨 에포크'

제국주의와 '백인의 의무'

1880년부터 1914년까지의 서구 사회를 흔히 '벨 에포크belle époque', 즉 '좋았던 시절'이라 부른다. 제국주의의 전성기라는 뜻이다. 1875년 이후 공업국들이 신기술을 이용해 대포의 포신을 강철로 만들면서 날이 갈수록 힘의 불균형이 심화되었고, 1890년대엔 군의관들이 전염병 발생을 크게 낮추는 데 성공함으로써 열대지방도 자유롭게 접근할 수 있었다.

1897년 6월 22일 런던에서 거행된 빅토리아 여왕Queen Victoria, 1819~1901의 즉위 60주년 기념식 현장을 보자. 영국이 전 세계 면적의 5분의 1과 세계 인구의 4분의 1을 지배하고 있다는 걸 과시하듯 병력 4만 6,000명이 집결한 가운데 11개 식민 정부를 대표하는 총리 11명이 자신들의 군주에게 경의를 표하기 위해 지구 곳곳에서 모여들었다.

당시 8세였던 역사가 아널드 토인비Arnold J. Toynbee, 1889~1975는 숙부의 목말을 타고 퍼레이드를 지켜본 뒤 나중에 이렇게 썼다. "당시의 분위기가 기억난다. 우리가 세계를 지배하며 계속 그 자리에 머무른다. 영원히! 물론 역사라고 불리는 게 있다. 하지만 그 역사는 다른 나라 국민에게나 일어나는 불쾌한 일일 뿐이다."

1878년 서구 열강은 지구의 67퍼센트를 차지했는데, 1914년엔 지구의 85퍼센트를 식민지, 보호령, 신탁통치, 연방 등으로 소유한다. 아프리카는 1914년 에티오피아와 라이베리아를 제외한 거의 전 지역이 유럽의 식민지가 되었다. 각 나라별로 집어삼킨 면적을 보자면, 프랑스 423만 8,000제곱마일, 영국 349만 5,000제곱마일, 독일과 이탈리아가 각각 약 100만 제곱마일, 벨기에 80만 제곱마일, 포르투갈 78만 제곱마일, 스페인 7만 5,000제곱마일 등이었다.

영어권에 '제국주의imperialism'라는 용어가 도입된 것은 1870년대였다. 영국 정치가 벤저민 디즈레일리Benjamin Disraeli, 1804~1881에 의해 정치적으로 사용되기 시작한 '제국주의'는 1880년대에 본국과 식민지에 퍼져 있는 영국인들의 연방을 의미하는 긍정적인 뜻으로 사용되기도 했지만, 1902년 존 앳킨스 홉슨John Atkinson Hobson, 1858~1940의 『제국주의』가 출간되면서 부정적 의미를 갖게 되었다. 이 책과 이후에 나온 제국주의 관련 책들은 미국-스페인 전쟁과 남아프리카에서 벌어진 제2차 보어전쟁Boer War, 1899~1902을 계기로 나온 것이었다.

제국주의의 원인은 무엇일까? 홉슨은 금융계의 거두들이 자기들의 잉여자본을 더 유리하게 활용하기를 바랐기 때문에 해외 팽창을 소망한 것을 제국주의의 기원으로 보았다. 반면 니콜라이 레닌Nikolai Lenin,

1870~1924의 『제국주의Imperialism: The Highest Stage of Capitalism』(1917)는 홉슨의 분석을 차용했으되 홉슨이 "부르주아적인 사회개혁주의와 평화주의"를 옹호하고 있다고 비판하면서 제국주의를 예견할 수는 있으나 피할 수는 없는 재앙, 즉 자본주의 체제의 내적 모순에서 결과하는 궁극적인 위기의 하나이며 자본주의를 궁극적인 파멸로 이르게 하는 모순으로 보았다. 조지프 슘페터Joseph Schumpeter, 1883~1950는 제국주의를 일종의 '격세유전' 다시 말해 문화적으로 계승된 정치적·사회적 태도의 결과로 보았으며, 칼턴 헤이즈Carlton J. H. Hayes, 1882~1964는 폭넓은 대중적 지지를 토대로 한 민족주의에서 그 기원을 찾았다.

그 원인이 무엇이든, 이런 식민지 쟁탈전에서 후발 주자인 미국을 격려할 필요가 있다고 생각한 걸까? 영국의 호전주의자이자 팽창주의자

* 조지프 러디어드 키플링은 1899년 「백인의 의무」라는 시를 발표해 백인 국가들의 팽창주의·제국주의 정책에 심리적 정당성을 부여했다. 「백인의 의무」를 표현한 카툰.

인 시인 조지프 러디어드 키플링Joseph Rudyard Kipling, 1865~1936은 미국의 필리핀 정복에 때맞춰 1899년 2월 4일 『런던타임스』에 「백인의 의무The White Man's Burden」를 역설하며 백인 국가들의 제국주의에 심리적 정당성을 부여했다. 1895년 독일 황제 빌헬름 2세Wilhelm II, 1859~1941가 '아시아인 배척'을 주장한 이후 유럽에서는 이른바 '황화론黃禍論 폭풍'이 일었는데, 그래서 더욱 황인종에 대한 '백인의 의무'가 강조되었던 건지도 모르겠다.

키플링은 '백인의 의무'를 이렇게 노래했다. "백인의 짐을 지어라/너희가 낳은 가장 뛰어난 자식들을 보내라/너희의 자식에게 유랑의 설움을 맛보게 하라/너희가 정복한 사람들의 요구에 봉사하기 위해." 그는 어떤 희생이 따르더라도 '반은 악마이고 반은 아이인 새로 만난 이 무뚝뚝한 사람들'인 동양인에게 빛과 희망을 주기 위해 "여러분이 키워온 최선의 것을 보내는 것"은 미국인에게 달려 있다고 주장했다. '제국의 찬송가'를 쓴 셈이다.

인도에서 활동한 교육자의 아들로 뭄바이에서 태어나 그곳에서 언론인으로 경력을 시작한 키플링은 1890년 영국으로 가서 문학적인 대성공을 거두어 당대의 영국인들, 특히 젊은이들에게 막강한 영향력을 행사한 인물이다. 그는 1907년 영국 최초의 노벨문학상 수상자가 되었다. 스스로 생각해도 구린 점이 있다고 생각했던지 노벨상위원회는 "키플링의 제국주의는 다른 이들의 감정에 전혀 관심을 가지지 않는 강경한 제국주의는 아니다"고 변명했다.

미국 제26대 대통령 시어도어 루스벨트Theodore Roosevelt, 1858~1919는 대통령이 되기 직전인 1899년 1월 「백인의 의무」 사본을 미리 받고, 그것을 매사추세츠 상원의원 헨리 캐벗 로지Henry Cabot Lodge, 1850~1924에게 보냈는데, 루스벨트는 편지에서 키플링의 시가 "시적으로는 다소 빈약하나 팽창주의적 관점에서 보면 훌륭하다"고 촌평했다. 키플링의 시는 『매클루어매거진McClure's Magazine』 1899년 2월호에도 실려 미국에서 폭발적 인기를 누렸다.

'무시할 수 없는 우리의 의무'

1890년대 말 미국에선 미국 민주주의 자체가 팽창정책의 결과로 여겨졌기 때문에 미국 민주주의를 유지하기 위해서라도 어떤 형태로든 팽창정책을 택하지 않을 수 없다는 논리가 널리 유포되어 있었다. 이런 논리가 '백인의 의무'라면 어찌 그 의무를 소홀히 할 수 있었으랴.

미국의 영토 확장에 대해 미국 제25대 대통령 윌리엄 매킨리William McKinley, 1843~1901는 '무시할 수 없는 우리의 의무'라는 표현을 썼다. 그는 1899년 2월 보스턴의 연회 청중에게 미국이 필리핀과 쿠바, 푸에르토리코를 통치하는 까닭을 설명하면서 "미국은 신의 섭리에 따라 그리고 인류의 진보와 문명의 이름으로 미국에 부여된 위대한 사명을 수행한다"며 "열대의 태양 아래에서도 미국의 소중한 원리는 변하지 않을 것이며, 오히려 깃발을 앞세우면서 함께 전진할 것이다"고 주장했다.

매킨리는 "미국인의 정신 속에는 어떠한 제국주의적 의도도 숨어 있지 않"다고 말했지만, 같은 자리에서 체신遞信 장관 찰스 에모리 스미스Charles Emory Smith, 1898~1902는 "우리가 원하는 것은 잉여생산물의 판매시장이다"고 말했다.

인디애나주 출신 상원의원 앨버트 베버리지Albert J. Beveridge, 1862~1927 도 "오늘날 우리는 우리가 소비하는 것보다 더 많은 것을 기르고 있다. 오늘날 우리는 우리가 사용할 수 있는 것보다 더 많은 것을 만들고 있다. 따라서 우리는 반드시 우리 생산품을 위한 새로운 시장, 우리 자본을 위한 새로운 사업, 그리고 우리 노동을 위한 새로운 일거리를 찾아야 한다"고 외쳤다.

미국 경제의 해외무역 의존도는 급증하기 시작했다. 미국의 수출액은 1870년에 약 3억 9,200만 달러였지만, 1900년경에는 140억 달러에 이르렀다. 혁신주의·제국주의·인종주의가 삼위일체를 형성한 가운데 미국의 국력은 빠른 속도로 강해졌고, 이에 따라 미국의 팽창도 가속화되었

● 미국의 팽창주의 정책을 풍자한 1899년의 만화. 맨 앞줄에 앉아 있는 필리핀, 하와이, 푸에르토리코, 쿠바를 상징하는 학생들이 미국을 상징하는 엉클 샘의 수업을 못마땅한 표정으로 바라보고 있다.

다. 19세기 말 미국의 국제적 위상에 대해 김남균은 다음과 같이 말한다.

"영국인의 식탁에는 아이오와의 곡식이, 중국에는 미국 선교사가, 인도에는 미제 통조림이, 캐롤라인섬에서조차 미제 '싱어' 재봉틀이 돌고 있었다. 미국 군함이 조선 항구, 브라질 항구에 나타나 세력을 과시하였고, 또 하와이 사탕수수 농장의 소유자 혹은 멕시코 광산업자로 세계 곳곳에 미국인들이 나타났다. 미국인의 '명백한 운명'이 지구를 무대로 확대되고 있었다. 해군력을 강화하면서 필요하면 전쟁도 불사할 준비를 갖춘 미국은 장차 쇠퇴하는 영국을 대신할 새로운 세력으로 급성장하고 있었다."

이런 자신감을 반영하듯, 『뉴욕타임스』는 새로운 세기를 맞이하는 1900년 1월 1일자 사설에서 미국의 미래를 다음과 같이 낙관했다. "1899년은 놀라운 한 해였다. 상업과 생산 부문에서 실로 경이로운 해였다.……최고 기록 행진이 1900년에도 이어질 것이라고 확신하기 때문에, 막 지나간 열두 달이 최고의 해였다고 말하기 어렵다.……새해의 출발점에서 본 앞날은 매우 밝다."

1900년 대선은 미국의 앞날을 위한 방향을 결정하는 선거였다. 마닐라 전투에서 스페인 함대를 물리친 해군 사령관 조지 듀이George Dewey, 1837~1917는 높은 인기를 누리면서 1900년 대선에서 강력한 대통령 후보로 떠올랐다. 이와 관련, 프랑수아 베유François Weil는 "세기의 전환기에서 맹렬한 민족주의는 미국이 쿠바와 필리핀을 점령하도록 이끌면서 미국인들의 위대함에 대한 열망을 고조시켰다"며 다음과 같이 말한다.

"당시의 격화된 감정을 1899년 9월 29일과 30일에 몇 백만 명의 뉴욕인들이 운집해 미 해군 사령관 조지 듀이를 맞이하던 열광적인 모습보다 더 상징적으로 보여주는 것은 없을 것이다. 미국-스페인 전쟁의 '마닐라의 영웅'인 조지 듀이는 유례없는 화려한 해군 사열식을 마치고 시민들의 환호성 속에 덮개가 없는 자동차를 타고 브로드웨이를 거슬러 올라갔다. 그리고 나서는 시청으로 가서 108번가 언덕에 있는 그랜트 대통령의 무덤에서부터 매디슨 스퀘어에 티투스 개선문을 본떠 만든 일명 '듀이의 아치'라 불리는 개선문을 지나 워싱턴 스퀘어까지 늘어선 3만 5,000명의 군인들과 인파에게 사열을 받았다. 20세기를 맞는 그 시점에서 뉴욕은 새로운 미국 제국의 로마가 되기를 꿈꾸었다."

그러나 조지 듀이George Dewey, 1837~1917는 대통령 출마 선언을 하면서 큰 실수를 저지르는 바람에 일을 망치고 말았다. 그는 기자들에게 "나는 자신의 능력이 충분치 않다고 우려했습니다. 하지만 대통령 업무를 한번 살펴보니 나 자신의 평범한 능력으로도 그 일을 제대로 할 수 있다는 것을 알게 되었습니다. 대통령 일은 수행하기가 그다지 어렵지 않습니다"라고 말했는데, 이 실언으로 그의 대통령 꿈은 날아가고 말았다.

새로운 제국을 꿈꾼 미국

파리평화조약(1898년 12월 10일)에서 필리핀과 푸에르토리코의 할양, 쿠바의 독립이 결정되었지만, 필리핀의 사정은 좀 복잡했다. 미국은 필리핀에 대한 대가로 스페인에 2,000만 달러를 제공하기로 했는데, 미국 상원의 반대가 격렬했다. 조약의 비준에 대한 논의가 진행되는 동안 필리핀 획득에 반대하는 강력한 제국주의 반대 운동이 전국적으로 일어났다.

제국주의 반대자들 가운데에는 당시 미국에서 가장 부자인 앤드루 카네기, 작가 마크 트웨인, 노동운동 지도자 새뮤얼 곰퍼스, 상원의원 존 서먼 등이 있었다.

이들의 반대 동기는 ① 제국주의는 부도덕하며 인간을 해방시키는 미국의 정신을 부인하는 것이다, ② 열등한 아시아인들을 미국에 포함시킴으로써 미국인을 오염시킬 것이다, ③ 싼 노동력의 유입으로 노동자들의 임금이 삭감될 것이다, ④ 제국주의에 필요한 거대한 상비군과 해외 동맹 체제에 미국이 얽매이게 될 것이다 등 다양했다. 설탕 재배업자들처럼 새로운 영토에서 나타날 바람직하지 않은 경쟁을 우려하는 목소리도 있었다.

찬반양론이 대치한 가운데 최종 결정은 1896년 대선에서 윌리엄 매킨리에게 패배했던 민주당 지도자 윌리엄 제닝스 브라이언William Jennings Bryan, 1860~1925에 의해 내려지는 뜻밖의 상황이 전개되었다. 브라이언은 그 문제를 상원에서 다루지 않고 그가 민주당 대통령 후보로 다시 지명되리라 기대했던 1900년에 국민투표로 결정짓기를 희망했다. 그는 열렬한 제국주의 반대자로서 권위를 앞세워 1900년의 논쟁을 마련하기 위해 민주당 제국주의 반대자들이 그 조약을 지지하도록 설득했다. 그리하여 1899년 2월 6일 상원은 마침내 필리핀 합병 조약을 비준했다.

그러나 이는 브라이언의 명백한 오판이었다. 1900년 선거는 필리핀 문제에 관한 국민투표는 아니었다. 공화당은 무엇보다도 증대되고 있는 미국의 번영의 덕을 보고 있었다. 매킨리는 1896년 대선 때보다 큰 승리를 거두었다. 매킨리는 뉴욕의 유능한 기업 변호사인 엘리후 루트Elihu Root, 1845~1937를 국방 장관으로 임명해 군사력을 강화했다. 1900년과

● 제25대 미국 대통령 윌리엄 매킨리는 군사력 강화에 치중해 현대적 군사 체제의 초석을 놓았다. 매킨리를 재단사로 묘사해 미국의 팽창주의 정책을 비판한 정치 만평.

1903년 사이에 루트는 새로운 군 체제를 창안하고 정규군을 2만 5,000명에서 10만 명으로 증원함으로써 현대적 군사 체제의 초석을 놓았다.

　　제국주의의 가장 유능하고 효과적인 전도사는 앨프리드 세이어 머핸Alfred Thayer Mahan, 1840~1914이었다. 당시 해군 대령이었으나 나중에 해군 제독이 된 인물이다. 그는 1890년에 출간한 『제해권이 역사에 끼친 영향 The Influence of Sea Power upon History』에서 제해권制海權을 가진 국가가 역사에서 가장 강력한 국가였다는 것을 역설했다. 그는 미국이 그가 꿈꾸는 큰 역할을 할 만큼 거대한 해군을 보유하지 못한 것을 걱정하면서 해군력 증강을 외쳤다. 1898년경 미국은 해군력에서 세계 5위였고, 1900년경에는 3위가 되었다. 1900년 세계 산업 생산에서 미국은 30퍼센트, 영국은 20퍼센트, 독일은 17퍼센트를 차지했으며, 이해에 미국 철도는 32만 킬로미터로 전

유럽의 철도망을 합한 것보다 길었다.

영국 언론인 윌리엄 스테드William T. Stead, 1849~1912는 1901년에 출간한 『세계의 미국화The Americanization of the World』에서 미국의 경제 발전이 이미 다른 어느 나라보다도 높은 수준에 도달해 영국을 비롯한 모든 나라가 미국의 상품과 문화를 받아들일 수밖에 없을 것이라고 주장했다. 그는 유럽의 지도자들이 미국이라는 무역 대국의 '부당한' 처사에 맞서 결속해야 할 필요성을 우회적으로 역설했다.

미국에 맞선 결속이 가능한 일이었을까? 유럽인들은 결속도 어렵지만 설사 결속한다 해도 미국을 당해내기 어렵다는 걸 절감하면서, 그로 인한 좌절감을 점차 노골적인 반미주의로 해소하게 된다. 즉, 유럽 국가들의 반미주의는 약소국가들의 반미주의와는 그 성격이 다르다는 것이다.

『뉴욕타임스』의 주장처럼 미국의 미래가 밝은 이유는 '후발 주자의 이점second-mover advantage'이었다. 바꿔 말하면, 당시 영국은 경제학자 소스타인 베블런Thorstein Veblen, 1857~1929이 말한 '선두 주자의 벌금penalty for taking the lead'을 치르고 있었다. 이에 대해 사회학자 루이스 코저Lewis A. Coser, 1913~2003는 다음과 같이 말한다.

"영국이 여전히 다소 낡은 시설들을 사용하지 않을 수 없었던 시기에 독일과 미국은 현대적 기술을 최근에 설비하게 되었고 그로 말미암아 영국은 계속 뒤로 처지게 되었던 것이다. 영국의 곤란은 초기의 성공이 완벽하였다는 바로 그 사실 때문에 더욱 증대되었다. 1880년경에 이르기까지는 모든 중요한 기술혁신이나 발명이 영국에서 이루어져왔으나 이 이후로는 거의 없었고 이제 영국은 외국인의 생각을 빌려 쓰지 않을 수 없게 되었다."

그렇다면 미국도 영국의 뒤를 따르게 될까? 그러나 미국은 영국이 아니다. 미국은 방대한 국토 덕분에 끊임없는 이민의 유입이 가능한 나라가 아닌가. 그러니 좋은 의미에서건 나쁜 의미에서건 사회가 정체할 수 없다. 제국은 언젠간 몰락하게 되어 있지만, 미국이 '제국의 몰락'까지 좀더 오랜 시간을 누릴 수 있는 이유다. 물론 약육강식弱肉强食이 '백인의 의무'라고 믿는다면, 그 몰락의 시간은 좀더 앞당겨지겠지만 말이다.

왜 혁신주의는 제국주의가 되었는가?
필리핀 전쟁과 시어도어 루스벨트

역사상 가장 부도덕했던 전쟁

"1899년 2월 4일 토요일 저녁, 로버트 그레이슨Robert W. Grayson이라는 미국 병사가 산후안 다리를 건너고 있던 어느 필리핀 군인을 쏴 숨지게 했다. 이 정당한 이유가 없는 발포로 필리핀 독립전쟁에 불이 붙었다. 그런데도 미국인들은 이 전쟁을 필리핀 '반란'이라고 불렀다."

필리핀 교과서는 이와 같이 기록하고 있다. 스페인의 식민통치에 대항해 싸웠던 필리핀인들은 이제 미국을 상대로 에밀리오 아기날도Emilio Aguinaldo, 1869~1964의 지도하에 독립을 위한 게릴라전을 전개했다. 미국을 도와 스페인과 함께 싸울 땐 미국인들에게서 '필리핀의 조지 워싱턴'이라는 찬사를 받았던 아기날도가 이제 미국의 원수가 된 것이다. 필리핀 주둔 미군 사령관인 아서 맥아더Arthur MacArthur, 1845~1912(더글러스 맥아더의 아버지)는 1900년 초에 "나는 내키지는 않지만 필리핀 민중이 아기날도 와 그가 이끄는 정부에 대해 충성하고 있다고 믿지 않으면 안 되었다"고 썼다.

그래서 더 가혹한 대응이 필요했던 걸까? 포로로 잡힌 게릴라들은 전쟁 포로가 아니라 살인자로 취급되어 즉결 처형을 당했다. 어떤 섬들은 완전 파괴되었고 주민들은 강제수용소에 수용되었다. 미군의 잔인성은 미군 장성들의 발언을 통해서도 입증되었다.

프레더릭 펀스턴Frederick Funston, 1865~1917 장군은 필리핀 혁명군을 도와주었다고 의심받던 필리핀 민간인을 자신이 직접 교수형에 처했다는 사실을 서슴없이 밝혔다. 제이컵 스미스Jacob H. Smith, 1840~1918 장군은 자신의 부대원들에게 "10세 이상은 모두 죽이고 불태우며", 사마르섬을 "무시무시한 야만의 상태로 만들라"고 명령했다. 윌리엄 섀프터William Shafter, 1835~1906 장군은 필리핀 인구의 절반을 죽여야 나머지 절반에게 '완벽한 정의'를 구현할 수 있을지 모른다고 주장했다.

1901년 3월 아기날도가 생포되었다. 체포된 아기날도는 그의 동지들에게 전투를 중지하라는 문서에 서명하고 그 자신이 미국에 충성하겠다고 선언했지만, 그의 체포 후에도 전투는 1년 동안 계속되었고 1906년 말까지 간헐적으로 재개되었다. 모든 전쟁이 다 부도덕하지만 필리핀 전쟁은 가장 부도덕한 전쟁이었다. 20만 명의 미군이 참전해 4만 3,000명이 사망했고, 필리핀 사망자는 5만 명 이상이었다. 미국 역사서들은 그렇게 기록하고 있지만, 필리핀 교과서의 기록은 크게 다르다.

"필리핀 인민들을 강제로 통치하기 위해, 미국은 1만 1,265킬로미터의 대양을 건너 12만 6,468명(이 중 4,234명이 목숨을 잃었다)을 동원했

● 필리핀 전쟁은 미국이 저지른 가장 부도덕한 전쟁이었다. 포로로 잡힌 게릴라들은 전쟁 포로가 아니라 살인자로 취급되어 즉결 처형을 당했다.

다. 또 6억 달러라는 큰돈을 썼으며, 기록된 것만 2,811번에 이르는 전투를 벌였다. 반면 필리핀 사람들은 독립을 지키기 위해 엄청난 피해를 감수해야 했다. 16만 명이 전사했고, 민간인 20만 명이 기근과 전염병으로 죽어갔으며, 수백만 페소에 이르는 재산이 파괴되었다. 비록 전쟁에는 패배했지만, 독립의 꿈을 포기하지는 않았다. 필리핀 사람들은 지혜와 열의를 다해 자유를 위한 선한 싸움을 계속했다."

　필리핀으로 건너간 미국인들은 필리핀을 새로운 프런티어로 여겼으며, 필리핀인들을 과거 북아메리카의 인디언처럼 다루었다. 필리핀은 군정통치(1898~1901), 민정 총독정치(1901~1934), 공화국 체제(1934~1946)로 단계적 변신을 거듭한 끝에 1946년 7월 4일에서야 독립하게 된다.

루스벨트, '혁신주의 시대'를 이끌다

미국에선 어떤 일이 벌어지고 있었던가? 필리핀 전쟁의 와중인 1901년 9월 6일 뉴욕주 버펄로에서 윌리엄 매킨리William McKinley, 1843~1901 대통령이 아나키스트를 자처한 레옹 촐고츠Leon Czolgosz, 1873~1901의 저격을 받고 8일 후인 9월 14일에 사망하는 사건이 일어났다. 매킨리의 암살로 부통령이었던 시어도어 루스벨트Theodore Roosevelt, 1858~1919가 43세의 나이에 미국 역사상 최연소 대통령이 되었다. 제26대 대통령이다.

1858년 뉴욕의 명문가에서 태어나 하버드대학에서 수학한 루스벨트는 24세 때 뉴욕주 하원의원으로 정계에 진출, 뉴욕 경찰국장과 해군부 차관보를 역임했다. 1898년 미국-스페인 전쟁 발발 시에는 의용기병대 대장으로 참전, 산후안 전투에서 혁혁한 공을 세워 전쟁 영웅의 칭호를 받기도 했다. 그 여세를 몰아 수개월 후 뉴욕 주지사에 당선되었으며, 1900년 선거에서 윌리엄 매킨리 공화당 후보의 러닝메이트로 출마해 부통령이 된 것이다. 루스벨트는 이미 공화당 내에서 다루기 힘든 인물로 정평이나 있었다. 매킨리가 루스벨트를 러닝메이트로 선택한 걸 강력 반대했던 공화당 실력자 마커스 해나Marcus A. Hanna, 1837~1904는 "보라! 저 망할 카우보이가 미국의 대통령이라니!"라고 외쳤다고 한다.

"말은 부드럽게 하되 방망이를 갖고 다녀라speak softly and carry a big stick. 그러면 성공할 것이다." 루스벨트는 옛 아프리카 속담이라는 이 말을 즐겨 썼으며, 그대로 실천에 옮겼다. 그는 놀라운 기억력을 지닌 왕성한 독서가로 언어 구사에 탁월한 재능을 보였으며, 높은 목소리로 쉴 새 없이 떠들어대는 사람이었다. 그는 21세 때 첫 저서인 『1812년 해전The Naval

War of 1812』을 발간한 이래 역사, 자연, 여행, 정책 등 다양한 주제로 38권의 책을 펴내 역대 미 대통령 중 가장 많은 저서를 남겼다.

루스벨트는 이른바 '혁신주의 시대Progressive Era'를 이끈 혁신주의자였다. 혁신주의 시대는 루스벨트가 대통령으로 취임한 1901년 말부터 미국이 제1차 세계대전에 참전한 1917년 4월까지의 시기를 가리키는 것으로, 이 시기에 기업의 독점화와 도시화로 인한 제반 문제에 대한 개혁 운동이 왕성하게 일어났다.

루스벨트는 "연방정부는 어떤 특별한 세력의 대변자가 아니다. 바로 공익의 조정자가 돼야만 한다. 또한 대통령은 바로 이 같은 조정자의 중심인물이 되어야 마땅하다"며 대기업 병폐의 치유에 대통령이 직접 개입할 것을 천명했다. 그의 정책 핵심은 대기업들의 부당행위를 광범위하게 조사하고 그 결과를 국민들에게 공개할 수 있는 힘을 정부가 갖도록 하는 것이었다. 그는 우선 악명 높은 몇몇 기업의 통합을 해체하는 데 주력했다.

루스벨트가 처음으로 방망이를 휘두른 사건은 1902년 5월 14만 명의 갱부가 파업을 일으켰을 때였다. 그는 군대를 투입하겠다고 으름장을 놓았지만, 그의 방망이는 광산회사들을 향했다. 결국 광부들에게 유리한 결과가 나왔다. 또 그는 강화된 셔먼 트러스트 금지법Sherman Antitrust Act을 이용해 '불량 트러스트들'에게 방망이를 과시하는 등 여러 개혁 조치를 취했다.

그 첫 대상은 철도에 대한 독점권을 행사하던 북부증권회사였다. 당시 미 최대의 금융가 존 피어폰트 모건John Pierpont Morgan, 1837~1913과 철도업자 제임스 힐James J. Hill, 1838~1916이 공동으로 만든 이 회사에 손을 댄다는 것은 아무도 생각할 수 없었다. 그러나 루스벨트는 과감하게 법무부에 이 회사에 대한 서면 트러스트 금지법 위반 여부 조사를 명령했다.

모건과 힐이 이에 강력히 반발했으나, 이미 '트러스트 파괴자trust buster'라는 별명을 얻은 루스벨트는 한 발짝도 물러서지 않았으며 결국 2년 후 대법원의 판결로 해산 명령이 내려지게 되었다. 그는 이를 계기로 본격적인 트러스트 해체에 나섰으며 반발하는 기업인들에게 "만일 대기업들이 정부가 불법이라고 간주한 무엇인가를 행해왔다면 나는 그것을 끝까지 척결해버릴 것이다", "부패 정치인들과 마찬가지로 부패 기업들에도 칼이 필요하다"는 등 강경하게 대응했다.

혁신주의는 더욱 강력하고 위대한 미국을 만들려는 계획이었다는 점에서 제국주의와 동전의 양면 관계를 맺고 있었다. 이 두 가지를 몸소 실천한 루스벨트는 외교 문제에선 방망이를 더욱 세차게 휘둘렀다. 그

• 시어도어 루스벨트는 미국 내에선 대기업의 병폐를 치유하기 위해 적극 나섰지만 외교 문제에선 제국주의를 적극 옹호했다. 먼로 독트린을 앞세워 도미니카공화국에서 유럽의 힘을 몰아내려고 하는 루스벨트를 묘사한 정치만화.

나름의 이데올로기가 있었다. 그는 1893년 미국 정부가 하와이 합병을 주저하는 것에 대해 "백인 문명화에 역행하는 범죄"라고 비난했으며, 해군사관학교 학생들에게 "모든 위대한 민족은 전투적 종족이었으며…… 평화적 승리는 어떤 경우라도 전쟁을 통한 승리만큼 위대하지는 못하다"고 말했다. 이와 관련, 심리학자이자 철학자인 윌리엄 제임스William James, 1842~1910는 루스벨트에 대해 다음과 같이 썼다.

"전쟁이 남자다운 격렬성을 수반한다는 이유로 전쟁을 인간 사회의 이상적인 상태라고 과장하여 이야기하고 있으며, 평화는 황혼이 깃드는 곳에서 고매한 생활에는 무관심한 채 살아가는 약자들에게나 어울리는, 울음이 터질 듯 부어오른 비열한 상태로 보고 있다."

루스벨트의 그런 생각은 어디에서 비롯된 것일까? 루스벨트는 1888년부터 쓰기 시작해 1896년에 완성한 『서부의 정복The Winning of the West』에서 서부 영토 확장을 이데올로기적 체제 대결의 관점에서 해석했다. 미국인의 서부 진출은 총을 든 서부인의 진출과 자치주의 이식→연방정부의 외교적 개입→연방군을 통한 질서 회복→연방 편입 등의 단계를 거쳐 이루어졌다는 것이다. 그가 연방 제도의 탄생지를 서부로 본 것도 바로 이런 이유 때문이다. 이런 원리를 전 세계에 적용하면 미국의 안전을 확실하게 담보할 수 있다는 논리, 즉 '세계 연방'을 구성하기 위한 외연 확장을 해야 한다는 게 루스벨트의 논지였다.

대통령이 되기 전 친구에게 보낸 편지에서 "나는 그 어떤 전쟁도 환영할 생각이네. 이 나라에는 전쟁이 필요하기 때문이지"라고 말했던 루스벨트가 대통령이 되면서 미국은 거의 전쟁광의 경지에 이르렀다. 루스벨트는 "미국 정부가 야만적인 민족들과 전쟁을 한 것은 평화를 깨는 것이 아니라, 단지 인류 행복을 위하여 슬프지만 꼭 해야 할 국제 의무를 이행하는 것이다"라고 주장했다.

마크 트웨인, 제국주의를 비판하다

미국은 그런 광기 어린 사명감을 갖고 다른 나라들이 자기 나름으로 살아가겠다는 걸 그냥 내버려두지 않았다. 미 국무성 자료인 「1798~1945년 사이의 미국의 군사력 사용 실태」에 따르면, 미국이 1798년과 1895년 사이에 다른 나라 문제에 간섭한 횟수는 103회에 이르렀지만, 이제 간섭은 더욱 무력적인 성격을 띠게 된다. 미국은 1898년부터 1934년 사이에 쿠바를 4번, 니카라과를 5번, 온두라스를 7번, 도미니카공화국을 4번, 아이티를 2번, 과테말라를 1번, 파나마를 2번, 멕시코를 3번, 콜롬비아를 4번 침략한다.

비판적 역사가들은 이런 침략의 원조로 루스벨트를 꼽는 데 주저하지 않는다. 예컨대, 하워드 진Howard Zinn, 1922~2010은 "1906년, 한 미군 부대가 필리핀 어느 마을에 라이플총으로 총격을 퍼부어 무장도 하지 않은 남자와 여자 그리고 어린아이 600여 명 모두를 몰살한 모로Moros(모로족) 대학살이 벌어졌습니다"라며 다음과 같이 말한다.

"시어도어 루스벨트 대통령은 그 학살에 참여한 군인들이 훌륭한 승리를 거두었다며 치하했습니다. 여러분은 제 마음속 영웅과 다른 사람의 영웅이 왜 다른지 의아해할지도 모르겠습니다. 시어도어 루스벨트는 사람들이 꼽은 '최고의 대통령' 명단 중에서 주로 상위를 차지하는 인물

● 마크 트웨인은 시어도어 루스벨트에 맞서 제국주의 정책을 비판하며 반전 활동에 적극 참여하는 등 미국의 양심을 바늘로 콕콕 찔러대는 역할을 자임했다.

입니다. 그는 인종주의자이자 전쟁광에, 제국주의자였는데도 무슨 영문인지 늘 그 명단의 상위를 차지합니다."

루스벨트의 반대편에 소설가 마크 트웨인Mark Twain, 1835~1910이 있었다. 트웨인은 시어도어 루스벨트를 "남북전쟁 이후 미국에 내린 가장 강력한 재앙"이라고 비난했다. "루스벨트는 정치 세계의 톰 소여다. 항상 과시하고, 과시할 기회를 찾아다닌다. 그의 광적 상상력에서, 위대한 공화국은 거대한 바넘 서커스단이다. 그곳에서 자신은 광대 역할을 하고, 이 세상은 관객 역할을 한다."

열렬한 민주당원이었던 트웨인은 독설적인 풍자의 대가였다. 예컨대, 다음 글을 보라. "자비로운 하나님은 우리가 이 나라에서 대단히 귀중한 세 가지 재산을 갖도록 허락했다. 언론의 자유와 양심의 자유, 그리고 이 자유들을 한 번도 활용하지 않는 총명함."

트웨인은 20세기가 시작될 무렵 『뉴욕헤럴드』에 기고한 글에선 이렇게 말했다. "정숙한 부인과 같은 기독교 국가가 키아오쿠Kiao-Chou, 만주, 남아프리카, 필리핀에서의 해적과 같은 약탈행위로 인하여 온몸을 더럽히고 인격을 손상시키고 명예를 훼손시키고 있다. 그 정신은 비열함으로, 그 주머니는 더러운 돈으로, 그 입은 위선으로 가득 차 있다."

트웨인은 『린치의 나라 미국The United States of Lyncherdom』(1901)이라는 소책자에선 벨기에 국왕 레오폴트Leopold, 1835~1909가 콩고를 착취하는 데 모건과 록펠러 등 미국 재벌들이 참여하는 것을 비난했다. 당시 콩고에선 한 지역의 주민들이 정해진 양의 고무나 지하자원을 공급하지 않을 경우 그들의 손을 자르거나 마을에 불을 지르고 주민들을 고문하고 살해하는 악행이 일상적으로 저질러지고 있었다. 이에 격분한 트웨인은 미국 경제 제국주의자들의 음모를 폭로하고 미국 국기를 바꿀 것을 제안했다. "우리는 국기를 꺼내서 하얀 줄무늬를 검게 덧칠하고 별 대신에 해골과 십자 형태의 뼈를 그려넣어야 할 것이다."

트웨인은 1905년 「전쟁을 위한 기도The War Prayer」라는 글을 썼지만 여러 매체에서 게재를 거부당했으며, 이 글은 1922년에서야 출간될 수 있었다. 트웨인이 쓴 반제국주의적인 내용의 에세이들은 1992년에서야 처음으로 책으로 묶여져 출판되었다. 트웨인은 한 에세이에서 필리핀 전쟁에서 느낀 역겨움을 다음과 같이 표현했다.

"우리는 수천 명의 섬사람들(필리핀인들)을 진압한 후 땅에 파묻었다. 그들의 논밭을 망가뜨렸으며, 마을에 불을 질렀고, 과부와 고아들을 집 밖으로 내쫓았다.……그리하여 주의 뜻에 의해 우리는 세계적인 강대국이 된 것이다(정부가 한 말일 뿐 내가 한 말이 아니다)."

미국인들은 트웨인의 이런 반전 활동을 어떻게 볼까? 그때야 팽창주의에 넋이 나가 트웨인을 욕했더라도 오늘날엔 긍정적으로 보지 않을까? 아무래도 아닌 것 같다. 유재현이 트웨인의 고향인 미주리주 한니발Hannibal에 있는 '마크 트웨인 박물관'을 방문하고 쓴 이야기가 흥미롭다. "가장 기괴하게 느낀 것은 전시장의 벽 하나를 통째로 차지한 마크 트웨인의 연표가 19세기의 마지막에서 종지부를 찍고 있는 것이었다."

트웨인은 1910년에 죽었는데, 왜 그런 일이 벌어진 걸까? 아무래도 트웨인의 반전 활동이 그 이유인 것 같다. 트웨인의 공적 삶을 전기와 후기로 나눌 수 있다면, 전기는 전원주의에 충실했던 반면 후기는 반反제국주의에 충실했다. 이 후기의 삶을 놓고 보자면, 트웨인은 루스벨트의 반대편 극점에 서 있는 인물이다. 루스벨트는 미국의 국가주의 영광을 대변하고 구현한 인물인 반면, 트웨인은 미국의 양심을 바늘로 콕콕 찔러대는 역할을 자임했기 때문이다. 그래서 미국에서 20세기의 트웨인은 외면되고, 루스벨트의 어두운 면은 가려진다. 이를 '실용주의 역사'라고 해야 할까? 혁신주의 또는 진보주의가 제국주의와 동전의 양면 관계를 맺고 있는 현실은 오늘날에도 계속되고 있는데, 문제의 핵심은 아무래도 '국가의 영광'에 대한 집착에 있는 것 같다.

하와이는 '지상낙원'이었던가?
한국인의 하와이 노동 이민

한국인의 노동 이민이 시작되다

조선의 1901년은 심한 가뭄으로 흉년이었다. 몇 년째 계속된 흉년의 타격이 1902년 절정에 이르고 있었으니, 민중의 삶이 순탄했을 리 만무하다. 굶어죽는 사람들이 속출했다. 고위 공직자들이 이런 고통을 자신의 고통으로 알면서 사람을 살리기 위해 최선을 다하는 모습을 보였더라면 좋았으련만 사정은 전혀 그렇지 못했던 것 같다.

윤치호는 자신의 1902년 5월 1일자 일기에서 "경기도와 충청도의 여러 곳에서는 사람들이 죽었거나 할 수 없이 떠나버렸기 때문에 촌락들이 통째로 비어버리기도 했다. 많은 사람들이 솔나무 밑에서 죽은 것을 흔히 볼 수 있다고 하는데, 이들은 솔나무를 깎아 연명하다가 죽어버린 것이다"며 다음과 같이 말했다.

"그런데 이런 상황에서 대황제폐하와 정부는 무엇을 하고 있는가. 그들은 관직을 사고팔고 정부 부처를 새로 만들고, 이미 있던 부처들을 확장하고 거액의 돈을 들여 어리석은 예식禮式을 거행하고 잔치를 베풀곤 하고 있다. 정부가 발간하는 관보官報를 보면 매달 무슨 예식이 있었다고 하고, 새로 임명된 감찰사들과 주사主事들의 이름이 실려 있고, 왕릉 청지기들의 이름이 적혀 나온다. 지난 3~4년 동안 새로 임명된 왕릉 청지기들의 숫자를 합하면 모름지기 왕릉에 서 있는 나무들의 숫자보다 많을 것이다. 청지기 자리를 사고파는 값은 1,500냥에서 4,000냥이다. 선왕先王의 유골이 대황제폐하에게 이처럼 끊임없이 수입을 가져다주고 있으니 폐하께서는 선왕들에게 감지덕지感之德之하실 것이다."

과장된 주장일까? 그런 것 같지는 않다. 이승만이 옥중에서 쓴 것으로 보이는 『제국신문』 1902년 10월 24일자 논설은 "이 천지에는 이 나라를 위하여 애쓸 사람도 없고 일할 사람도 없는 즉……홀로 쓸데없는 빈말이라도 주야에 애쓰는 놈이 도리어 어리석고 미련한 물건이로다"라고 개탄했다. 나라 밖으로 떠나면 죽는 걸로 알 정도로 고국산천에 대한 집착이 강한 한국인들이 1902년 12월 100여 명이나 하와이 이민을 가게된 건 바로 이런 상황에서였다.

하와이가 미국 영토로 공식 편입된 건 1898년이었지만, 하와이는 이미 수십 년 전부터 미국의 영향권 하에 놓여 있었다. 하와이에서는 1850년대부터 사탕수수와 파인애플 플랜테이션이 본격화하면서 외국인 노동력이 필요하게 되었다. 1876년부터 중국인 이민자가 유입되었는데, 이들의 숫자가 5,000명에 육박하면서(미국 전체로는 12만 5,000명) 농장을 떠나 상거래 등에 종사하자 위협을 느낀 미 의회는 1882년 '중국인 배척법Chinese Exclusion Act'을 만들어 중국인의 노동 이민을 금지했다.

농장주들은 1885년부터 일본인 노동자를 불러들였다. 1880년대와 1890년대에 많은 일본인이 하와이와 캘리포니아에 도착했는데, 1900년 하와이에만 6만 명, 캘리포니아에 2만 5,000명의 일본인이 거주했다. 하와이 노동시장의 70퍼센트를 차지하게 된 일본인들이 노동조건을 걸고 파업을 일으키는 등 세력화하자, 농장주들이 일본인을 견제하면서 임금을 낮추기 위한 대안으로 생각한 것이 바로 한국인의 노동 이민이었다.

하와이 공식 이민은 1902년부터 시작되었지만, 비공식적으로 한인들이 소규모나마 하와이에 진출한 시기는 1898년경부터였다. 하와이 이민국은 1900년과 1902년 사이에 한인 남자(인삼 장수) 16명이 호놀룰루에 도착했다고 기록하고 있으며, 중국을 통해 중국인을 가장해 들어간 한인들도 있었다. 또 '미국 이민 100주년 기념사업회'는 1902년 하와이행

● 1902년 12월 22일 최초의 한인 이민단은 제물포(인천)를 떠나 일본 나가사키에서 겔릭호로 갈아타고 1903년 1월 12일 하와이 호놀룰루에 닻을 내렸다. 당시 겔릭호의 모습.

이민선 1호가 제물포항을 떠나기 15년 전인 1887년 미국 덴버로 떠난 한인 광부들의 흔적을 발견하기도 했다.

한인들의 고달픈 삶과 노동

하와이 공식 이민은 어떤 방식으로 이루어졌던가? 하와이 사탕수수 농장주협회는 1902년 찰스 비숍Charles R. Bishop, 1822~1915을 대표로 한양에 파견했다. 비숍은 주한공사 호러스 알렌Horace N. Allen, 1858~1932을 중간에 세웠다. 알렌은 고종 황제에게 "백성들을 하와이로 보내서 척식사업과 신문화를 도입하도록 함이 현책"이라고 건의해 허락을 받았다.

비숍은 조선 정부와 이민 조약을 체결했다. 조선 정부는 우리나라 최초의 이민 담당부서인 수민원綏民院(총재 민영환)을 만들어 도왔지만, 지원자가 없었다. 수민원은 '백성을 편안케 한다'는 뜻이었지만, 그 누구도 하와이로 가는 걸 편안한 길로는 보지 않았다. 이런 상황에서 존스라는 미 감리회 선교사가 제물포, 강화 연안, 해주 지역 등을 순방하며 적극 홍보에 나섬으로써 교인들이 지원하기 시작했다.

존스는 "대한 사람이 인간의 천국인 미국에 이민하게 되는 것은 하나님의 뜻이요 하나님의 은혜"라고 주장했다. 이 주장 덕분이었는지 전체 지원자의 반 이상이 개신교인이었다. 이후에도 여러 선교사가 각 개항장을 중심으로 사람들을 모집하러 다녔다.

이에 따라 최초의 한인 노동 이민단 121명을 실은 일본 기선 겐카이마루玄海丸호가 1902년 12월 22일 제물포항을 떠났다. 일본 고베에서 신체검사에 합격한 102명(남자 54명, 그들의 부인 21명과 자식 25명, 통역 2명)이 다시 겔릭Gaelic호를 타고 1903년 1월 12일 하와이 호놀룰루에 도착했다. 여기서 또다시 안질眼疾로 불합격한 8명과 그 가족 총 16명이 송환당하고 결국 남자 48명, 여자 16명, 어린이 22명 등 86명이 상륙 허가를 받았다.

하와이 사탕수수 농장주협회와 알렌의 의뢰를 받은 미국인 사업가 데이비드 데실러David W. Deshler는 1902년 12월 30일 오아후섬 와일루아 농장주인 스미스에게 다음과 같은 당부 편지를 남겼다.

"한국인들은 항해가 불편하고 마음이 불안할 텐데도 잘 견디고 있습니다. 저는 그들이 사물을 받아들이는 방식에 놀랄 따름입니다. 한국 하층계급의 극단적 보수성을 아신다면 이번 여행이 그들에게 어떤 의미인지 짐작할 것입니다. 이제 그들이 새로운 환경에 잘 적응하도록 만드는 것은 당신들의 몫입니다. 잘만 다룬다면 훌륭하고 잘 운용할 수 있는 노동력이 될 것입니다. 친절함과 인내가 필요합니다. 한국인들은 어린애 같으니까 그렇게 다루어야 합니다."

한국인들이 어린애 같다고? 조선에서 이민 모집 광고는 과장의 극치였는데, 그건 무엇 같다고 말해야 할까? 광고는 하와이에는 추운 겨울이 없고 언제나 화창한 날씨며 1년 내내 일할 수 있어서 돈도 많이 벌 수 있는 지상낙원Paradise이라고 선전했다.

1903년 조선에서 발행된 '하와이 이민자 모집 광고지'를 보자. 데실러가 세운 이민 알선업체 '동서개발회사The East-West Development Company'가 제작해 한양, 평양, 원산, 부산 등지에 배포한 이 광고지는 '고시'라는 제목으로 17x11센티미터 크기의 전단 앞뒤에 한글과 영어로 각각 인쇄되

● 사탕수수 농장에서 일하는 한인 노동자들은 섭씨 37.8도가 넘는 폭염과 채찍 속에서 10시간씩 노동하며, 인종적 편견과 소수민족이라는 서러움을 견뎌야 했다.

었다. 이 광고지는 "의식주와 의료 경비를 고용주가 지원"하며, "하와이는 기후가 온화해 극심한 더위와 추위가 없고 무료교육을 받을 수 있으며 일 년 어떤 절기든지 직업을 얻기가 용이하다"고 소개했다(이 광고지의 원본은 2002년 10월 미국 로스앤젤레스에서 발굴되었다).

하와이는 과연 '지상낙원'이었나? 한윤정은 "하와이에 도착한 한인들은 고달픈 삶과 악역을 떠맡았다"며 이렇게 말한다. "이들은 일요일을 제외한 매일 새벽 6시부터 오후 4시 30분까지 점심시간 30분을 빼고 10시간씩 노동해야 했으며 하루 품삯은 50~80센트에 그쳤다. 이 돈은 근근이 생활을 유지할 정도였다. 고된 노동 뒤에는 사병막사처럼 생긴 판잣집에서 담요 한 장으로 잠을 청했다. 더욱 고약한 것은 소수민족으로서 당하는 불이익과 백인 관리자들의 인종적 편견, 일본인들과의 잦은 갈등이었다. 특히 일본인과는 모국의 식민지배로 민족감정이 심하게 대립한 데다 농장 관리자들이 고의적으로 일본 노동자들의 파업 현장에 한인을 투입, 진압하는 등 악용함에 따라 점점 사이가 나빠졌다."

원준상은 "우리 이민은 하와이 도착 후 오아후, 마우이 등 여러 섬에 있는 사탕농장에 배치되었으나 애초의 모집 광고와는 달리 작업 환경이 너무 가혹해서 실망과 불안을 금할 수 없었다"며 다음과 같이 말한다.

"화씨 100도나 되는 무더운 태양 아래서 허리를 구부리며 호미와 괭이로 온종일 작업했고 또 억센 수수대를 칼로 잘라야 했다. 허리가 아파 잠시 서서 허리를 펴면, 루나Luna라고 하는 말 탄 기마 감독이 뒤에서 가죽 채찍으로 내려치곤 했다. 수수대는 사람 키의 2배인 3~4미터로 억세게 자라서 통풍도 잘되지 않고 작업 중에는 작업자끼리 서로 얘기도 못하게 했다. 작업복 가슴에는 죄수와 같이 번호판을 달게 하고 이름 대신 번호만으로 불리우는 천대를 받았으니 쇠사슬만 달지 않았지 노예와 다를 바가 없었다고 한다."

동서개발회사는 모집된 노동자들에게 지참금과 여비를 선불하고 이들이 하와이에 도착한 후 1~3년 사이에 갚도록 했다. 이 때문에 노동자들은 박한 임금을 받으면서 이 돈을 갚느라 고생했고, 한국에 돌아가고 싶어도 여비를 마련치 못해 돌아갈 수 없었다.

노예 생활과 사진결혼

이런 현실이 국내에도 알려져 『제국신문』 1903년 5월 12일자 사설은 하와이 이민이 '노예 이민'이라며 그것의 중지를 주장하기도 했지만, 하와이 이민은 계속되었다. 1902년부터 대한제국이 노동 이민 금지령을 내린 1905년 7월 초까지 2년 반 사이에 남자 성인 6,048명, 여자 성인 637명, 어린이 541명 등 총 7,226명이 65개의 배편으로 호놀룰루에 도착했다. 이 이주자들은 상인이나 농민, 노동자들뿐만 아니라 선비, 정부 관리, 군인, 경찰, 목사, 통역, 교사, 승려, 광부, 머슴 등 신분과 직업이 다양했다.

1905년 4월엔 일본인이 조선에 세운 대륙식민회사의 속임수에 말려들어 한인 1,031명이 노동 계약 이민으로 멕시코 유카탄 반도에 도착했다. 한국과 멕시코 사이에 외교 관계가 수립되어 있지 않았기 때문에 이들은 법적 보호를 받지 못한 채 반半노예 생활을 해야 했다. 매를 견디다 못해 자살하는 사람들마저 나타났다. 탈출자들의 반은 굶주림으로 죽었다. 멕시코 이주 노동자 가운데 400명 정도는 이런 식으로 죽어갔다. 이들 중 200명이 쿠바로 이주해 정착했다.

대한제국이 노동 이민 금지령을 내린 공식적인 이유는 1905년 영국인과 일본인이 불법 시행한 한인들의 멕시코 이민이 현지에서 노예와 같은 생활을 강요하는 등 국민들의 보호가 필요하다는 것이었지만, 사실은 일본 정부가 자국민 보호를 위해 개입했기 때문이다.

하와이 이주민들이 겪게 된 또 하나의 문제는 성비性比의 불균형이었다. 남녀가 거의 10대 1의 비율이었으니, 결혼 문제가 심각했다. 그래서 나중에 나오게 된 것이 이른바 '사진결혼'이다. 당시 상황에서 직접 본국에 가서 선을 볼 처지는 못 되었으므로 사진만 보내 신부를 하와이로 불러들이는 방식이었다. 1910년 12월 2일 사진신부 1호인 최사라(당

• 사진 한 장 들고 하와이를 찾은 사진신부는 1,056명이나 되었다. 그러나 이들을 마중 나온 사람은 대부분 아버지뻘 되는 늙은이여서 자살하거나 도망하는 소동도 벌어졌다.

시 23세)가 호놀룰루에 도착해 하와이 국민회 총회장이던 노총각 이내수 (당시 38세)와 결혼한 것을 시작으로 처녀 1,056명이 남편을 찾아서 하와이로 가게 된다.

사진결혼의 가장 큰 문제는 현격한 나이 차이였다. 남편 될 사람의 젊었을 당시의 사진을 보고 왔더니 자기 아버지뻘 되는 늙은이가 마중 나와 있어 자살하거나 도망하는 소동도 벌어졌다. 심지어 나이가 30세 이상 차이 나는 경우도 있었는데, 나이 차가 많이 나는 부부관계는 '효'에 가까운 것이어서 심지어 자신의 남편을 아버지라고 부르는 사진신부들도 있었다.

사진과는 전혀 다른 얼굴을 보고 처녀들은 기가 막혔지만, 그래도 결혼 이외엔 다른 선택의 여지가 없었다. 조선으로 돌아가는 게 더 끔찍하게 여겨졌기 때문이다. 한 사진신부는 "조선을 떠나기가 그렇게 어려웠는데, 어떻게 그냥 돌아갈 수가 있단 말인가. 내가 돌아가게 된다면 우리 부모님들이 수치스러워 할 텐데 말이다"라고 말했다.

사진결혼의 폐해는 1914년 『매일신보』를 통해 국내에 처음 알려졌다. 사회적 반향과 충격이 컸다. 3회에 걸쳐 연재된 이 기사는 평양에 사는 19세의 젊은 과부가 자신의 어린 딸과 함께 미국으로 건너갔으나 상상했던 것과 너무나 다른 현실과 남편의 구타와 학대를 견디지 못해 호놀룰루의 모 교회에 도망쳐 참혹한 생활을 하고 있다는 걸 비롯해 비극적인 면을 다루었다.

한인들의 슬픈 디아스포라

하와이에 도착한 초기 이민자 중 약 1,000명은 얼마간의 돈을 벌어 조선으로 되돌아왔고 약 2,000명은 1910년까지 캘리포니아로 재이주했다. 하와이 이민자들 사이엔 샌프란시스코로 건너가기만 하면 채찍 맞는 학대에서도 벗어나고 2~3배의 돈벌이를 할 수 있다는 이야기가 퍼지면서 샌프란시스코가 꿈의 대상이 되었다. 그러나 샌프란시스코로 가는 건 결코 쉬운 일이 아니었다. 독한 마음을 먹고 돈을 모은 사람들만이 누릴 수 있는 행운이었다.

유학을 목적으로 1903년 샌프란시스코에 왔던 안창호는 인삼 행상을 하는 동포 두 사람이 길에서 서로 상투를 잡고 싸우는 것을 미국 사람들이 재미있게 구경하는 것을 보고 학업을 포기하고 동포 계몽에 나서기로 결심했다고 한다. 안창호는 1903년 9월 샌프란시스코에 한인 '친목회'를 조직했다. 그는 1905년 4월 조선인 자치단체로서 세계 열국과 공립共立하자는 의미로 '공립협회'를 창립했다.

남캘리포니아에서는 1905년에 '대동교육회'가 조직되어 교육진흥사업을 폈고, 대동교육회는 1907년 정치 활동을 추가해 대동보국회로 확대 개편되었다. 1910년 하와이의 협성협회와 샌프란시스코의 공립협회가 통합해서 대한인국민회를 결성했으며, 대동보국회도 이후에 대한인국민회로 흡수되었다. 이민자들의 중심 활동지는 교회였다. 1903년 호놀룰루, 1904년 로스앤젤레스, 1905년 샌프란시스코에 각각 한인 교회가 세워졌다.

1902년 12월부터 하와이 등 미주 노동 이민이 시작되면서 해외에서도 신문이 발행되었는데, 최초로 발간된 신문은 1904년 3월 27일자로 하와이에서 창간된 『신죠신문』이었다. 이 신문은 격주간 등사판으로 1905년 4월까지 발행되었다. 이후 주로 호놀룰루에서 교포 계몽 수준으로 『한인시사』, 『친목회보』, 『시사신보』 등이 격주간 혹은 월간으로 창간되었으나 모두 단명했다. 미주 본토에서는 1905년 11월 22일자로 공립협회의 기관지 『공립신보』가 창간되었으며, 이는 1909년 2월 『신한민보』로 개제되어 오늘날까지 발간되고 있다. 이어 상항桑港(샌프란시스코) 감리교회에서 『한인연합회보』와 『대도大道』를, 대동보국회에서 『대동공보』 등을 발간했다.

1906년 4월 18일 샌프란시스코를 강타한 대지진은 이주 한인들에 대한 동포애를 발휘하게 만들었다. 나중에 확인된 바로는 지진으로 인해 죽은 한인은 한 명도 없었지만, 그걸 알기 전까지는 '최악의 시나리오'를 가정한 걱정의 목소리가 빗발쳤다. 한 신문 독자는 "우리 한국인이 하늘에 무슨 죄를 지었단 말인가?"라고 개탄하기도 했다. 『대한매일신보』의 호소에 따라 동포를 돕기 위한 위로금이 쇄도하기도 했다.

조국을 떠난 한인들에겐 그 어디에도 '지상낙원'은 없었다. 국내에선 외세에 휘둘리고, 국외에선 피부 색깔 때문에 차별을 받아야 하는 슬픈 디아스포라였다. 그럼에도 조국을 떠날 수밖에 없었던 한인들은 조국에 대한 사랑을 버리지 않고, 일제 강점기 이후 독립 자금을 대는 데 앞장선다.

왜 시어도어 루스벨트는 일본의
한국 지배를 원했는가?

가쓰라—태프트 비밀 협약

자연보호주의자 루스벨트의 이중성

시어도어 루스벨트Theodore Roosevelt, 1858~1919는 1904년 대통령 선거에서
승리함으로써 재선에 성공했다. 루스벨트는 선거 유세에서 '공정거래the
Square Deal'를 강조했다. 이는 루스벨트가 1902년 광산 파업 타결 후 대기
업과 노조의 평화공존이라는 이상을 묘사하면서 한 말이었다. 예컨대 기
업과 노조의 대립 시 그걸 조정할 때에 역설하는 개념이 바로 '공정거
래'였다. 이는 그의 별명이 되다시피 했다.

재선 후 루스벨트는 열정적인 자연보호 운동을 벌였다. 그는 1905년
산림청의 권한을 강화하고 그 책임자로 기퍼드 핀촛Gifford Pinchot, 1865~1946
을 임명했다. 루스벨트의 자연보호 정책에 따라 2,500개의 댐 건설이 취
소되고 약 76만 8,900제곱킬로미터의 광대한 숲이 국유림이 되었다.

그의 재임 중에 국립공원이 2배로 늘어났고 16개의 국립명소, 51개의 야생 서식처가 생겨났다.

핀촛은 자연을 보호하면서도 '현명한 사용wise use'을 부르짖은 소극적 자연보호주의자conservationist인 반면, 루스벨트 행정부와 협력하면서도 갈등 관계를 빚었던 존 뮤어John Muir, 1838~1914는 자연을 있는 그대로 보존하기를 원한 적극적 자연보호주의자preservationist였다. 1892년 뮤어의 주도하에 미국 최초의 전국 규모의 환경단체인 시에라 클럽Sierra Club과 1905년 오더본 협회Audubon Society 등이 창설되면서, 미국의 자연보호 운동은 이 두 갈래 흐름 사이에서 치열한 논쟁을 벌이게 된다.

영웅주의와 카우보이 기질이 충만한 루스벨트가 단지 자연의 아름다움에 빠져든 낭만적 발상으로만 자연보호를 외쳤을까? 무언가 다른 이유가 더 있을 것 같다. 오늘날 많은 이가 루스벨트를 '자연보호의 영웅'으로 기리고 있지만, 박진빈은 "루스벨트는 단지 자연이 아름답기 때문에 보존하자고 한 것이 아니다"며 다음과 같이 말한다.

"인류사를 인종 간의 투쟁의 역사로 인식했던 그는, 미국인이 지구상에서 가장 뛰어나고 우수한 인종이라고 믿었다. 로마→게르만→앵글로색슨으로 이어진 당대의 가장 우수한 인종이, 마침내 아메리카 대륙에 와서 거친 자연과 원주민을 상대로 투쟁하여 유럽에서는 찾아볼 수 없는 최고의 품종 개량을 이루었다는 것이다. 그런데 19세기 말에 이르러 이 우수한 인종이 나약해지는 징후를 보였는데, 루스벨트는 그것이 지나친 도시화의 결과라고 판단했다. 미국인을 미국인으로 만든 거친 자연과의 투쟁 기회가 줄어든 것, 그것이 바로 문제였다. 루스벨트는 공원이나 숲으로 캠핑을 가서 말을 타고 야생동물을 사냥하고 거친 자연을 경험하는 것이, 미국인의 야성을 깨우고 단련시켜 더 뛰어난 우성인자로 만드는 데에 중요한 역할을 한다고 믿었다."

루스벨트는 힘이 모든 것을 결정한다고 믿는, 철저한 사회진화론자였다. 그는 1899년 일본 사상가 니토베 이나조新渡戸稲造, 1862~1933가 영문으로 발표한 『Bushido(무사도)』를 읽고 깊은 감명을 받아 30권이나 구입해서 지인들에게 나눠줄 정도로 사무라이 정신에 심취하는 동시에 친일親日 성향을 갖게 되었다. 그는 1900년 8월에 뉴욕 주지사로서 부통령 후보가 되었을 때에 "나는 일본이 조선을 손에 넣는 것을 보고 싶다"고 했을 만큼 일본에 편향적이었고, 이 편향성은 이후 내내 유지·강화되었다.

루스벨트는 인종적 차이에 대해 강한 신념을 갖고 있는 철저한 인종주의자였음에도 일본만큼은 황인종으로 보려고 하지 않았다. 그는 1904년 "중국인과 일본인을 같은 인종이라 말한다면 이것은 얼마나 당

* 요세미티국립공원의 글레이셔 포인트Glacier Point에 나란히 선 시어도어 루스벨트와 존 뮤어. 시어도어 루스벨트 행정부의 자연보호 운동에 힘입어 그의 임기 동안 국립공원이 2배로 늘어나고, 국립명소와 야생 서식처가 많이 생겨났다.

치도 않은 말이냐"고 말할 정도였다. 이는 '문명화'라는 또 하나의 기준이 더해졌기 때문이다. 그래서 루스벨트는 "터키인들은 일본인들보다 인종적으로 우리(백인종)에게 더 가깝다. 그러나 터키인들은 우리의 국제사회(소위 '문명권')에서 구제 불능의 회원인 반면 일본인들은 바람직한 신입 회원이라 생각한다"고 말했다.

"일본이 조선을 손에 넣는 것을 보고 싶다"는 루스벨트의 희망은 미국의 아시아 정책이 되었다. 게다가 루스벨트의 러시아에 대한 태도는 처음엔 적대적이지 않았으나, 1902~1903년 러시아가 만주에서 병력 철수와 문호개방 유지의 약속을 지키지 않은 걸 계기로 적대적으로 돌아섬으로써 조선엔 재앙이 되는 결과를 초래하게 되었다.

이미 1894년 청일전쟁에서 승리한 일본은 1901년 1월 러시아의 한반도 중립화 제안을 거절함으로써 조선을 식민지화하려는 생각을 분명히 했다. 1902년 1월 30일 일본은 영국 런던에서 러시아에 대해 만주에서 철병할 것과 한반도에서 일본의 지위를 인정해줄 것을 요구하는 것을 주요 내용으로 하는 영일英日동맹을 체결했다. 그 대신 일본은 중국에 대한 영국의 특수권익을 인정했다.

영일동맹 직후 러시아는 조선에 대한 지배력을 강화하기 위한 차원에서 한반도로 군대를 파견해 일본과 충돌을 빚게 했다. 아직은 자신이 없었던 일본은 충돌을 피하기 위해 38도선을 기준으로 한반도를 양분해 각각 영향력을 행사하자고 제안했다. 그러나 러시아는 39도선 분단안을 제시해 담판은 결렬되었다.

러일전쟁의 발발과 일본의 승리

1904년 1월 26일 러시아의 니콜라이 2세는 예브게니 알렉세예프Evgeni Alekseev, 1845~1917 극동 총독에게 친필 서명이 든 전문을 보내 "러시아가 전쟁을 시작하는 것보다는 일본이 먼저 시작하도록 하는 것이 바람직하다. 일본이 먼저 개전하지 않으면 일본군이 대한제국의 남해안 혹은 동해안으로 상륙하는 것을 방해하지 마라. 만약 38선 이북 서해안으로 상륙병과 함대가 북진해오면 적군의 첫 발포를 기다리지 말고 공격하라"고 긴급 지시했다.

1904년 2월 8일 일본 해군 사령관 도고 헤이하치로東鄉平八郎, 1847~1934가 이끄는 연합 함대가 뤼순旅順항 안에 정박해 있던 러시아 함대를 향해 돌연 어뢰 공격을 감행했다. 러시아 함대는 큰 손상을 입지는 않았지만, 전함 2척과 순양함 1척을 잃었다. 바로 그날 일본은 동시에 제물포 해상에서 러시아 군함 2척을 기습 공격해 격침했다. 일본은 이틀 뒤인 2월 10일 러시아에 선전포고를 했다.

이렇게 시작된 러일전쟁은 1905년까지 만주에 200만 명 이상의 병력이 집결된 대전쟁이 되었다. 당시 러시아와 일본의 군사력을 비교해보면 러시아가 전반적으로 우월한 위치에 있었다. 러시아의 병력은 100만 명이 넘었으며 예비 병력 34만 5,000명과 더불어 동원 체제에 들어가면 450만 명을 추가로 동원할 수 있었다. 해군력은 51만 톤으로 영국, 프랑스, 독일에 이은 세계 제4위였으며, 주요 조선소 4개를 보유하고 있었다. 반면 일본은 정규 병력 18만 명에 예비 병력 67만 명이었으며, 해군력은 26만 톤이었고 조선소는 없었다.

• 1905년 1월 2일 일본은 뤼순을 점령함으로써 힘의 균형을 완전히 깨뜨리는 데에 성공했다. 러일전쟁 100주년을 기념해 2004년 러시아에서 제작한 우표.

그러나 일본은 하나로 뭉친 반면, 러시아는 둘이었다. 러시아는 차르 체제가 망하기를 간절히 바라는, 니콜라이 레닌Nikolai Lenin, 1870~1924으로 대표되는 혁명 세력의 내부 도전에 직면해 안팎으로 두 개의 전쟁을 치러야 했다. 1905년 1월 2일 일본은 뤼순을 점령함으로써 힘의 균형을 완전히 깨뜨리는 데에 성공했다. 일본군이 밀착 포위 공격을 가한 지 240일만이었다.

레닌은 1905년 1월에 쓴 「뤼순항의 함락」이란 글에서 "프롤레타리아트는 기뻐할 모든 이유를 갖고 있다"며 다음과 같이 주장했다. "일본의 군사적 목표는 대체로 달성되었다. 진보적이며 선진적인 아시아는 후진적이며 반동적인 유럽에 치유될 수 없는 일격을 가했다. 10년 전 러시아를 우두머리로 하는 이 반동적 유럽은 일본에 의한 중국의 분쇄(청일전쟁)에 의해 불안해졌다. 그래서 유럽은 연합하여(러시아 · 독일 · 프랑스 3국 간섭) 일본으로부터 그의 승리의 최고의 열매를 빼앗아버렸다. 그럼으로써 유럽은 여러 세기 동안 정당화된 아시아 인민의 착취에 대한 우선적이며 일차적인 권리를 지켰던 것이다. 일본에 의한 뤼순항의 재정복은 반동적 유럽 전체에 대한 일격이다."

종군 기자들이 묘사한 조선

러일전쟁은 국제 뉴스 전쟁이기도 했다. 전쟁 당사국 일본은 80여 명의 특파원을 파견, 전황을 시시각각 타전했다. 일본군의 압록강 도하 작전을 참관한 외국인 기자는 총 13명이었는데, 국적별로는 영국 3명, 미국 3명, 프랑스 2명, 이탈리아 1명, 독일 2명, 오스트리아 2명, 스위스 1명이었다.

러일전쟁 종군기자단에는 캐나다인으로 영국 『런던데일리메일The London Daily Mail』에서 파견되었던 프레더릭 매켄지Frederick A. McKenzie, 1869~1931, 『톰 소여의 모험』으로 유명한 미국 소설가 마크 트웨인, 『샌프란시스코이그재미너The San Francisco Examiner』에서 파견된 잭 런던Jack London, 1876~1916도 있었다. 런던은 20세기 초 미국 최고의 사회주의 작가로 명성을 떨친 인물인데, 그는 1904년 3월 5일자 일기에서 조선인을 다음과 같이 조롱했다.

"조선인들은 이미 그들을 점령하여 지금은 주인의 눈으로 그들을 바라보는 그들의 상전인 '왜놈'들을 몸집으로 훨씬 능가하는 근육이 발달된 건장한 민족이다. 그러나 조선인들에게는 기개가 없다. 조선인에 겐 일본인을 훌륭한 군인으로 만들어주는 그러한 맹렬함이 없다.……정 말로 조선인은 지구상의 그 어떤 민족 중에서도 의지와 진취성이 절대적 으로 부족한 가장 비능률적인 민족이다."

비단 런던만 그렇게 생각한 것은 아니었다. 일본의 승리를 알린 러 일전쟁 종군 기자들의 조선에 대한 부정적인 묘사는 조선에 큰 타격이 되었다. 이와 관련, 송우혜는 "무력하고 무능한 지도자와 제 집마저 버리 고 도망치는 백성……. 이렇게 부정적으로 형성된 나쁜 이미지와 국제 적 여론, 그리고 사방 어디를 둘러봐도 손잡을 곳 하나 없었던 고립된 나 라 대한제국. 그 같은 보도 경쟁으로, 세계 각국의 시민층에까지 대한제 국과 국민들에 대한 부정적인 인상이 국제적으로 광범위하게 형성되었 다"고 말한다.

그것은 국운에 막대한 영향을 미쳤다. 1905년 1월 루스벨트는 국무 장관 존 헤이John Hay, 1838~1905에게 보낸 편지에 이렇게 썼다. "우리는 조선 인들을 위해서 일본에 간섭할 수 없다. 조선인들은 자신들을 위해 주먹 한 번 휘두르지 못했다. 조선인들이 자신을 위해서도 스스로 하지 못한 일을, 자기 나라에 아무런 이익이 되지 않음에도 불구하고 조선인들을 위 해서 해주겠다고 나설 국가가 있으리라고 생각하는 것은 불가능하다."

당시 『아웃룩매거진Outlook Magazine』의 편집장 조지 케넌George Kennan, 1845~1924도 루스벨트의 친일 성향에 큰 영향을 미쳤다. 케넌은 1905년에 출간한 『나태한 나라 조선Korea: A Degenerate State』에서 조선인을 나태하고 무기력하며, 몸도 옷도 불결하고 아둔하며, 매우 무식하고 선천적으로 게으른 민족이라고 악평을 늘어놓은 인물이었다.

케넌은 개인적으로도 루스벨트의 친구이자 이른바 '루스벨트 사단'에 속한 인물이었던바, 『아웃룩매거진』은 루스벨트가 정기적으로 구독하는 유일한 잡지였다. 케넌이 잡지 기사를 통해 조선을 "자립 능력이 없는 타락한 국가"라고 묘사하자, 루스벨트는 케넌에게 편지를 보내 "조선에 관하여 쓴 당신의 첫 번째 글은 정말 마음에 든다"고 동감을 표시했다. 1905년 8월 루스벨트는 "나는 이전에 친일적이었다. 그러나 지금은 과거보다 훨씬 더 친일적이다"고 실토했다.

가쓰라―태프트 밀약이 체결되다

러일전쟁은 외교 전쟁이기도 했다. 미국과 영국이 일본을 지원하고, 독일과 프랑스가 러시아 지원에 소극적이었던 것이 러일전쟁의 승패를 좌우한 결정적 요인이었다. 루스벨트는 독일과 프랑스가 전쟁에 개입한다면 미국은 당장 일본 편에 가담하겠다고 두 나라를 위협하기까지 했다.

미국 역사학자 캐롤 쇼Carole C. Shaw가 2007년에 출간한 『외세에 의한 조선 독립의 파괴The Foreign Destruction of Korean Independence』는 루스벨트가 러일전쟁 당시 일본의 전쟁 비용을 지원하기 위해 미국의 사업가들을 적극적으로 끌어들였다는 걸 처음으로 밝혔다. 지금까지 일본 학계는 이와 관련해 미국의 유대인 은행가 제이컵 시프Jacob H. Schiff, 1847~1920가 전쟁 비용을 조달했다는 내용만 거론했지만, 이 책은 3,000만 달러를 지원한 앤드루 카네기Andrew Carnegie, 1835~1919를 비롯해 존 피어폰트 모건John Pierpont Morgan, 1837~1913 등 미국의 6개 재벌이 일본에 차관을 지원한 사실을 새롭

● 러일전쟁은 외교 전쟁이기도 했다. 일본은 미국과 영국의 전폭적 지원을 받아 러일전쟁에서 승리했다. 러시아 선박을 공격하는 일본 해군.

게 밝혀냈다. 이렇게 해서 미국이 조달한 일본의 전쟁 비용은 약 7억 엔(현재 14조 원 상당)에 이르렀다는 것이다. 조선에서 활동한 선교사의 2세인 쇼는 "100여 년 전 우리(미국)가 '공공의 선'이란 미명하에 작은 나라(대한제국)의 국권에 어떤 짓을 저질렀는지 생각해보라"며 "미국인 한 사람으로서 사죄의 뜻을 표하고 싶어 이 책을 쓰게 됐다"고 말했다.

러일전쟁이 사실상 일본의 승리로 귀결되자 루스벨트는 자국 식민지인 필리핀 시찰 명목으로 육군 장관 윌리엄 태프트William H. Taft, 1857~1930를 일본으로 보내 7월 29일 일본 총리이자 임시로 외상도 겸하고 있던 가쓰라 다로桂太郎, 1848~1913와 이른바 '가쓰라-태프트 밀약'을 맺게 했다. 이 밀약은 "러일전쟁의 원인이 된 조선을 일본이 지배함을 승인한다"고 규정했다. 이로써 미국은 일본의 조선 지배를 인정해주고 대신 일본은 미국의 필리핀 지배를 인정했다. 이는 약 20년 후인 1924년 역사가 타일러 데닛Tyler Dennett, 1883~1949의 루스벨트 문서 연구를 통해 밝혀진 사실이다.

가쓰라–태프트 밀약 시 두 사람은 어떤 이야기를 나눴던가? 한국인으로선 분노하지 않을 수 없는 망언들이 오갔다. 가쓰라는 대한제국 정부의 잘못된 행태가 러일전쟁의 직접적인 원인이라는 해괴한 주장을 폈고, 태프트는 조선이 일본의 보호국이 되는 것이 동아시아 안정에 직접 공헌하는 것이라며 맞장구쳤다. 영국도 8월 12일에 제2차 영일동맹을 맺어 일본의 조선 지배를 승인하고 대신 일본은 영국의 인도·버마 등의 지배를 두둔했다.

루스벨트는 조선 문제에 관한 한, 한국인들의 비난과 저주를 받기에 족한 음모를 획책하고 그것을 실행에 옮겼지만, 한국의 엘리트 계급이 그에게서 꼭 배워야 할 점이 있다. 그건 바로 '노블레스 오블리주Noblesse Oblige(엘리트의 사회적 책무)'의 실천이다. 훗날 루스벨트는 전투기 조종사이던 막내아들이 1918년 프랑스 공중전에서 전사하고, 큰 아들이 노르망디 상륙작전에서 전사함으로써 제1·2차 세계대전에서 두 아들을 잃은 아버지가 된다. 오늘날 루스벨트가 미국인들에게 존경받는 이유이기도 하다.

"포츠머스 회담은 역사상 가장 위대한 평화 회담"이었나?

포츠머스 조약

'위대함'의 제단에 바쳐진 조선

1905년 8월 8일, 러시아와 일본 양국의 협상 대표단이 미국 뉴햄프셔주의 작은 해군 기지인 포츠머스Portsmouth에 도착해 1년 넘게 끈 러일전쟁을 종결하기 위한 강화 회담을 시작했다. 러시아군 사상자 27만 명 중 사망자 5만 명 이상, 일본군 사상자 27만 명 중 사망자 8만 6,000명이라는 참혹한 통계 수치가 말해주듯, 양쪽 모두 지칠 대로 지친 상황이었다.

특히 일본이 더 지쳤다. 일본군 사상자는 68만 9,000명이었으며, 이 중 전사자만 14만 5,000명이었다는 주장도 있다. 일본이 이 전쟁에서 지출한 직접 군사비는 14억 엔으로 청일전쟁의 전비를 6배나 초과하는 비용이었고, 1903년도 군사비의 10배, 국가 예산의 5배 가까운 액수였다. 일본은 종전을 간절히 원했지만 약한 모습을 보이기 싫어 친일파인 미국

제26대 대통령 시어도어 루스벨트Theodore Roosevelt, 1858~1919를 끌어들였다. 이와 관련, 정일성은 다음과 같이 말한다.

"이토 히로부미가 그의 내각에서 농무상과 법무상을 지낸 가네코 겐타로에게 루스벨트 대통령을 움직이게 한 것이다. 가네코는 하버드대 로스쿨(2년제) 출신으로 미국에 친구가 많았다. 그는 학부와 수업 연한은 달랐지만 루스벨트와 같은 해(1876년)에 입학했다. 재학하는 동안에는 만난 적이 없었으나 가네코가 1889년 의회 조사를 위해 도미했을 때 미국 친구의 소개로 당시 행정개혁위원장이었던 루스벨트를 알게 되어 서로 사신私信과 크리스마스카드를 주고받는 친숙한 사이가 되었다. 일본의 의뢰를 받은 루스벨트는 곧 중재에 나서 1905년 8월부터 미국 동부 포츠머스에서 회담을 시작할 수 있게 했다."

8월 9일부터 시작된 회담은 29일 완전히 타결되었고 9월 5일에 조인되었다. 포츠머스 회담의 핵심은 조선을 일본에 넘긴다는 것이었다. 조약 제1조는 '러·일 양국의 통치자와 국민들 사이에 앞으로 평화와 우애가 있을 것'을 선언한 단순한 외교적 조항이었고, 제2조에서 명시적으로 "일본은 조선에 지배적인 권리가 있음을 인정한다"고 규정했다. 이 조약으로 뤼순·다롄의 조차권租借權과 창춘長春 이남의 철도 부설권, 북위 50도 이남의 사할린섬을 일본이 가져갔다. 동해와 오호츠크해·베링해의 러시아령 연안 어업권도 가져갔다.

루스벨트는 러시아에선 일본이 그 지역을 차지하는 데 대한 인정을 받아냈고, 일본에선 전투를 중지하고 더는 팽창하지 않겠다는 동의를 얻어냈다. 그와 동시에 미국이 그 지역에서 자유롭게 교역할 수 있는 권리를 보장받는 비밀 협정을 일본과 체결했다.

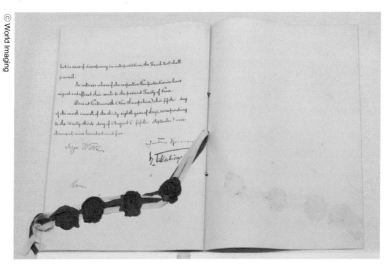

• 1905년 9월 5일에 조인된 포츠머스 회담의 조약문. 포츠머스 조약의 핵심은 조선을 일본에 넘긴다는 것이었다.

포츠머스 조약은 전쟁 땐 일본을 지지했지만 전후 일본이 너무 많이 가져가는 걸 경계한 루스벨트의 노회한 외교술의 승리였다. 조선만 먹고 떨어지라는 식이었다. 협상 타결 직후 『포츠머스헤럴드』는 1면 톱기사에서 「Peace」라는 제목으로 체결 소식을 전했고, 회담이 열린 장소는 평화 빌딩으로 불렸으며, 이 빌딩의 입구 안내판에는 "포츠머스 회담은 역사상 가장 위대한 평화 회담"이라고 새겨졌다. 그러나 그 '위대함'의 제단에 바쳐진 희생양은 조선이었다.

1905년 9월 9일 루스벨트는 "일본이 조선의 외교권을 인수하는 것에 대해 이의가 없다"고 발표했다. 루스벨트는 포츠머스 회담을 주선하고 중재해 세계 평화를 이루었다고 1906년 노벨평화상까지 받았으며, 90여 년 후인 1998년에 미국 『타임』은 루스벨트를 '20세기 최초의 위대한 정치적 인물'로 선정한다.

두말할 필요 없이 포츠머스 조약은 조선엔 재앙이었다. 일본이 조선을 집어삼키는 것에 대해 이의를 제기한 나라는 없었다. 송우혜는 "대한제국은 문자 그대로 고립무원의 처지로서, 그토록 치명적인 치욕과 피해를 입으면서도 주변국의 도움은커녕 국제적인 경멸의 대상에 불과한 처참한 상태였다"며 다음과 같이 말한다.

"대한제국은 국제적으로 왜 그토록 고립되었고, 왜 그처럼 참혹한 대우를 받았던가. 가장 중요한 요인은 당시의 국제사회가 '한국 국민은 나약하고 자치 능력이 없다'고 판단한 것이었다. 그래서 하나의 독립된 국가라기보다 전쟁 마당에 나와 있는 커다란 전리품으로 취급해버린 것이다. 포츠머스 조약을 통해서 이처럼 국제적으로 확산되고 정착된 왜곡된 한국민의 이미지는 대한제국 멸망의 직접적 도화선이 되었을 뿐만 아니라 두고두고 우리 민족의 운명에 가혹한 족쇄로 작용했다."

박노자는 "러일전쟁에서 러시아가 참패한 사건은 구한말 지배층에게 예상 밖의 청천벽력과 같은 충격"으로 "여태까지 '백인 침략 강국 러시아'에 더 경계심을 가졌던 일부 독립 지향적인 인사들이 반러에서 반일로 돌아서는 계기"가 된 반면 "친일적 성향을 띤 상당수 사람들에게는 황인종으로서는 유일한 근대 국가인 일본이 한반도를 지배하는 것은 불가피하다"는 생각이 고개를 든 중요한 계기로 작용했다고 평가한다.

고종과 앨리스 루스벨트

러일전쟁의 결과로 대한제국의 장래에 어두운 그림자가 드리워지자 고종은 물에 빠진 이가 지푸라기라도 잡고 싶은 심정과 같았다. 1905년 9월 19일 육군 장관 윌리엄 태프트William H. Taft, 1857~1930와 함께 일본과 필리핀을 방문했던 루스벨트 대통령의 외동딸 앨리스 루스벨트Alice Roosevelt, 1884~1980가 태프트 일행과 헤어져서 한양에 도착했을 때에, 고종의 눈엔 앨리스가 지푸라기 이상으로 보였으리라. 이에 대해 손세일은 다음과 같이 말한다.

"이때에 고종이 보인 환대는 민망스러울 정도였다. 앨리스는 이전에 방문한 다른 나라 왕족 이상의 대접을 받았다. 일행이 지나는 큰길가에는 사람들이 빽빽이 늘어서서 청홍青紅의 장명등과 성조기를 흔들었다. 도착한 이튿날 고종은 앨리스 일행을 접견하고 오찬을 베풀었는데, 그는 앨리스와 같은 테이블에 앉았다. 오찬에 참석한 정부 고관들 가운데에는 양복을 처음 입어보는 사람들이 많았다."

또 허동현은 다음과 같이 말한다.

"대한제국 황제는 물에 빠진 이가 지푸라기를 잡는 심정으로 '미국 공주'를 극진히 환대했다. 일본의 만행을 알리려 명성황후를 모신 홍릉에서 환영만찬을 열었지만 그녀는 능을 지키는 돌짐승에 마음을 뺏겼을 뿐이다. 석마石馬에 올라탄 그녀의 모습은 도와줄 이 아무도 없던 대한제국의 아픈 현실을 상징하는 소극笑劇이다. 남의 힘에 기대 생존하려 했던 한 세기 전의 슬픈 역사는 다시 돌아온 제국의 시대를 사는 우리의 가슴에 비수로 꽂힌다."

고종만 몸이 달았던 건 아니었다. 『대한매일신보』는 "연약한 미국 공주가 이런 장거리 항행을 해서 조선에 온 것은 참으로 보기 드문 일이다"며 "그녀의 조선 방문으로 조선은 산천은 더욱 빛나고 초목이 영광을

● 고종은 지푸라기를 잡는 심정으로 1905년 대한제국을 방문한 시어도어 루스벨트의 외동딸 앨리스 루스벨트에게 왕족 이상의 융숭한 대접을 했지만 아무런 소용이 없었다.

품었다"고 주장했다. 이를 지켜본 미국 공사관 부영사 윌러드 스트레이트Willard D. Straight, 1880~1918는 앨리스의 조선 방문은 마치 "황달에 걸린 그들의 상상력에 구멍대" 같은 것이었다고 묘사했다.

앨리스 일행이 조선에 머무는 동안 고종은 같이 온 상원의원 프랜시스 뉴랜즈Francis G. Newlands, 1846~1917를 만났는데, 뉴랜즈는 고종에게 국제변호사를 고용해 위엄 있는 이의 신청을 하라고 권했다. 앨리스 일행은 29일에 기차로 동래(부산)까지 가서, 10월 2일에 배편으로 조선을 떠났다. 이에 대해 미국 역사학자 캐롤 쇼Carole C. Shaw는 앨리스가 융숭한 대접만 받고 그냥 가버렸다며, 이 사건을 미 정부가 조선을 우롱한 단적인 사례로 보았다.

영원한 적도 아군도 없다

1905년 10월 어느 날 민영환을 비롯한 몇 사람의 대신이 비공식회의를 열고 당면 문제를 논의하면서 조선의 유일한 대책은 미국의 협력을 얻는 것뿐이라는 결론을 내리고, 그러한 내용을 담은 황제의 친서를 미국 대통령에게 전달하기로 했다. 밀사로 선교사 호머 베잘렐 헐버트Homer Bezaleel Hulbert, 1863~1949를 선임했는데, 헐버트는 고종의 친서가 도중에 일본인들에게 탈취당할 것을 두려워해 그것을 주한 미국 공사관의 파우치 편으로 워싱턴까지 보냈다. 그러나 헐버트가 호놀룰루, 샌프란시스코, 시카고, 피츠버그를 거쳐 워싱턴에 도착한 것은 사실상 국가적 주권의 상실을 의미하는 을사늑약乙巳勒約(11월 17일)이 강제로 체결된 다음 날이었다.

을사늑약 체결 소식을 들은 조선 백성이 분노에 떨 때 조선 주재 타국 외교관들은 무엇을 하고 있었던가? 당시 조선과 외교 관계를 맺고 있던 나라는 모두 11개국이었고 공사를 파견한 나라는 일본, 미국, 영국, 독일, 러시아, 프랑스, 청나라 등 7개국이었다. 이미 공사관이 폐쇄되었거나 철수한 러시아와 일본 이외의 나라들은 미국이 앞장서는 가운데 공사관을 철수시켰다. 서양 국가들 중 조선과 가장 먼저 외교 관계를 수립한 미국은 가장 먼저 국교를 단절하는 기록을 세웠다. 1882년 5월 22일에서 1905년 11월 24일까지 23년 6개월만이었다.

미국 정부와의 견해 차이로 1905년 3월 주한공사 직에서 물러난 호러스 알렌Horace N. Allen, 1858~1932의 후임으로 부임한 미국 공사 에드윈 모건Edwin V. Morgan, 1865~1934은 조선 민중이 을사늑약에 반대해 철시撤市를 하고 아우성칠 때 일본 공사 하야시 곤스케林權助와 축배를 들고, 조선 정부에 고별의 인사 한 마디 없이 한양을 떠났다. 미국 정부 방침에 따라 황급히 조선을 떠나야 했던 미국 공사관 부영사 스트레이트조차 미국의 공사관 철수가 마치 "침몰하는 배에서 황급히 도망치는 쥐떼 같은" 모습이었다고 표현했다.

김재엽은 "당시 미국의 행위는 오늘날까지도 한국 내 일각에서 미국을 '배척해야 할 악惡'으로 주장하는 증거로 인용되고 있으며, 이것만으로도 미국에 두고두고 부담으로 남을 수밖에 없다"며 다음과 같이 말한다.

"하지만 당시 미국의 잘못을 근거로 '미국은 불구대천의 원수'라고 단정 짓는 것 역시 어리석은 짓이다. 1세기 전 미국이 저지른 일은 한국이 미국에 대해 지나친 기대나 의존을 해서는 곤란하다는 점을 보여주는 것이지, 미국이 항상 한국을 해치는 존재라는 뜻은 아니다. 어떤 국가든지 각자의 상황과 입장에 따라서 상대국과의 관계는 달라질 수 있는 것이다. '영원한 적도, 아군도 없다. 영원한 이익만이 존재할 뿐이다'라는 격언은 바로 이 점에서 기억될 필요가 있다."

뒤늦게 워싱턴에 도착한 헐버트에 대한 미국 정부의 반응도 싸늘하기만 했다. 루스벨트는 헐버트에게 외교 사항이므로 국무부로 가라면서 접견을 거절했고, 국무 장관 엘리후 루트Elihu Root, 1845~1937는 바쁘다는 핑계로 하루하루 미루다가 모건 공사에게 주한 미국 공사관의 철수를 훈령하고 난 다음 날인 11월 25일에야 헐버트를 만났지만 매우 냉랭하게 대했다. 상원의원들도 마찬가지였다. 헐버트가 조선의 사태를 설명했을 때 그들은 "당신은 우리가 어떻게 하기를 기대하는가? 미국이 조선 문제

● 미국 국무 장관 엘리후 루트는 고종의 친서를 갖고 간 선교사 호머 헐버트를 냉랭하게 대하면서 미국이 할 수 있는 일은 아무것도 없다고 말했다.

로 인해 일본과 전쟁을 일으키는 것이 옳다고 믿는가?"라고 반문했다.

11월 26일 헐버트는 고종에게서 다음과 같은 전문을 받았다.

"짐은 총검의 위협과 강요 아래 최근에 한-일 양국 사이에 체결된 이른바 보호조약이 무효임을 선언함. 짐은 이 조약에 동의하지 않았으며 앞으로도 결코 동의하지 아니할 것임. 이 뜻을 미국 정부에 전달하기 바람. 대한제국 황제."

이 전보는 이미 일본의 수중에 놓인 국내의 전신망을 이용하지 않기 위해 사람을 청나라에까지 보내 타전한 것이었다. 헐버트는 이 전문을 국무부에 알렸으나 며칠 뒤에 그와 만난 루트 장관은 미국 정부가 이 문제로 할 수 있는 일은 아무것도 없다고 말했다. 훗날 헐버트는 다음과 같은 기록을 남겼다.

"성조기는 공평과 정의의 표상이 되었으며 미국 국민은 자기에게만 도움이 되는 이익만을 오로지 추구하는 이기주의자가 아니라 정의-거기에는 힘이 수반되든지 그렇지 않든 간에-의 편에서 싸워온 국민이라고 각계각층의 미국인들은 4반세기(1882년 한미수호조약 체결에서 1905년 을사늑약까지) 동안이나 장담해왔다. 그러나 자신의 입장이 난처하게 되자 우리가 언제 그런 적이 있었더냐는 듯이 고별의 인사 한 마디 없이 가장 오만한 방법으로 한민족을 배신하는 데에 제일 앞장을 섰다."

미국은 왜 기다리지 못했을까?

고종은 헐버트를 파견한 직후에 대미 교섭을 강화하기 위해 또 다시 민영환의 친동생인 주 프랑스공사 민영찬을 미국에 급파했다. 민영찬은 12월 11일에 루트와 만나 고종의 뜻을 전했다. 그러나 민영찬이 루트를 만난 닷새 뒤인 16일에 김윤정이 외부대신 임시서리 이완용에게서 주미 대한제국 공사관의 문서와 그 밖의 재산을 일본 공사관에 이양하라는 훈령을 받았다는 사실을 루트에게 통보함으로써 모든 대미 밀사 교섭은 끝나고 말았다. 루트는 민영찬에 대한 회답을 미루다가 12월 19일에 보낸 편지에서 김윤정의 이 통보가 조선 정부의 공식 통보라면서 민영찬의 요청을 거절했다. 김윤정은 공사관을 일본 공사관에 넘겨주고 귀국했다.

조선에 대한 애증愛憎의 감정을 갖고 있던 알렌도 조선의 몰락을 가슴 아파했다. 해임된 후 미국으로 돌아간 알렌은 1905년 11월 29일 친지에게 보낸 편지에서 미국 공사관의 신속한 철수에 대해 다음과 같이 비판했다.

"무엇보다도 나를 가장 불쾌하게 했던 일은 미국이 상황을 받아들임에 있어서 너무 성급한 방법을 취했다는 것이었다. 영국이 첫 행동을 취할 때까지 왜 조금 더 기다리지 못했을까? 조선인들은 우리를 너무나 신뢰하였고, 존 헤이John Hay, 1898~1905 장관 시절까지 워싱턴으로부터 많은 훌륭한 약속을 받았었다. 적어도 우리는 그들에게 동정심을 표현했어야 했으며, 관에 못질하는 것은 장례식이 끝날 때까지는 기다렸어야 했었다."

알렌은 1905년 12월 18일자 편지에서도 그런 비판을 반복했다. 그는 "일본이 보호령을 포고한 지 불과 10일 이내에, 이 문제에 대한 영국의 고지告知가 있기도 전에, 또 대통령의 영애令愛, Alice Roosevelt가 대한제국 황제로부터 그처럼 훌륭한 향응을 받은 지 불과 몇 주일도 되지 않았는데 우리의 행동이 이다지도 성급한 것에 충격을 받았다"고 말했다.

알렌은 충격을 받았다지만, 고종 황제는 충격 속에서도 포기하지 않았다. 고종은 알렌에게 조선 문제의 해결을 위해 사용하라고 1만 달러를 동봉한 편지를 보냈지만, 이제 모든 게 끝나버렸다고 생각한 알렌은 1만 달러를 되돌려 보냈다.

알렌은 고종에게 미국에 대한 환상을 심어주는 데 가장 큰 역할을 했던 인물이다. 그는 여러 차례 고종에게 "미국과 다른 조약 체결국들이 조선의 독립을 강탈하려는 어떤 국가의 기도를 어렵게 만들 것"이라고 개인적으로 확언한 바 있었고, 이런 확언에 자극 받아 고종은 "미국은 우리에게 맏형처럼 느껴진다"고 말한 바 있었다.

미국은 조선에 맏형처럼 느껴졌을망정 결코 믿을 만한 맏형은 아니었다. 아니 막내아우를 인신매매 시장에 팔아넘긴 몹쓸 형님이었다. 그러나 국제 관계에서 그런 형님-아우 관계가 어디에 있겠는가. 오직 힘이 모자란 탓이었다. 그 후로도 한동안 조선 지식인들이 적자생존適者生存과 약육강식弱肉強食을 이념적 기반으로 삼은 사회진화론에 심취한 것은 당연한 일이라 하겠다. 포츠머스 조약으로 누구는 노벨평화상을 받았다지만, 조선의 입장에선 그 사람에게 '악마의 저주상'을 줘도 시원치 않을 일이었으리라.

썩어도 이렇게 썩을 수가 있는가?
머크레이킹의 시대

'추문 폭로' 저널리즘 시대

흥청망청한 '도금 시대The Gilded Age'의 당연한 귀결이었을까? 20세기 들어 이른바 '혁신주의Progressivism' 물결이 미국 사회를 덮쳤다. 정치 분야의 선두 주자는 1900년 위스콘신주의 주지사로 선출된 로버트 라폴레트Robert M. La Follette, 1855~1925였다. 1894년, 1896년, 1898년 주지사 선거에서 세 차례나 실패한 끝에 얻어낸 당선이었다.

젊었을 때 진보적 경제학자 헨리 조지Henry George, 1839~1897의 사상에 매료된 라폴레트는 철도회사들의 횡포에 정면 대응했으며, 개혁가들이 전국적으로 위스콘신주를 '혁신주의의 실습실'이라고 할 정도로 예비 선거제, 주민발의제, 주민투표제, 산업재해 보상법, 누진 상속세 등을 포함한 새로운 변화를 이끄는 데 앞장섰다.

혁신주의는 환경이 개인적 발전을 형성한다는 믿음에 근거했으며, 이는 주로 언론 활동을 통해 표현되었다. 혁신주의의 깃발을 내건 잡지 『매클루어스McClure's』는 1893년 6월에 창간호를 낸 지 2년 반 후에 "우리는 매달 세계 역사상 그 어떤 잡지보다도 더 많은 유가 광고 지면을 발행하고 있다"고 주장했다.

『매클루어스』의 발행인인 새뮤얼 매클루어Samuel S. McClure, 1857~1949는 잡지 1부당 가격을 25센트에서 15센트로 대폭 인하했다. 윌리엄 랜돌프 허스트William Randolph Hearst, 1863~1951의 폭로 전문 잡지 『코즈모폴리턴Cosmopolitan』도 가격을 12.5센트까지 인하했으며, 프랭크 먼지Frank A. Munsey, 1854~1925의 『먼지Munsey's』는 10센트까지 낮추었다. 『매클루어스』의 발행부수는 전성기에 50만 부, 폭로 잡지들의 총 발행부수는 월 300만 부에 이르렀다.

이미 1881년부터 스탠더드 석유회사를 공적公敵으로 지목해 그 비리를 파헤치는 기사를 써온 헨리 로이드Henry Demarest Lloyd, 1847~1903는 1894년 그 기사들을 종합해 『부와 민주체제의 대립Wealth against Commonwealth』을 출간했다. 최초의 추문 폭로 책으로 간주되는 작품이다. 로이드는 "만일 사회가 가장 강한 사람에게 재산이 귀속되어야 한다는 이념에 기초를 둔다면, 이들 강자는 이러한 시대 사조思潮에 따라 적절한 수단과 방법을 동원하여 조만간 모든 재산을 쟁취하게 될 것"이라고 경고했다.

『매클루어스』는 1903년 이다 타벨Ida M. Tarbell, 1857~1944이 스탠더드 석유회사의 부정을 파헤친 기사를 연재했으며, 이는 『스탠더드 석유회사의 역사History of Standard Oil Company』(1904)라는 책으로 출간되었다. 도시

• 왼쪽부터 〈매클루어스〉 1901년 1월호, 〈코즈모폴리턴〉 1894년 7월호, 〈먼지〉 1911년 5월호. 추문 폭로 전문 잡지들은 20세기 초 미국을 덮친 혁신주의 물결을 타고 전성기를 누렸다.

의 부패를 다룬 링컨 스테펀스Lincoln Steffens, 1866~1936의 글도 연재되었으며, 이것은 『도시의 수치The Shame of the Cities』(1904)라는 책으로 출간되었다. 스티븐스는 이 책에서 다음과 같이 말했다.

"세인트루이스는 뇌물을 대표하고, 인디애나폴리스는 정책상의 부정한 재산을 의미하며, 피츠버그는 정치와 공업의 유착 관계를 보여준다. 필라델피아는 문화제도의 철저한 부패를 보여주고, 시카고는 개혁의 허상을 증명하며, 뉴욕은 좋은 정부라는 것은 환상에 불과하다는 것을 입증한다."

쇠고기 포장 회사의 엽기성

1906년 소설가 업턴 싱클레어Upton Sinclair, 1878~1968는 논픽션 소설 『정글The Jungle』을 통해 시카고에 있는 쇠고기 포장 회사와 식품 유통센터의 끔찍한 근무 조건과 위생 상태를 폭로했는데, 이는 전 국민을 엄청난 충격에 휩싸이게 만들었다. 싱클레어가 정작 고발하고자 했던 것은 노동자 탄압이었지만, 이 책이 베스트셀러가 된 이유는 위생 상태의 엽기성이었다. 심지어 이 소설을 읽다가 구토하는 사람들마저 나타났다. 한 장면을 감상해보자.

"포장 노동자들은 고기가 도저히 사용할 수 없을 정도로 부패될 때면 그것들을 캔 제품으로 만들거나 썰어서 소시지에 넣었다.……그곳에선 소시지에 썰어넣는 것이 무엇인지 아무런 관심도 기울이지 않았다. 또한 수입 불가 판정을 받은, 곰팡이가 피고 희멀건 유럽산 소시지들이 들어왔는데, 그것들은 보록스와 글리세린으로 처리된 후 가공 장치에서 재차 가정용 식품으로 제조되었다. 또 그곳에는 먼지와 톱밥이 가득한 바닥에 고기들이 내팽개쳐져 있고, 그 위에서 노동자들이 고기를 짓밟고 침을 뱉어대기 때문에 수십억 마리의 세균이 득실거렸다. 창고마다 수많은 고깃덩어리들이 쌓여 있고, 곳곳에서 새어나오는 물이 그 위로 떨어지고, 그 주위로는 수천 마리의 쥐들이 내달리고 있었다. 이런 저장고들은 너무 어두침침해서 제대로 볼 수도 없지만, 이 고깃덩이들 위에 널린 말라빠진 쥐똥을 손으로 치워낼 수는 있었다. 이 쥐들은 아주 골칫거리여서 노동자들은 독이 든 빵들을 놓아두곤 했는데, 쥐들은 그것을 먹고 죽었다. 그러면 쥐들과 빵과 고깃덩이들은 모두 한꺼번에 가공 장치 안으로 들어갔다."

이 책이 나오면서 육류 소비가 하룻밤 사이에 바닥으로 곤두박질쳤다. 『정글』은 부정 폭로에만 그친 게 아니라 노동자들의 단결을 촉구해 노동자 사회를 이룬다는 유토피아적 이상도 담고 있는 전형적인 사회주의 소설이었다. 이 작품이 처음 소개된 곳도 사회주의 신문 『어필투리즌 Appeal to Reason』이었다. 싱클레어는 책을 출판해줄 출판사를 찾지 못해 하는 수 없이 스스로 출판사를 만들어 겨우 책을 출판했는데, 사회주의 작가 잭 런던Jack London, 1876~1916이 모든 사회주의 당원에게 이 책을 구입해줄 것을 호소하는 등 책의 판촉에 적극 나섰다.

이 책은 큰 반향을 불러일으켜 미국 내 육류 검사 관련법의 개혁을 자극하고 무해식품과 의약 관련 법안Pure Food and Drug Act, 1906의 통과를 촉진했다. 시어도어 루스벨트Theodore Roosevelt, 1858~1919 대통령은 싱클레어를 백악관으로 초청하기도 했다. 싱클레어와 같은 사회개혁주의자들에게 애정과 경멸을 동시에 담아 '머크레이커Muckraker', 즉 '추문 폭로자'라는 명칭을 처음 붙인 이도 바로 루스벨트였다. 루스벨트는 처음에는 추문 폭로 저널리즘의 열렬한 팬이었으나, 자신의 업적에 전혀 관심을 보이지

● 1906년에 발행된 업턴 싱클레어의 『정글』. 싱클레어는 이 책에서 시카고 쇠고기 포장 회사와 식품 유통센터의 끔찍한 근무 조건과 위생 상태를 폭로해 미국인들에게 엄청난 충격을 안겨주었다.

않자 비판적인 자세로 돌아섰다.

1906년 루스벨트는 재계의 부패 폭로에 열을 올리는 저널리스트들의 행위에 대해 격분해 존 버니언John Bynyan, 1628~1688의 『천로역정Pilgrim's Progress』(1678)을 인용해 그런 딱지를 붙였다. 발밑의 거름을 휘젓느라 '하나님의 은총'은 모르는 버니언의 '거름갈퀴muck-rake를 든 사나이'에 비유한 것이다. 그는 "추문 폭로 재주 외에는 아무것도 생각하지 않고 말하지도 않고 쓰지도 못하는" 언론인은 "사회에 도움이 되고 선에 유익한 존재가 아니라 악의 잠재적 원천 가운데 하나로 급속히 변해간다"고 비판했다.

저널리스트들이 이 말을 받아 그대로 사용함으로써 '추문 폭로자Muckraker'라는 명칭은 점차 긍정적인 의미로 널리 쓰이게 되었다. 추문 폭로는 기본적으로 대도시와 대기업에 저항하는 전원주의적 저항이었다. 추문 폭로자의 비판은 심층적이었고 깊은 울림이 있었지만, 대안은 빈약했다. 이것이 한계였다. 싱클레어, 스테펀스 등 주요 추문 폭로자들은 일부 비평가들이 말하는 '예수 콤플렉스'를 가진 사람들이었다. 사실 이들은 종종 그들의 먼 조상 가운데 가장 위대한 인물이 바로 예수라는 주장을 했다. 스티븐스는 자신에게 '머크레이킹의 시조'라는 호칭이 붙은 것을 반박하며 "구약의 예언자들이 나보다 먼저였다"고 말했다.

"소와 같은 육체노동자"

혁신주의 물결과 더불어 노동 투쟁도 활발하게 전개되었다. 1860년 인구 3,114만 명 중 131만 명에 불과했던 공업 노동자는 1900년에 이르러서는 인구 7,599만 명 중 471만 명으로 늘어났다. 이런 변화에 따라 1890년대에는 해마다 1,000건씩 파업이 발생했으며, 1904년에는 4,000건에 이르렀다. 전국에서 사회주의 신문을 읽는 독자는 약 100만 명에 이르렀다.

그럼에도 기존의 미국노동총연맹AFL은 숙련공 위주였고, 임원들은 '깡패' 같은 조합원들의 보호를 받으며 자신들을 비난하는 조합원들을 공격했다. 급진적인 변화를 바라는 노동자를 위해 1905년 시카고에서 세계산업노동자동맹Inudstrial Workers of the World, IWW이 결성되었다. 미하일 바쿠닌Mikhael Bakunin, 1814~1876 등 아나키스트 이론가들의 영향을 크게 받은 세계산업노동자동맹은 백인들에게만 회원 자격을 준 미국노동총연맹과는 달리 모든 노동자를 다 받아들여 '거대한 단일 노조'를 형성했다. 첫 모임에는 광부 지도자 빌 헤이우드Bill Haywood, 1869~1928, 사회당 당수 유진 데브스Eugene V. Debs, 1855~1926, 75세의 광산노조 설립자 메리 해리스 '마더' 존스Mary Harris 'Mother' Jones, 1837~1930 등이 참석했다.

순전히 개인적인 체험을 통해 사회주의에 매료된 이들도 나타났는데, 그 대표적 인물은 어린 시절과 청년기에 참담한 가난을 겪으며 파란만장한 삶을 산 잭 런던Jack London, 1876~1916이다. 그는 1903년에 출간한 『나는 어떻게 사회주의자가 되었는가How I Became a Socialist』에서 "어떤 경제학의 논쟁보다도, 사회주의의 논리성과 필연성에 대한 어떤 명철한 증명보다도 나에게 심각하고 확고한 영향을 미쳤던 것은, 내가 어느 날 사회적인 나락의 구덩이가 내 주변에 벽을 쌓아버리고 내가 그 속으로 끝없이 미끄러져 내려가 맨 밑바닥에서 산산조각이 나는 것을 처음으로 느긴 경험이었다"고 말했다. 그러면서 그는 "무력한 소와 같은 육체노동자"의 값싼 상품과 같은 운명을 맞을 것이기에 "두뇌를 파는 사람"이 되기로 결심했다고 고백했다.

런던은 1905년의 러시아혁명이 차르의 군대와 비밀경찰과 폭력 테러 조직에 의해 분쇄되고 난 뒤에 소설을 쓰기 시작했다. 1906년에 집필해 1908년에 출간한 『강철군화The Iron Heel』라는 소설이다. 그는 이 소설에서 인류에 대한 형제애를 지니고 있는 사회주의자의 환상을 그려냈다. 전 세계가 사회주의로 통합된 27세기에 와서 발굴된 20세기 사회주의 혁명가의 일대기 형식을 취한 소설이다. 황당한 내용이지만, 독점 재벌들이 이윤 분배법이라는 아이디어로 특혜 받는 노조를 육성해서 노동자를 분열시키고 세계대전이 일어나는 것 등을 내다본 예지력으로 높은 평가를 받는 작품이다. 1937년 이 소설의 러시아어판이 출간되었을 때, 레온 트로츠키Leon Trotsky, 1879~1940는 런던이 예언한 "거대 노동조합들의 변절과 노동귀족의 생성"에 대해 찬사를 보냈다.

이 소설에서 '강철군화'로 표현되는 과두지배 체제는 군대, 민병대, 비밀경찰, 폭력단 등을 동원해 탄압하며, 체제와 기득권에 봉사하는 언론과 종교, 학계와 사법계의 폐해 역시 심각한 걸로 그려진다. 소설에서 1912년에서 1932년까지 미국 사회주의 운동을 이끈 주인공 어니스트 에버하드Ernest Everhard는 "미국의 언론은 자본가 계급에 기대어 살을 찌우는 기생충들이에요. 언론의 기능은 여론을 조작해 기존 체제에 봉사하는 것이고, 그 봉사를 썩 잘해내고 있죠"라고 말한다.

소설 못지않게 흥미로운 건 런던 자신의 삶이다. 소설가로서 성공해 거부가 된 런던은 호화스러운 생활과 기행을 일삼아 비난을 받았다. 그는 1906년 캘리포니아의 '글렌 엘렌Glen Ellen'이라는 농장을 사들이고 1907년에는 '스나크Snark'라는 이름의 요트를 손수 설계·건조해서 거기에서 소설을 썼으며, 1913년에는 폭탄이 떨어져도 무너지지 않을 정도로 튼튼한 '늑대의 집Wolf House'이라는 대저택을 짓기도 했다.

런던은 길지 않은 생애 동안 장편소설 19편, 단편소설 200여 편, 논픽션 500여 편을 남겼지만, 신인작가에게서 소설의 소재를 사 구설수에 올랐다. 훗날 노벨문학상을 받은 해리 싱클레어 루이스Harry Sinclair Lewis, 1885~1951도 젊은 시절 런던에게 '나락의 야수' 작품 소재를 제공했다. 우울증에 시달린 끝에 알코올중독자가 된 런던은 1916년 1월 사회당을 탈당하고 그해 11월 농장의 침대에서 시체로 발견되었다. 그는 말년의 한 인터뷰에서 다음과 같이 말했다.

• 『강철군화』로 유명한 잭 런던은 유년 시절 경험한 참담한 가난을 통해 사회주의자가 되었지만, 소설가로 성공한 이후 호화 생활과 기행을 일삼아 비난을 받았다.

"나는 이제 모든 것이 지겨울 뿐이다.……아무것도 생각하고 싶지 않다.……내가 책을 쓰는 이유는 단지 내 농장을 한 치라도 늘리기 위해서다. 아무튼 내게 주어진 역할은 이제 다하지 않았나 싶다. 사회주의를 신봉하다가 수십만 달러의 손해를 보았다. 때가 오더라도 나는 글렌 엘렌 농장에 머물면서 혁명을 저주할 것이다. 나는 내 몫을 다했다."

이론 없이 개인적인 체험만으로 갖게 된 사회주의였기 때문일까? 이론이건 체험이건, 사회주의는 일시적으로나마 다소의 세력을 얻기도 하지만 결국엔 미국 사회에 영영 발을 붙이지 못하게 된다. 런던의 생애는 미국 사회주의의 운명을 예고한 것으로 보는 게 옳으리라.

미국에는 왜 사회주의가 존재하지 않는가?

런던이 환락의 세계로 빠져들던 1906년 독일 사회학자 베르너 좀바르트 Werner Sombart, 1863~1941가 "미국에는 왜 사회주의가 존재하지 않는가?"라는 문제를 제기한 것은 의미심장하다. 좀바르트는 "미국 자본주의는 미국 노동자들을 이상이 없고 계산적인 경영자로 만들었다"며 "결국 사회주의 유토피아는 로스트비프와 애플파이라는 장애물을 넘지 못하고 파멸한 것"으로 결론짓는다.

좀바르트가 "미국에는 왜 사회주의가 존재하지 않는가?"라는 문제를 제기한 이후로 수많은 학자가 이 질문에 매달렸는데, 그간 제출된 답을 요약해보자면 대략 7개로 압축된다.

① 신분제와 계급제에 기반을 둔 봉건제도가 없었기 때문에 계급을

기초로 하는 조직과 운동이 성장하지 못해 미국인이 개인주의적 사상을 갖게 되었고, 세습적 귀족도 없고 농노계급도 없는 미국 사회를 평등하고 민주적이라 생각했다. ② 유럽에 비해 경제적으로 풍요로웠다. ③ 사회적 유동성이 높아 계급이 고정되지 않고, 지위 상승의 기회가 풍부할 뿐 아니라 평등하게 보장되었으며, 개인의 능력이 정당하게 평가받았다. ④ 다인종·다민족사회이기 때문에 인종, 민족, 종교의 차이가 숙련 기술의 유무와 겹쳐져 노동자를 가르고, 계급적 결속을 방해했다. ⑤ 계급정당을 조직해 참정권을 쟁취한 유럽과는 다르게, 미국 노동자는 참정권을 쟁취할 필요 없이 그냥 부여받았기 때문에 자신들을 공화국의 평등한 시민이라 규정하고, 국가가 적대하는 계급 지배 아래에 있다고는 생각하지 못했다. ⑥ 양당의 유연한 자세로, 노동자의 리더를 구슬려 개혁 세력과 반대 세력의 요구와 정책을 흡수했다. ⑦ 양당제와 대통령 선출의 선거 제도 아래에서는 제3정당에 표를 주는 것은 한 표를 버리는 것과 마찬가지였기 때문에, 양당제가 보강되었다.

썩어도 이렇게 썩을 수 있느냐는 비분강개悲憤慷慨를 동력으로 삼아 혁신주의의 기치를 내걸었던 머크레이킹 저널리즘은 단지 사회주의로 갈 수 없는 미국의 독특한 풍토에서 탄생한, 카타르시스를 위한 출구였을까? 미국에서 일간지가 가장 많이 발행되었던 시기는 추문 폭로 저널리즘의 전성기인 1909년이었다. 이해에 2,600개로 정점에 도달한 이후 계속 줄게 된다.

머크레이킹 저널리즘의 선두 주자였던 프랭크 먼지는 "내 판단으로는 얼마 있지 않아서, 아마 5년이나 길어야 10년 안에 이 나라의 언론 산업은 소수의 사람들, 그것도 많아야 3~4명의 손에 의해서 운영될 것이다"고 예측했다. 그가 예측한 시간보다는 좀더 걸리긴 하지만, 실제로 미국 언론 산업은 그런 소수 집중화의 길을 걷게 된다. 사회주의의 메시지는 그런 언론 매체의 게이트키핑 과정을 거치면서 미국 유권자들에게 도달하기도 전에 증발되는 운명에 처하게 된다.

제3장

제1차 세계대전의 시대

무엇이 '전파 프런티어' 붐을 일으켰나?

타이태닉호와 라디오의 탄생

'인간의 오만에 대한 자연의 경고'

1909년 4월 6일 미국 탐험가 로버트 피어리Robert Peary, 1856~1920가 북극 탐험에 성공했으며, 1911년 12월 15일 노르웨이 탐험가 로알 아문센Roald Amundsen, 1872~1928이 남극점에 도달했다. 북극과 남극의 탐험 성공으로 이제 지구상엔 인간의 발이 닿지 않은 프런티어는 사라지고 말았다. 스티븐 컨Stephen Kern의 말마따나, "눈 쌓인 처녀지에 발자국이 찍힘으로써 지상에 마지막으로 남아 있던 거대한 변경이 소멸되었다". 그러나 이후 새로운 프런티어가 나타났으니, 그건 바로 '전파 프런티어'였다.

1912년 4월 10일 호화 여객선 타이태닉Titanic호가 영국에서 미국으로 항해를 시작했다. 길이 250미터, 무게 4만 6,000톤, 21층 건물 높이의 타이태닉호는 영국, 스웨덴, 노르웨이, 독일 4개국 합작품으로, 소유주는 미국과 영국의 금융 황제들인 모건과 로스차일드 합작회사였다. 선장은 "이 배는 신도 침몰시키지 못할 것이다"고 호언했다.

당시 승객들은 더 빠른 속도를 요구했고 느린 선박에 대해서는 등을 돌렸다. 그래서 국가 간 속도 경쟁이 벌어졌다. 대서양을 가장 빠른 속도로 횡단한 배에 수여하는 블루리본Blue Ribbon상까지 생겨났다. 독일 여객선이 이 상을 받자 영국 정부는 1903년 국가의 위신을 걸고 시속 최고 25노트(약 46킬로미터)까지 달려 독일의 기록을 깰 수 있는 선박 구축에 보조금을 댔다. 1907년 영국의 모레타니아호Mauretania가 블루리본상을 되찾아오고 이후 22년 동안 이를 보유하게 된다.

타이태닉호도 바로 그런 속도 경쟁을 해야 한다는 강박에 사로잡혀 있었다. 출항한 지 나흘 만인 4월 14일 타이태닉호가 빙산과 충돌해 좌초한 것도 바로 그런 배경에서였다. 2,228명의 승객 중 1,523명이 사망한 대참사였다. '자연에 대한 기술의 승리'로 선전되었던 것이 순식간에 '인간의 오만에 대한 자연의 경고'로 변하고 말았다.

조지 버나드 쇼George Bernard Shaw, 1956~1950는 타이태닉호의 선장이 뻔히 알면서도 빙원氷原에서 최대 속도를 냈다고 비난했다. 조지프 콘래드Joseph Conrad, 1857~1924는 장차 어떤 악천후에도 시속 40노트(약 74킬로미터) 속도로 대양을 지나갈 수 있는 증기선이 나오면 그러한 무책임한 태도는 더욱 심해질 것이라는 격노에 찬 글을 썼다.

타이태닉호 사건은 엄청난 비극이었지만, 그 충격이 점차 가라앉으면서 사람들은 그나마 700여 명을 구조할 수 있었던 무선전신의 위력에 주목하기 시작했다. 타이태닉호 침몰 1시간 만에 15개 면에 걸쳐 관련 기사를 실어 다른 신문들을 압도했던 『뉴욕타임스』는 1912년 4월 21일

● 침몰하는 타이태닉호. 타이태닉호 침몰은 엄청난 비극이었지만, 충격이 가라앉으면서 사람들은 무선전신의 위력에 주목하기 시작했다.

무선통신의 경이로운 힘에 대해 다음과 같이 썼다.

　　"연중 밤낮 없이 육지에서는 수백만 명이, 해상에서는 수천 명이 팔을 뻗어 얇은 공기를 잡아채서 쓰고 있는데, 일찍이 만들어진 어떤 선이나 망cable보다도 우리 인간에게 큰 도움이 되고 있다.……만일 우리에게 경이로운 공기 이용 방식이 없었더라면 타이태닉호의 비극은, 최근까지만 해도 바다의 신비로운 힘에 속해 있었던 비밀 속으로 묻혀버렸을 것이다.……엄청나게 멀리 떨어져 있는 사람들이 이 거대한 도시의 굉음을 뚫고 끊임없이 쾌속 메시지를 주고받고 있다는 사실을, 또한 지붕 위나 심지어는 빌딩이라는 장벽을 넘어서 우리가 숨 쉬고 있는 공기 속에도 전기로 쓰여진 말들이 떠돌고 있다는 사실을, 뉴욕 시민 중에서도 극소수만이 알고 있다."

무선 커뮤니케이션의 등장

이탈리아 발명가 마르케세 굴리엘모 마르코니Marchese Guglielmo Marconi, 1874~1937가 1897년 영국 런던에 마르코니 무선전신회사를 설립하고 1899년 미국 뉴저지주 트렌턴에 아메리칸 마르코니American Marconi 무선 전신회사를 설립한 이후 미국에서 일부 애호가들 사이에 서서히 형성되기 시작한 무선 커뮤니케이션 붐은 타이태닉호 사건으로 인해 급격히 확산하기 시작했다. 리 드포리스트Lee DeForest, 1873~1961가 뉴욕시의 파커빌딩에 라디오방송국을 설립해 실험 방송을 한 건 1907년으로 거슬러 올라가지만, 일반인들이 무선 커뮤니케이션의 위력을 실감한 것 역시 타이태닉호 사건 직후였다.

당시 아메리칸 마르코니 무선전신회사에 고용된 21세의 데이비드 사르노프David Sarnoff, 1891~1971는 타이태닉호의 침몰을 세계 최초로 알리고, 윌리엄 태프트William H. Taft, 1857~1930 대통령의 특별한 배려 하에 72시간 동안 혼자 교신함으로써 세계적 명성을 얻은 건 물론이고 무선 커뮤니케이션의 가치를 입증하고 홍보하는 업적을 남겼다.

미 의회는 바로 그때에 무선 커뮤니케이션의 '교통정리'를 위해 라디오 사용을 원하는 사람은 누구나 통상 장관과 노동 장관의 허가를 얻어야 한다고 규정한 '1912년 라디오법'을 통과시켰다. 또 '방송broadcasting'이란 단어가 미 해군에 의해 최초로 "명령을 무선으로 한꺼번에 여러 군함에 보낸다"는 의미로 사용된 것도 바로 1912년이었다.

후일 '미국 텔레비전의 아버지'라는 칭호를 얻게 되는 사르노프는 아메리칸 마르코니의 총지배인에게 보낸 1915년의 비망록에서 "나는

● 미국 텔레비전과 라디오 방송 사업의 개척자로 평가받는 데이비드 사르노프. 미국 마르코니 무선전신회사에서 일하던 1912년 타이태닉호 침몰 SOS를 최초로 포착해 세계적 명성을 얻었다.

라디오를 피아노나 축음기와 마찬가지의 가재도구로 만드는 계획을 생각하고 있다. 그 아이디어란 음악을 무선으로 가정에 보내는 것이다"고 밝힘으로써 라디오가 산업적 차원에서 일반화되는 라디오 전성시대를 예고했다.

한편 통신 산업과는 아무런 관련 없이 독립적으로 라디오를 연구하던 드포리스트는 1916년부터 뉴욕에서 라디오 정규 방송을 시작했다. 당시 프로그램은 여성의 투표권을 요구하는 연설에서 1916년 대통령 선거 결과를 알리는 것에 이르기까지 제법 언론 매체로서 성격을 띠고 있었다. 목사의 아들로 태어난 드포리스트는 자신의 작업에 사명감을 느끼고 있었지만, 곧 미국의 라디오 개발에 대자본이 참여함에 따라 방송 경영자로 성공할 수는 없었다.

제1차 세계대전(1914년 6월~1918년 11월)은 무선전신사업을 성장
산업으로 부상시켰다. 특히 선박, 비행기, 자동차의 송수신에 필요한 진
공관의 수요가 급증함에 따라 미국통신대학은 한꺼번에 진공관 8만 개
를 주문하기도 했으며, 이에 따라 아메리칸 마르코니, GEGeneral Electric, 웨
스팅하우스Westing House 등 통신 산업체들이 급성장하기 시작했다.

전쟁 상황은 무선통신의 실용화를 앞당겼으며 그 기술적 조정자는
미 해군이 되었다. '특허'는 전쟁 상황이라는 이유로 무시되었으므로 새
로운 테크놀로지는 신속히 확산되었다. 제1차 세계대전이 종전되자 라
디오방송은 미 해군의 독점 하에 놓이게 되었으며, 자연스럽게 라디오방
송을 국유화하자는 법안이 해군과 국무성의 주도로 의회에 제출되었다.
미 육군은 라디오방송을 해군이 관장하는 것을 못마땅해하긴 했지만 같
은 군부의 차원에서 라디오의 국유화 법안을 지지했다. 그러나 '정부 독
점'이라는 데 대한 반발이 만만치 않자, 해군은 차선책으로 군수산업체
인 GE의 지원을 받아 해군이 마음대로 조종할 수 있는 민간기업체
RCARadio Corporation of America를 탄생시켰다.

1919년 10월 17일에 탄생한 RCA는 외형상으론 민간기업체였지만,
실질적으론 국영기업체의 성격이 짙었다. 미국 시민만이 RCA의 이사가
될 수 있고, 외국인은 20퍼센트 이상 주식을 소유할 수 없으며, 미 정부
의 대표자가 이사진에 포함되어야 한다는 등의 조건을 달았기 때문이다.
또 당시 영국의 영향력 하에 놓여 있었던 아메리칸 마르코니도 반강제적
으로 RCA에 흡수되었으며, 뒤이어 AT&T, UFUnited Fruit 등과 같은 대기
업들이 참여해 '라디오 테크놀로지 개발의 총체화'가 가능하게 되었다.

라디오 전성시대

1920년대는 재즈시대일 뿐만 아니라 엔지니어의 전성시대이기도 했다. 프레더릭 윈즐로 테일러Frederick Winslow Taylor, 1856~1915의 '과학적 관리법'에 의해 주도된, 효율성을 숭배하는 '테일러 혁명'이 지속되면서 엔지니어는 사회적 존경의 대상이 되었다. 1922년 미국 고교 졸업반 학생 6,000여 명을 대상으로 한 조사에서 3명 중 거의 1명꼴로 엔지니어를 가장 선호하는 직업으로 꼽았다. 이는 1930년대까지 지속되어 헨리 루이 멩켄Henry Louis Mencken, 1880~1956이 『미국 언어The American Language』(1936년 제4판)에서 미국 국민 전체가 엔지니어가 되어버렸다고 개탄할 정도였다. 매트리스 제조자는 '수면 엔지니어', 미용사는 '외모 엔지니어', 쓰레기 수거인은 '공중위생 엔지니어'가 되고 있다는 것이다.

엔지니어의 전성시대에 가장 주목을 받은 건 단연 라디오 기술이었다. RCA의 형성에서 소외된 웨스팅하우스는 독자적으로 라디오의 실용화에 골몰한 끝에 1920년 11월 2일 펜실베이니아주 피츠버그에 방송국 KDKA를 개국했다. 미국 최초의 라디오 방송국이다. KDKA는 개국 기념으로 워런 하딩Warren G. Harding, 1865~1923과 제임스 콕스James M. Cox, 1870~1957가 대결한 대통령 선거 결과를 보도했으며, 웨스팅하우스 악단을 조직해 비교적 깨끗한 음질로 음악 방송을 개시했다. KDKA의 개국 이후 백화점과 전자상회엔 라디오 수신기를 사려는 사람들로 인산인해人山人海를 이루었다.

KDKA의 음악 방송이 각광을 받게 되자, 웨스팅하우스는 RCA 진영에 참여할 수 있게 되었다. 새로 형성된 GE-AT&T-UF-웨스팅하우스 파트너십은 라디오 수신기의 대량생산과 판매를 포함한 이른바 '방송계획'의 추진에 박차를 가했다. 1921년에 라디오 수신기를 소유한 가정은 미국 전체 가구의 0.2퍼센트에 지나지 않았지만, 이 '방송계획'으로 인해 보급률은 1925년에 10퍼센트, 1927년에 20퍼센트, 1929년에 30퍼센트, 1930년에 40퍼센트, 1931년에 50퍼센트를 넘어서게 된다.

1922년 미국 내의 라디오방송국 수는 570여 개에 이르렀는데, 소유 주체별로 보면 라디오·전자업체 231개, 신문사 70개, 교육기관 65개, 백화점 30개 등이었다. 라디오방송국의 수는 많아졌지만, 당시의 방송국 규모나 방송 내용은 전반적으로 매우 원시적인 단계에 머물러 있었다. 주로 노래를 하겠다는 사람들이 아마추어·프로를 막론하고 스튜디오로 몰려들었다. 방송국은 노래가 시원찮으면 방송 도중에 노래하는 사람을 끌어내는 사람을 따로 고용하기도 했다. 노래하는 사람들은 그 누구도 출연료를 요구하지 않았으며, 출연 자체를 영광스럽게 생각했다.

그러나 라디오방송에 대한 일반인들의 호기심이 줄어들자 노래를 하겠다는 지원자들도 감소하기 시작했으며 출연료를 요구하는 사람들도 나타나게 되었다. 1923년 8월 미 법원이 대부분의 라디오방송국이 백화점에서 방송함으로써 구경꾼이 몰려드는 효과를 거두고 있기 때문에 라디오방송은 '자선용'이 아니라 '상업용'이라는 판결을 내림으로써, 방송의 근본적인 문제를 부각시켰다. 즉, 방송을 무슨 비용으로 할 것인가 하는 문제를 제기한 것이었다.

당시 미국 라디오방송계에는 대강 4가지 방안이 제시되었다. ① 자선기금, ② 학교나 박물관처럼 정부 보조, ③ 수신기에 세금을 매기는 영국식, ④ AT&T의 '유료방송toll broadcasting' 방식 등이었다. 이 가운데 가장 현실적인 방안은 그 누구든 전화를 걸듯 스튜디오에 들어가 하고 싶은 이야기나 장기자랑을 늘어놓되, 방송국은 시설 유지비로 전화요금을 받듯 방송 이용료를 받는다는 AT&T 방식이었다. 당시 '라디오전화radio-telephone'로 불린 이 방식은 초기의 시행착오를 거친 끝에 제법 큰 인기를 얻게 되었으며, 곧 프로그램과 광고를 구분해 광고주는 프로그램 제작비용을 부담하는 대신 '광고ether advertising'만을 내보내는 방식으로 발전하게 되었다.

1925년 존 캘빈 쿨리지John Calvin Coolidge, 1872~1933 대통령의 취임 연설은 라디오 중계를 통해 1,500만 명이 청취했다. 이 이벤트가 시사하듯, 1920년대 후반은 라디오가 본격적인 대중매체로 성장하는 도약기였다. 1926년 RCA는 당시 매우 인기가 높던 AT&T의 뉴욕 WEAF방송국을 사들여 NBCNational Broadcasting Company를 출범시켰다. 26개 방송국으로 네트워크를 형성한 NBC는 1927년 1월 'red' 네트워트와 'blue' 네트워크의 이원 체제로 운영되면서 1927년 9월에 탄생한 CBSColumbia Broadcasting System와 함께 미국 라디오방송의 선두주자로 맹활약을 하기 시작했다.

'전파 프런티어' 붐을 주도하다

라디오방송의 활성화에 따라 방송 규제도 변화를 겪지 않을 수 없었다. 1927년 '1927년 라디오법'이 제정되고, 이 법에 근거해 탄생한 FRCFederal Radio Commission는 라디오방송을 관장하는 미 연방정부의 최고 기구로서 위상을 갖게 되었다. '1927년 라디오법'은 전파는 공중의 소유

"Our American concept of radio is that it is of the people and for the people

Freedom to LISTEN — Freedom to LOOK

As the world grows smaller, the question of international communications and world understanding grows larger. The most important phase of this problem is *Freedom to Listen* and *Freedom to Look*—for all peoples of the world.

Radio, by its very nature, is a medium of mass communication; it is a carrier of intelligence. It delivers ideas with an impact that is powerful . . . Its essence is freedom—liberty of thought and of speech.

Radio should make a prisoner of no man and it should make no man its slave. No one should

be forced to listen and no one compelled to refrain from listening. Always and everywhere, it should be the prerogative of every listener to turn his receiver off, of his own free will.

The principle of *Freedom to Listen* should be established for all peoples without restriction or fear. This is as important as *Freedom of Speech* and *Freedom of the Press*.

Television is on the way and moving steadily forward. Television fires the imagination, and the day is foreseen when we shall look around the earth from city to city, and nation to nation,

as easily as we now listen to global broadcasts. Therefore, *Freedom to Look* is as important as *Freedom to Listen*, for the combination of these will be the radio of the future.

The "Voice of Peace" must speak around this planet and be heard by all people everywhere, no matter what their race, or creed, or political philosophies. *

*President and Chairman of the Board,
Radio Corporation of America.*

*Excerpts from an address before the United States National Commission for UNESCO.

RCA **RADIO CORPORATION of AMERICA**

FREEDOM IS EVERYBODY'S BUSINESS

• 1919년 10월 17일에 탄생한 RCA의 광고. 라디오가 '듣고 보는 데 자유'를 제공한다고 강조하고 있다.

라는 전제하에 방송국의 등록을 요구했으며, 방송 검열권은 없어도 면허 갱신을 결정하는 권한을 FRC에 부여하고, 면허 기준으로는 '공익, 편의, 필요public interest, convenience or necessity'를 제시했다.

그러나 '전파는 공중의 소유'라는 전제는 얼른 보기엔 그럴듯해도 실제로는 방송 참여의 자격을 자본력 기준으로 극도로 제한하는 효과를 낳고 말았다. 대자본의 소유자만이 방송 사업에 진출하게 됨에 따라 미국의 라디오는 이미 1920년대 후반부터 철저한 자본 논리의 지배하에 놓이게 되었다. 1920년대 말에는 청취율 조사가 본격적으로 도입되어 프로그램의 운명을 결정하게 되었다.

텔레비전 기술은 어떤 상황에 처해 있었던가? 1900년 8월 25일 프랑스 파리에서 열린 국제전기기술총회에서 '텔레비전television'이라는 말이 처음 사용된 이래로 텔레비전은 수십 년간 실험실 속에서만 존재했다. 대자본의 참여를 목마르게 기다리던 텔레비전은 1923년 이젠 RCA의 부사장이 된 데이비드 사르노프가 텔레비전을 라디오처럼 사업적 도구로 만들겠다고 선언하면서 일대 전기를 맞게 되지만 1920년대는 아직 RCA의 시대는 아니었다.

1920년대 후반, 텔레비전을 실용화하기 위한 독립적인 과학자들의 연구 성과는 비약적인 발전을 이루었다. 1925년 6월 13일 찰스 프랜시스 젱킨스Charles Francis Jenkins, 1867~1934는 워싱턴에서 약 8킬로미터나 떨어진 곳의 움직이는 영상을 전달하는 데 성공을 거두었으며 4개월 후 런던에서도 존 베어드John Baird, 1888~1946가 비슷한 실험에 성공했다. 이러한 성과에 힘입어 1927년 4월에는 뉴욕-뉴저지-워싱턴을 연결하는 텔레비전 실험에서 당시 상무 장관 허버트 후버Herbert Hoover, 1874~1964의 축하 메시지를 방송하는 성공을 거두었다. 4월 8일자 『뉴욕타임스』 1면 머리기사 제목은 그때의 감격을 이렇게 전했다. "멀리 있는 연사가 여기서 들릴 뿐만 아니라 보이다. 마치 사진이 살아 움직이는 것 같다Far Off Speakers Seen as Well as Heard Here: Like a Photo Comes to Life."

1928년 1월 GE와 RCA는 텔레비전 수상기 3대를 생산해 일반에게 공개했으며, 5월에는 GE의 뉴욕 스키넥터디Schenectady 방송국이 일주일에 3일간 하루 3분씩 최초의 텔레비전방송을 시작했다. 1929년 가을에는 런던에서도 텔레비전방송이 시작되었으며, 미국에는 이미 26개의 텔레비전방송국이 존재했다. 그러나 1929년 10월에 발생한 대공황은 막 일기 시작한 텔레비전 붐에 찬물을 끼얹고 말았다. 1930년 사르노프가 RCA의 사장이 되면서 NBC도 1932년에 텔레비전방송국을 설립했지만 텔레비전은 아직 실험 단계에서 벗어나지 못한, 라디오의 보조 매체에 불과했다. 대공황으로 인해 영화·연극 관객마저 급격히 줄면서 라디오는 타이태닉호 침몰 사건 이후 40여 년간 '전파 프런티어' 붐을 주도하는 전성시대를 누리게 된다.

'세계 민주주의의 안전'을 위해서였나?

미국의 제1차 세계대전 참전

'유럽의 화약고'가 폭발하다

1914년 6월 28일 세르비아의 사라예보를 방문한 오스트리아 황태자 프란츠 페르디난트Franz Ferdinand, 1863~1914 대공大公 부부가 자동차를 타고 가던 중 세르비아 민족주의자의 저격을 받아 암살 당한 사건이 발생했다. 훗날 사라예보는 반경 1킬로미터 이내에 회교 사원과 기독교 교회, 유대교 사원 등이 공존하고 있어 '유럽의 예루살렘'으로 불리지만, 당시의 사라예보는 범슬라브주의와 범게르만주의가 일촉즉발의 긴장 속에 대치하던 '유럽의 화약고'였다.

황태자 부부 피살 사건 한 달 뒤인 1914년 7월 28일 오스트리아가 세르비아에 선전포고했고, 다음 날 베오그라드를 폭격했다. 오스트리아의 동맹국인 독일과 터키, 불가리아 등의 나라들이 한편이 되고, 세르비

● 이탈리아의 『도메니카 델 코리에레』에 실린 프란츠 페르디난트 대공 부부 암살 장면. 사라예보에서 총성이 울린 한 달 뒤인 1914년 7월 28일 오스트리아가 세르비아에 선전포고함으로써 제1차 세계대전이 시작되었다.

아를 지지하는 영국, 프랑스, 러시아, 이탈리아, 벨기에, 루마니아, 포르투갈, 몬테네그로 등의 나라들이 다른 편이 되어 서로 싸우기 시작했다. 제1차 세계대전(1914~1918)이다. 발칸반도 등의 재분할 문제를 둘러싼 국가 간 탐욕의 대충돌이었다.

훗날 전쟁 사가들은 제1차 세계대전의 원인을 두고 '우연'이냐 '필연'이냐 하는 논쟁을 벌이게 되지만, 그런 논쟁이 필요할 정도로 제1차 세계대전 전야의 분위기는 이상했다. 윈스턴 처칠Winston Churchill, 1874~1965 은 1923년에 출간한 『위기 속의 세계The World Crisis』에서 "거의 온 세상이 고통 받기를 원하는 것으로 보일 지경이었다. 곳곳에서 사람들은 분명 위험을 무릅쓰기를 갈망했다"고 회고했다. 그러나 미국은 그런 '위험'에서 멀리 떨어지려는 정책을 완강히 고수했다. 어느 정도였던가?

1915년 5월 초 미국 주재 독일 대사관은 대서양을 항해하는 영국 선박에 미국인이 승선하지 말 것을 경고하는 광고를 미국 신문들에 게재했다. 그로부터 며칠 후인 5월 7일 영국의 정기 여객선 루시타니아Lusitania호가 아일랜드 해안에서 독일 U-보트U-boat의 수뢰 공격을 받아 18분 만에 침몰함으로써 승객과 승무원 1,959명 중 1,198명이 숨졌다. 사망자 중에는 미국인도 128명이나 포함되어 있었다.

우드로 윌슨Woodrow Wilson, 1856~1924 대통령은 배의 격침에 분노한 미국인들의 열화와 같은 전쟁 요구를 묵살하고 외교 각서를 통해 배상금과 여객선 공격 중지를 요구하는 협상을 독일과 벌였다. 독일은 루시타니아호에 무기가 실려 있었다고 주장하면서도 배상금 지급에 합의했다(후일 밝혀진 바에 따르면, 루시타니아호엔 탄약 4,200상자와 유산탄 1,250상자가 실려 있었고, 수뢰 공격을 받을 때 그것이 폭발해 배의 침몰을 가속화했다).

윌슨은 계속 중립을 밀고 나갔다. 그는 공화당 후보 찰스 에번스 휴스Charles Evans Hughes, 1862~1948와 맞붙은 1916년 대통령 선거에서 심지어 "그가 우리를 전쟁에 나가지 못하게 막았다He Kept Us Out of War"를 민주당 슬로건으로 삼아 자신의 재선 유세에 이용할 정도였다. 윌슨이 재선에 성공함으로써 미국의 제1차 세계대전 중립은 확고하게 굳어졌다.

당시 중립은 윌슨의 소신이라기보다는 미국의 민족 구성상 불가피한 일이었다. 100년 전과는 달리 민족 구성이 매우 다양해졌기 때문에 유럽에서 전쟁은 미국 내 민족 간 갈등을 수반할 수밖에 없었다. 19세기 내내 미국 이민을 주도한 아일랜드계와 독일계 미국인들은 미국 정부가 영국과 동맹을 체결할까봐 노심초사하면서 경계를 늦추지 않았다. 아일랜드인은 독일인 못지않게 영국을 증오하는 사람들이었기 때문이다. 유대계 미국인들의 상당수가 독일계 유대인이라는 점도 무시할 수 없는 변수였다. 이들의 가족이 아직 독일에 남아 있는 경우도 있었지만, 이들은 무엇보다도 자신들을 탄압한 러시아 제정帝政에 도움을 주는 행위를 받아들일 수 없었다. 또한 스칸디나비아계 미국인들도 러시아의 팽창 정책을 우려해서 미국이 러시아를 돕는 행위에 반대했다.

미국은 왜 참전했는가?

대통령 선거가 벌어지고 있던 1916년 7월 미국은 자유의 여신상 부근에 있는 블랙 톰 무기 공장의 대폭발과 함께 독일 스파이들에 의한 간첩 행위와 태업을 겪고 있었다. 밖에선 독일군이 미국 배를 비롯한 모든 상선에 대해 무차별적인 잠수함전을 벌이기 시작했다. 1917년 2월 3일 우드로 윌슨Woodrow Wilson, 1856~1924 대통령이 독일과의 외교를 단절한 배경이다.

그런 상황에서 이른바 '치머만의 전보' 사건이 일어나면서 미국은 점차 제1차 세계대전 참전의 길로 나아가기 시작했다. 이는 독일 외무장관 아르투어 치머만Arthur Zimmerman, 1864~1940이 멕시코 외무 장관에게 보낸 1917년 1월 16일자 전문에서 멕시코가 독일과 동맹을 맺으면 잃어버린 옛 땅을 되찾게 해주겠다고 말한 것으로, 멕시코와 미국 간의 전쟁을 일으키려던 독일 측 음모가 발각된 사건이다. 영국은 2월 말 미국에 이 전문을 넘겨주었다.

비록 멕시코 정부가 독일의 제안을 받아들이지 않았지만, 윌슨은 이 전문을 미국의 안전에 대한 직접적인 도전으로 받아들였다. 치머만의 전

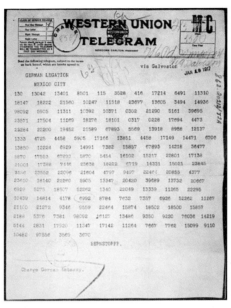

● 멕시코와 미국 간의 전쟁을 일으키려던 독일의 음모가 발각되자 윌슨은 미국 상선들을 무장시킬 수 있는 권한을 의회에 요청했다. '치머만의 전보.'

문을 통보받은 다음 날, 윌슨은 미국 상선들을 무장시킬 수 있는 권한을 의회에 요청했으며, 이에 대한 호의적인 여론을 조성하기 위해 언론에 치머만 전문을 공개했다. 그러나 반전파 상원의원 로버트 라폴레트Robert M. La Follette, 1855~1925와 조지 노리스George W. Norris, 1861~1944의 의사 방해로 윌슨의 요청은 받아들여지지 않았다.

독일은 미국의 참전을 원했던 걸까? 3월 16일부터 18일까지 독일 잠수함들은 멤피시스호, 일리노이호, 비질란시아호 등 미국 선박들을 계속 격침시켰다. 도대체 무슨 이유 때문이었을까? 그건 전쟁을 총지휘한 에리히 루덴도르프Erich Ludendorff, 1865~1937 장군의 잘못된 계산 때문이었다. 그는 당시 이런 생각을 했다.

"더이상 전쟁터에서는 승리할 수 없지만 잠수함으로는 승리가 가능하다. 늦어도 6개월 안에 영국을 쓰러뜨릴 수 있을 것이다. 미국에서 유럽으로 대규모의 병력 수송선을 보내오려면 1년이 걸린다. 그들이 오기 전에 독일은 승리할 것이며 그들이 더 일찍 오지 못하게 하는 데에도 잠수함을 쓸 수 있을 것이다."

물론 그의 계산은 맞아떨어지지 않았다. 그가 원한 시간 내에 영국이 무너지지도 않았으며 미국의 파병은 그의 생각보다 훨씬 더 빨리 이루어졌다. 윌슨은 4월 2일 저녁 상하 양원 합동회의 연설을 통해 독일에 대한 선전포고를 요청하면서 '세계의 민주주의를 안전하게 만들기 위해서making the world safe for democracy'라고 했다. 그는 "잠수함을 사용하는 비인간적인 행위는 인류에 대한 전쟁을 의미한다"며, 독일 정부를 '인간 생활의 근원'을 공격하는 위협적인 괴물로 규정했다.

4월 4일 상원에서는 라폴레트와 노리스를 비롯한 일부 의원들의 반대가 있었지만 82대 6으로, 하원에서는 4월 6일 373대 50으로 윌슨의 선전포고를 승인했다. 결국 미국은 4월 6일 대對독일 참전을 개시했으며, 최초의 미군이 6월 26일 프랑스에 상륙했다.

'전쟁을 끝내기 위한 전쟁'

경력으로 보자면, 윌슨만큼 '준비된 대통령'도 드물었다. 학자 시절에도 현실 정치를 깊이 파고드는 연구를 했을 뿐만 아니라 대학 총장과 주지사라고 하는 행정 경험까지 쌓지 않았던가. 그럼에도 그에겐 한 가지 고

질병이 있었으니 그건 바로 이상理想에 대한 집착이었다. 언젠가 윌슨은 "내 흥미를 끌거나 나를 괴롭히는 건 사람이 아니라 이상이다. 사람은 죽지만 이상은 영원하다"고 했는데, 참전의 명분을 대면서 그 이상 집착증이 발동한 것인지도 모를 일이었다.

현실과 이상의 엄청난 괴리는 윌슨만의 문제가 아니었다. 미국 외교에 내재된 근본 문제였다. 이상주의와 팽창주의는 충돌하기 마련이었던바, 역사가 윌리엄 애플먼 윌리엄스William Appleman Williams, 1921~1990는 이를 미국 외교의 근본 비극으로 보았다.

그 비극은 군의 동원에도 그대로 나타났다. 참전의 명분은 화려했지만, 실속은 영 딴판이었다. 도무지 자원 입대자가 나타나질 않았다. 100만 명의 군인이 필요했지만 처음 6주 동안 자원한 사람은 7만 3,000명에 불과했다. 결국 의회는 징병법Selective Service Act을 통과시켰다. 이 법으로 20세에서 30세까지, 나중에는 18세에서 45세에 이르는 모든 남성이 지역 징병위원회에 등록해야 했다.

남부의 정치인들은 흑인들이 군인이 되는 것을 우려해 흑인들의 징병을 반대했지만, 정부에선 그렇게 여유를 부릴 때가 아니었다. 전쟁을 흑인 지위 향상의 기회로 본 흑인 지도자와 단체들은 흑인에게 '세계의 자유'를 위한 전쟁에 참여할 것을 촉구했다. 그러나 군대는 흑인과 백인용 시설을 분리하고, 흑인이 장교가 되는 것을 막았으며, 흑인 병사들에게 주로 천한 일만 시키는 등 인종차별 정책을 썼다. 1917년 텍사스의 휴스턴에서는 백인 병사들이 흑인 병사들의 폭동을 유발시켜 백인 17명과 흑인 2명이 사망한 가운데 100명 이상의 흑인이 군법회의에 회부되어 13명이 교수형을 당하는 사건까지 일어났다.

● 1917년 미 해군 모병을 위해 만든 포스터. 미 의회는 자원 입대자가 나타나지 않자 징병법을 통과시키고, 선전과 홍보를 위해 공공정보위원회를 설치했다.

징병을 원활하게 하기 위한 전쟁 프로파간다 기구로 공공정보위원회Committee on Public Information가 발족했다. 전쟁 자금 조달을 월스트리트에서 하기 위해 할리우드 스타인 더글러스 페어뱅크스Douglas Fairbanks, 1883~1939와 메리 픽퍼드Mary Pickford, 1892~1979 등이 동원되어 일반 투자자들을 상대로 정부 채권 마케팅이 실시되었다.

1917년 4월에 출범한 공공정보위원회는 미국 역사상 최초의 연방 선전 기관으로 위원장의 이름이 조지 크릴George Creel, 1876~1953이어서 '크릴위원회'로 불렸다. 저널리스트 출신인 크릴은 1917년 5월부터 보도자료CPI Official Bulletin를 발간해 언론 보도에 큰 영향을 미쳤으며, 15만 명을 선전 요원으로 동원해 호전적 애국주의를 부추기는 등 탁월한 성과를 올렸다. 크릴위원회는 연설가 7만 5,000명을 지원했는데, 이들은 5,000개의 도시와 마을에서 4분 연설을 75만 회나 실시했다. '전쟁을 끝내기 위한 전쟁War to End Wars'이라는 크릴의 구호는 거의 모든 언론에 의해 호의적으로 받아들여졌다.

미국의 선전포고 즉시, 프레더릭 잭슨 터너Frederick Jackson Turner, 1861~1932를 포함한 몇몇 지도적 역사가는 워싱턴에 모여 "현재 역사가들이 조국을 위해 무엇을 할 수 있는가"를 놓고 토론을 벌였다. 이들은 팸플릿 3,300만 부를 만들어 각종 정부 기관을 통해 배포했다. 터너의 제자인 칼 베커Carl L. Becker, 1873~1945도 크릴위원회를 위한 팸플릿을 왕성하게 써댐으로써 '프런티어 신화'를 재현하는 데 앞장섰다.

미국에 불어닥친 '반독일 히스테리'

제1차 세계대전 참전 이후 가장 큰 현안은 유럽에서 갓 이민을 온 외국 출신자들을 어떻게 미국화시킬 것인가 하는 문제였다. 이는 '100퍼센트 아메리카니즘100 Per Cent Americanism'이라는 구호로 압축되어 표현되었다. 예컨대, 전비를 대기 위한 국공채를 판매하는 포스터는 "당신은 100% 미국인인가? 그렇다면 입증하시오Are You 100% American? Prove It!"라고 외쳤다.

그런 맥락에서 반反독일 히스테리가 거세게 밀어닥쳤다. 독일어로 된 신문들을 폐간하자는 주장이 나왔고 또 판매가 금지되기도 했다. 교육과정에서 독일어를 빼야 한다는 캠페인이 일어났으며 실제로 그렇게 한 학교도 있었다. 도서관들은 소장 독일어 책을 불태우기도 했다. 델라웨어주, 몬태나주 등 몇 개 주에서는 아예 주 전체가 독일어 교습을 금지했다. 이에 많은 독일인이 앵글로색슨식 이름으로 개명하기 시작했다.

독일어 상표와 상호마저 사라지는 현상까지 생겼다. 사워크라우트 sauerkraut는 '자유 양배추liberty cabbage'로, 햄버거는 '자유 소시지liberty sausage'로 명명하는 등 독일어 단어를 일소하려는 시도가 이루어졌다. 학문 세계에서도 독일의 영향력이 쇠퇴하는 가운데 '일종의 교육 먼로주의'가 확립되고 '미국 문학'이 탄탄한 위상을 갖게 되는 계기가 되었다.

생각해보면 참으로 놀라운 일이었다. 1910년의 인구조사에 따르면, 독일계는 250만 명이었고, 부모 어느 한쪽의 독일계까지 합하면 그 2배에 이르는 사람들이 독일계였다. 독일계는 수도 많은데다 이민자 그룹 가운데 가장 존경받고 높은 지위를 누리던 집단이었다. 그런데 이 모든 게 제1차 세계대전으로 뒤집어졌으니, 이 어찌 놀라운 일이 아니랴.

반反독일 히스테리만 나타난 게 아니었다. 많은 선전용 포스터는 여성이 강간을 당하고 아이들이 다치는 연상을 불러일으켰다. 공공정보위원회는 시민들에게 "비관론을 펼치는 사람을 법무부에 신고하라"고 강권했고, 법무부는 600개 마을에서 미국수호협회American Protective League를 후원함으로써 '만인에 대한 만인의 감시체제'가 출범했다. 미국수호협회는 국가에 충성하지 않은 사례를 300만 건이나 적발했다고 주장했으며, 1918년 법무 장관은 "역사상 이 나라의 치안이 이렇듯 철저하게 유지된 적이 없었다고 해도 무방하다"고 자랑했다.

왜 그런 일이 벌어졌을까? 무엇보다도 징병 거부자가 너무 많았기 때문이다. 30만 명 이상이 병역거부자로 분류되었다. 정부는 전쟁을 반대하거나 비판하는 사람들을 막기 위해 1917년 6월 방첩법Espionage Act을 만들었는데, 이 법엔 입대를 거부하거나 타인의 입대를 제지할 경우 20년

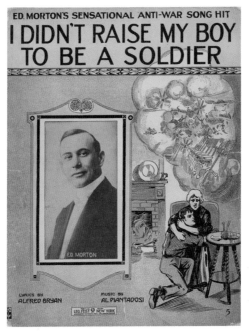

* 〈나는 내 아들이 군인이 되도록 기르지 않았다(I Didn't Raise My Boy to Be a Soldier)〉의 악보 표지. 정부
는 전쟁에 반대하거나 비판하는 사람들을 제지하기 위해 '방첩법'을 만들어 이들을 구속했다.

이하의 징역에 처한다는 조항이 포함되었다. 이 법은 전쟁에 반대하는 말
을 하거나 글을 쓴 사람들을 구속하는 데 이용되었다. 방첩법으로 인해
2,000명이 기소되고 900명이 감옥에 갔다.

　　미국 사회주의 지도자 케이트 리처드 오헤어Kate Richards O' Hare,
1876~1948는 "미국의 여성들은, 자식을 키워 군대에 보내고 그 자신은 비료
가 되어버리는 씨받이 돼지에 지나지 않는다"고 연설했다는 이유로 징
역 5년형을 선고받았다. 심지어 이런 코미디 같은 일도 벌어졌다. 미국
의 독립혁명을 주제로 해서 식민지 주민에 대한 영국의 잔학 행위를 묘
사한 영화 〈1776년의 정신The Spirit of '76〉(1917)이 로스앤젤레스에서 상영

되었는데, 영화를 제작한 사람은 방첩법 위반으로 기소되었다. 재판관은 그 영화가 "우리의 신뢰하는 연합국인 대영제국을 문제 삼으려는" 경향이 있다며, 10년형을 언도했다. 이 사건은 "미국과 '1776년의 정신' 사이의 대립"으로 기록되었다.

　유력 지식인들은 이런 상황에 이의를 제기하기는커녕 오히려 정부를 거들고 나섰다. 1917년 랜돌프 번Randolph Bourne, 1886~1918은 "전쟁 때문에 관료가 된 실용주의 지식인들은 실질적인 일들에만 치중한 나머지 어떤 사태에 대해 지식인답게 사고하거나, 이상주의자들처럼 목적에 관심을 두는 능력은 거의 없다"고 꼬집었다. 미국의 제1차 세계대전 참전이 '세계 민주주의의 안전'에 기여했는지는 모르겠지만, '미국 민주주의의 안전'에는 심대한 위협을 초래했다고 할 수 있겠다.

베르사유 조약이 제2차 세계대전을 불러왔는가?

제1차 세계대전 종전

'유럽의 구원자' 윌슨의 민족자결주의

제1차 세계대전은 1918년 11월 3일 독일의 항복으로 끝이 났다. 11월 11일 11시 휴전 조약이 조인되었다(오늘날 11월 11일은 미국 재향군인의 날로 기념되고 있다). 종전은 전 미국을 열광의 도가니로 몰아넣었다. 거리는 노래와 춤으로 종전을 축하하는 사람들로 흘러넘쳤다. 뉴욕 5번가엔 155톤에 달하는 테이프와 색종이 조각이 뿌려졌다.

4년 동안 지속된 제1차 세계대전은 독일 180만 명, 러시아 170만 명, 프랑스 140만 명, 오스트리아-헝가리 130만 명, 영국 74만 명, 이탈리아 61만 명 등 약 1,000만 명의 사망자를 냈다. 전쟁으로 인한 기아와 질병에 시달려 죽어간 사람도 1,000만 명, 불구자는 600만 명이나 나왔다.

엎친 데 덮친 격으로 스페인 독감까지 전 세계를 휩쓸어, 1918년 한

해 동안 2,200만 명이 사망했다. 심지어 5,000만 명이 사망했다고 기술한 문헌들도 있다. 제1차 세계대전 사망자의 2배에 해당하는 수치였다. 전쟁에서 돌아온 군인들을 따라 스페인 독감이 미국으로도 건너와 모두 67만 명이 사망했다. 스페인 독감은 1921년까지 맹위를 떨쳤는데, 조선에선 약 14만 명이 사망했다.

1918년 12월 4일, 그런 어수선한 상황에서 미국 대통령 우드로 윌슨Woodrow Wilson, 1856~1924은 제1차 세계대전을 법적으로 마무리하기 위한 파리강화회의에 참석하기 위해 군함 조지 워싱턴호에 승선해 뉴욕을 떠났다. 그는 재임 중 미국을 벗어나는 최초의 대통령이 되었다. 윌슨이 바다를 건너는 동안 전함 11척이 대통령 전용선을 호위했다. 9일 뒤 프랑스 브레스트에 도착한 그는 파리와 런던, 로마를 방문해 환영 인파에게 '유럽의 구원자'라는 칭송을 받았다. 특히 거리를 가득 메운 200만 명의 파리 시민은 "윌슨 만세"를 외치며 열광했다.

전승국인 연합국 27개국 대표 70여 명은 1919년 1월 18일부터 프랑스 파리 베르사유Versailles 궁전에서 만국강화회의를 열고 전후 대책을 논의했다. 1년 전인 1918년 1월 8일 윌슨이 선포한 14개 조항으로 된 평화 대책은 전 세계의 주목을 받았다. 이 조항에는 국제연맹의 창설이 제창되었고, '모든 식민지 문제의 공평한 조치'를 규정한 이른바 '민족자결주의national self-determination'가 포함되었다. 민족자결주의의 요지는 식민지를 통치하는 정부의 주장과 통치를 당하는 국민들의 이익이 동등하게 취급되어야 한다는 것이었다.

그러나 각국 정부는 그런 이상보다는 자기 잇속 챙기기에 혈안이 되었다. 마이클 헌트Michael H. Hunt는 "윌슨의 14개 조항은 앵글로색슨 문화

● 1918년 12월 런던에 도착한 윌슨 대통령 부부. 유럽의 파리와 런던, 로마를 방문한 윌슨 부부는 환영 인파에게 '유럽의 구원자'라는 칭송과 환호를 받았다.

가 국제사회의 패권을 장악하고, 영국과 미국 간의 외교적 협력 시대를 기대한 것이다. 윌슨이 설계한 국제사회는 무역의 자유, 군비 경쟁의 종식, 동맹국 간의 비밀 외교 및 무시무시한 대량학살의 추방, 제국의 해체가 달성된 세상이었으며, 특히 유럽 전역의 민족자결주의가 선양된 세상이었다"며 다음과 같이 말한다.

"윌슨은 독일, 러시아, 오스트리아-헝가리 제국에서 해방된 국가들에서 온건하고 민주적이며 헌법을 새롭게 제정하는 혁명이 일어날 것으로 기대했다. 아울러 그런 혁명을 통해 새롭게 태어난 국가들과 평화를 사랑하는 기존의 민주 국가들이 제휴하여 국제적 연맹을 결성하면 국제사회에 만연된 테러, 폭정, 침략 행위를 종식시킬 수 있고 정의를 요구하는 많은 민족들의 '항구적 불만'을 진정시킬 것으로 전망했다. 그러나 윌슨이 설계한 새 질서는 결국 실현되지 못했다. 윌슨의 기대와 달리 그의 동맹국들은 윌슨의 말을 듣지 않았다. 또 그들은 눈앞의 이익만 좇았다."

윌슨이 구체적 액션 플랜에 대해 고민한 것 같지도 않다. 앨런 브링클리Alan Brinkley는 "윌슨의 제안에는 심각한 허점이 있었다. 그가 약속했던 종속민들의 민족자결을 어떻게 실행할 것인지에 대한 원칙을 제시하지 못했다"며 다음과 같이 말한다.

"새로 등장한 소련 정부의 존재가 서방 국가들에게 위협적인 것임에도 불구하고(윌슨이 자신의 전쟁 목표를 발표하게 된 것도 레닌에 대한 지지를 감소시키려는 시도의 일환이었다) 그는 새로운 소련의 지도력에 대하여 아무런 언급도 하지 않았다. 경제적 긴장이 상당 정도 전쟁 발발에 책임이 있었던 것임에도 불구하고 그는 경제적 경쟁과 그것이 국제 관계에 미치는 영향력에 대하여는 거의 언급하지 않았다. 그럼에도 불구하고 윌슨의 국제적 이상은 미국의 유럽의 당대인들을 매혹시켰을 뿐만 아니라, 후세대들도 매료시켰다."

조선에 불어닥친 파리강화회의

윌슨의 이상에 매료된 사람들 중엔 조선의 독립운동가들도 있었다. 여운형 등 독립운동가들은 이 파리강화회의에 청원서를 보내는 단체를 설립할 필요가 있어 신한청년당이라는 조직체를 만들어 영어에 능통한 우사 김규식을 파리에 파견할 대표로 선정했다. 1919년 2월 1일 상하이를 떠나 3월 13일 파리에 도착한 김규식은 4월 11일 수립된 상하이임시정부의 특사로 임명되어 맹렬한 활동을 벌였지만, 파리강화회의의 목적 자체가 서구 제국주의 국가 간 영토 재분할이었던바 아무런 호응도 얻을 수 없었다.

회담 초부터 민족자결주의에 관한 소문은 조선인들 사이에서 큰 기대를 불러일으켰다. 그러나 일제는 이 파리강화회의를 정반대의 목적으로 이용하려고 들었다. 당시 고종은 일본 측의 그러한 기도를 막고자 했는데, 1월 21일 오전 1시 45분경에 돌연 뇌일혈로 운명하고 말았다. 일제가 고종의 죽음을 공식 발표한 것은 23일이었다. 일제는 사망 시간을 1월 22일 오전 6시로 조작 발표했다. 이른바 '고종 독살설'이 나돌게 된 한 이유다. 민중은 통곡하며 분노했다. '고종 독살설'은 파리강화회의에 관한 소식과 맞물려 더 큰 힘을 발휘하게 되었다. 『매일신보』는 조선총독부 기관지였음에도 파리강화회의 관련 기사를 많이 게재함으로써 이 회의에 대한 조선인들의 기대 심리를 높게 만들었다. 이와 관련, 송우혜는 "당연히 그 시대의 조선인들은 '파리강화회의'가 지닌 힘과 기능과 역할에 관해서 엄청난 환상을 가지게끔 되었던 것이다"며 다음과 같이 말한다.

"그리고 바로 그런 시대적 정황이야말로, 당시 한민족 사상 최대의 평화시위운동이었던 3·1독립만세운동이 고종의 인산因山 이틀 전에 불꽃처럼 폭발할 수 있게 한 원동력이 되고 기본 토대가 되었다. 이런 시기에, 태황제의 돌연한 죽음은 두 가지 중요한 요소를 조선 백성들에게 제공했다. 첫째는 독살설에 의해서 침략자 일본에 대한 적개심이 거대한 불기둥처럼 타올라 두려움을 잊게 만든 것이요, 둘째는 인산 때문에 자연스럽게 사람들이 많이 모일 수 있는 계기와 장소를 제공한 것이다. 왕

세자 이은이 부친의 인산을 치르려고 서울에 들어와 머문 지 35일째인 1919년 3월 1일, 고종의 인산일을 이틀 앞두고 저 유명한 3·1독립만세운동이 폭발했다."

3·1운동은 2개월간에 걸쳐 전국을 휩쓴 시위운동이었다. 통계로 보면, 집회 횟수 1,542회, 참가 인원 202만 3,089명, 사망자 7,509명, 부상자 1만 5,961명, 검거자 5만 2,770명, 불탄 교회 47개소·학교 2개소·민가 715채나 되었다. 3·1운동의 역사적 의미는 컸을망정, 3·1운동의 결과는 당시의 조선인들에게 엄청난 절망감과 좌절을 안겨 주었다. 3·1운동의 원인 중 하나가 베르사유의 이상이었다면, 그 결과는 쓰디쓴 환멸이었던 셈이다.

'전쟁의 축복'을 누린 일본과 미국

베르사유의 환멸은 조선에만 국한되지 않았다. 1919년 6월 28일에 맺어진 베르사유 조약은 말 그대로 '뜯어먹기 잔치판'의 결과였다. 독일은 모든 해외 식민지를 포기하고, 알자스로렌 지방을 프랑스에 돌려줘야 했다. 전쟁 배상금 1,320억 마르크를 10년 안에 지불하고, 공군과 잠수함을 보유하지 않으며, 육·해군 병력을 10만 명 이내로 제한하겠다는 약속도 했다.

베르사유 조약은 전후 지도를 바꿔놓았다. 전비는 독일, 오스트리아, 터키 동맹국 측에 떠넘겨졌고, 한때 오스트리아-헝가리 제국에 속해 있던 헝가리는 영토의 3분의 2를 잃은 데다 인구까지 800만 명으로 쪼그

● 1919년 6월 28일에 맺어진 베르사유 조약은 '뜯어먹기 잔치판'이었다. 전후 질서를 새롭게 개편하기 위해 베르사유에 모인 각국의 정상들.

라들었다. 오스트리아-헝가리 영토를 승전국 마음대로 분할한 결과 발틱해를 중심으로 한 유고슬라비아, 체코슬로바키아, 폴란드와 같은 독립국들도 새로 생겨났다. 그로 인해 약 300만 명의 오스트리아계 독일인이 체코슬로바키아에 편입되었다. 오스만터키에 속해 있던 중동 지역 영토는 승전국들이 나눠 갖고 터키는 허약한 소국으로 전락했다. 영국은 팔레스타인, 요르단, 메소포타미아(현 이라크)를 차지했고, 레바논과 시리아는 프랑스가 차지했다. 독일 소유로 되어 있던 아프리카 지역도 승전국들에 분할되었다.

제1차 세계대전은 일본과 미국에도 큰 축복이었다. 1914년 11억 엔의 대외부채를 지고 고민하던 일본이 1920년에는 27억 7,000만 엔의 채권국이 되었다. 세계무역에서 일본이 차지하는 비율도 1913년의 1퍼센트에서 1918년에는 5퍼센트로 성장했다. 또 다른 수혜국인 미국의 세계무역 비율도 10퍼센트에서 20퍼센트 이상으로 증가했다. 1914년 심각한 경제 위기에 봉착했던 미국은 연합국, 특히 영국에 수출할 군수물자를 생산하면서 호경기를 맞은 것이다. 전쟁 전 미국은 약 30억 달러의 외채를 갖고 있었지만 전후에는 약 130억 달러의 채권국이 되었고, 그 와중에서 월스트리트는 전 세계 금융의 중심지로 부상했다. 미국은 전쟁이 제공한 경제적 기회를 효율적으로 이용하기 위해 외국은행의 지점을 허용하는 에지법Edge Act과 같은 다양한 방법을 고안해냈다.

인류 역사에서 전쟁은 늘 참혹했지만, 동시에 늘 수혜자를 만들어냈다. 세계의 강대국이나 선진국치고 전쟁에 적극 뛰어들지 않은 나라가 없고, '전쟁의 축복'을 누리지 않은 나라가 없다. 인간 세계의 근본 모순인 셈이다. '전쟁의 축복'을 누린 일본은 더욱 호전적인 자세로 다른 민족에 재앙을 주는 길로 나아가게 된다.

윌슨도 베르사유의 환멸을 피해 가진 못했다. 나름의 원대한 이상을 품었던 윌슨이 파리강화회의에서 목도한 것은 유럽의 적나라한 현실주의 정치였다. 그는 독일에 가혹한 배상을 받아내려 혈안이 된, 그리고 영토에 대한 야심을 버리지 못한 유럽의 지도자들에게 넌더리를 냈다. 윌슨은 프랑스로 출발한 지 6개월 이상 지난 뒤인 1919년 6월 말 베르사유 조약을 갖고 7월 10일 워싱턴에 도착했다.

베르사유 조약을 상원에 제출한 뒤, 윌슨은 유리한 여론 조성을 위해 9월 3일부터 전국 연설 여행에 나서 22일간 강행군을 했다. 그가 행한 대규모 연설만 해도 32차례였고, 때론 하루에 네 차례의 연설을 하기도 했다. 63세 노인이 소화하기엔 무리한 일정이었다. 윌슨의 그런 발버둥에도 9월 24일 상원은 43대 40으로 인준을 거부했고, 11월 19일 마침내 조약을 폐기해버렸다.

윌슨이 당초 내건 14개 평화조항 중 유일하게 건질 수 있었던 것은 전후 세계 질서 비전을 담은 국제연맹의 창설이었지만, 이마저 미 상원의 인준 거부로 날아가고 말았다. 미 상원의 고립주의 탓이었을까? 그런 설이 있지만, 고립주의가 아니라 일방주의unilateralism 때문이었다는 주장도 있다. 개입이 필요하면 미국 자신의 판단에 따라 자신의 방식으로 하면 되는 것이지 뭘 거추장스럽게 국제연맹 따위가 필요하냐는 생각이었다는 것이다. 같은 맥락에서, 윌슨의 이상도 제국주의를 거부한 것이 아니라 제국주의를 완성하려는 것이었다는 시각도 있다.

의회와 윌슨의 이유와 동기가 무엇이었건, 윌슨이 어떻게 하느냐에 따라서 상원 인준은 얼마든지 얻어낼 수 있는 것이었다는 데엔 이견이 거의 없다. 문제는 윌슨의 아집과 독선이었다. 의회 대신 국민을 직접 상대하겠다던 그의 전국 연설 여행은 의회의 분노를 샀다. 그는 미국의 군사적 개입이 요구되는 위기 상황과 관련해 의회에 이를 평가할 권한이 주어지면 국제연맹 가입을 승인할 것이라는 수정안마저 한사코 거부해 국제연맹을 제 손으로 죽이고 말았다.

국제연맹은 미국이 베르사유 조약에 대한 의회의 인준 거부로 처음부터 불참하는 등 유명무실한 채로 표류하다 제2차 세계대전 이후 해체되고 만다. 아니 국제연맹의 표류 때문에 제2차 세계대전이 일어난 건지도 모른다. 윌슨이 고집을 피우지 않고 수정안에 따라 미국이 국제연맹에 가입했다면 패전국 독일은 이후 국제법 절차에 따라 불만을 해소할 수 있었을지 모른다. 하지만 독일은 허울만 남은 국제연맹을 무시하며 무력으로 모든 것을 해결하려 했고, 결국 유럽에선 또 한 차례의 세계대전이 일어난다.

훗날 경제학자 존 메이너드 케인스John Maynard Keynes, 1883~1946가 독일이 베르사유 조약 때문에 파산했으며, 아돌프 히틀러Adolf Hitler, 1889~1945가 권력을 거머쥔 주요 원인도 베르사유 조약이라고 주장한 것도 무리는 아니다.

윌슨의 '아버지 콤플렉스'

베르사유 조약의 비극은 윌슨의 비극이기도 했다. 미국 사회당 지도자 유진 데브스Eugene Debs, 1855~1926는 "미국 역사에서 공인 가운데 우드로 윌슨만큼 철저히 신뢰를 잃고, 호되게 비난받고, 압도적인 거부와 반대에 부닥친 채 은퇴하는 사람은 찾아보기 힘들 것이다"고 말했다.

그런 결과를 초래한 윌슨의 유별난 성격이 흥미로웠던 걸까? 이미 1910년 『레오나르도 다빈치Leonardo da Vinci』라는 제목의 전기를 쓴 바 있는 지그문트 프로이트Sigmund Freud, 1856~1939는 미국 외교관 윌리엄 불릿 William Bullitt, 1891~1967과 함께 우드로 윌슨 대통령의 전기를 썼다. 두 사람은 불릿의 아내가 프로이트의 치료를 받아 친해진 사이였다. 이 책은 윌슨의 아내에 대한 예의상 그녀가 1961년 사망할 때까지 출간을 미루었다가 쓴 지 30년 후에서야 출간되었다.

• 영국 경제학자 존 메이너드 케인스는 독일이 베르사유 조약 때문에 파산했으며, 아돌프 히틀러가 권력을 거머쥔 주요 원인도 베르사유 조약이라고 주장했다.

이 전기에서 프로이트는 어렸을 때부터 아버지의 인정에 굶주렸던 윌슨의 '아버지 콤플렉스'를 지적했다. 목사였던 아버지 조지프 러글스 윌슨Joseph Ruggles Wilson, 1822~1903은 하루에 5번이나 가족 기도회를 이끌었고, 어린 윌슨에게 늘 도달하기 어려운 목표를 이루도록 압박했으며, 윌슨은 나이 40세가 되기까지도 무슨 결정을 내릴 때마다 아버지의 조언과 허락을 받아야 하는 '파파 보이'였다는 것이다. 아버지가 돌아가신 후 아버지의 친구들이 백악관을 방문해 아버지와의 추억담을 꺼내면 윌슨은 그 자리에서 줄줄 눈물을 흘렸다나. 한국인에겐 윌슨의 지극한 효심을 말해주는 미담으로 여겨질 수도 있겠지만, 서양인들의 관점에선 보통심각한 병이 아니다. 프로이트는 이런 사례들을 근거로 윌슨이 '위대한 지도자'가 아니라 자신이 세상을 구원하겠다는 '예수 콤플렉스'의 소유자로서 거의 정신질환자에 가까웠다고 주장했다.

프로이트는 이런 정신분석학적 분석으로 윌슨의 외교정책까지 평가하는 등 너무 상상의 나래를 편 나머지 비판을 많이 받았다. 그러나 프로이트가 다소 '오버'한 것일 뿐, 윌슨의 '아버지 콤플렉스'는 그를 이해하는 데 매우 중요한 의미를 갖는다. 이와 관련, 진 립먼-블루먼Jean Lipman-Blumen은 다음과 같이 말한다.

"아주 어릴 때부터 자존심에 손상을 입은 사람이 다른 사람의 인정을 이끌어내는 일에 자신의 삶을 바칠 수 있다. 필요하다면 과장된 어조나 행동까지 곁들여가면서 말이다. 아버지의 인정을 받지 못해 심적 고통을 몹시 겪었던 우드로 윌슨이 그런 시나리오에 해당하는 예다. 윌슨은 자신의 가치를 입증하고 싶은 욕구를 잘 다듬어 청년기로 접어들며 위대한 정치 지도자가 되겠다는 포부로 승화시켰다."

그래서 윌슨은 대통령이 될 수 있었겠지만, 자신의 소신과 인정 욕구에 너무 집착한 나머지 타협을 불온시해 자신의 이상주의를 이상으로만 머무르게끔 했던 게 아닐까? 사실 이게 의외로 중요하고 재미있는 이야기다. 우리는 '소신·신념'은 긍정 평가하면서도, '고집·아집'은 부정 평가한다. 둘의 차이는 무엇인가? 없다! 결과가 좋으면 '소신·신념'이요, 나쁘면 '고집·아집'이다. 역사라는 것도 따지고 보면 이런 식의 결과론이다. 역사의 오남용이 저질러질 수밖에 없는 이유이기도 하다.

'열광'은 어떻게 '공포'로 바뀌었나?

미첼 파머의 '빨갱이 사냥'

'2월 혁명'과 '10월 혁명'

제1차 세계대전(1914년 6월~1918년 11월)으로 인해 많은 나라가 고통을 받았지만, 러시아는 특별했다. 100만 명이 넘는 병사가 죽어갔고, 경제는 최악의 상황으로 치달았다. 1917년 1월과 2월의 두 달 사이에 연인원 67만 6,300명이 참가한 1,330건의 파업이 발생했으며, 식량도 고갈 상태에 이르렀다.

1917년 2월 23일 페트로그라드(현재 상트페테르부르크)에서 영하 20도의 추위를 견디며 몇 시간씩 식량 배급을 기다리고 있던 사람들에게 '더이상 없다'라는 뜻의 '니에트nyet'라는 말이 떨어졌다. 시민들은 빵을 요구하며 시위에 들어갔다. 다음 날 페트로그라드의 노동자 40만 명 중 절반이 투쟁 대열에 합류해 공장에서 시내로 행진해 들어갔고, '빵'

이라는 구호는 '전제정 타도'와 '전쟁 종식'이라는 구호로 변했다. 4일째 되는 날 병영 전체에서 반란의 물결이 요동쳤다. 노동자 대중과 병사들은 한데 어우러져 총으로 무장하고 적기를 휘날리면서 경찰과 정부 관리들을 체포했으며, 이는 다른 도시들에서도 똑같이 일어났다.

페트로그라드로 돌아가려던 니콜라스 2세Nicholas II, 1868~1918는 1917년 3월 2일 노동자들이 철로를 끊은 가운데 프스코프 근교의 열차 안에서 퇴위를 선언했다. 로마노프 왕조의 종언이었다. 러시아를 300여 년 동안 지배해온 전제 체제의 붕괴였다. 부르주아 민주정부가 탄생했다. 이 부르주아 정부는 1917년 3월 2일부터 1917년 10월 25일까지 237일간 존속하게 된다.

많은 나라가 러시아혁명에 열광했고, 특히 미국은 러시아인을 자유에 대한 본능적 성향을 지닌 사람들로 여겨 찬사를 보냈다. 대통령 우드로 윌슨Woodrow Wilson, 1856~1924도 러시아 국민을 찬양했으며, 미국은 러시아 임시정부를 승인한 최초의 국가가 되었다.

그러나 그런 열광은 오래가지 않았다. 붉은 색깔 때문이었다. '2월 혁명'이 일어났을 때에 스위스에 머물고 있던 니콜라이 레닌Nikolai Lenin, 1870~1924은 곧 독일군 최고사령부의 도움을 받아 특별히 주선된 '밀봉열차'를 타고 독일, 스웨덴, 핀란드를 거쳐 러시아에 입국했다. 4월 3일이었다.

독일군은 그 후 볼셰비키에 막대한 자금을 대주며 볼셰비키가 신문 발행과 선동 조직을 통해 사병과 노동자를 대상으로 한 반전反戰 선전을 더욱 강화하도록 도와주었다(1903년 레닌은 자신의 세력을 다수파라는 뜻을 지닌 볼셰비키Bolsheviki라고 부르게 했고, 자신을 반대하는 세력을 소수파라는 뜻을 지닌 멘셰비키Mensheviki라고 부르게 했다).

2월 혁명이 일어났을 때 러시아 국민과 병사는 이미 전쟁에 지쳐 있었다. 군인들이 병영을 이탈해 대규모로 귀환하고 있던 실정이었다. 레닌은 이것을 보고 "병사들은 자기들의 발로써 평화 쪽에 투표했다"고 썼다. 그러나 미국인들에게 레닌은 러시아를 포함한 연합국의 연합 전선을 붕괴시키는 데 혈안이 된 독일의 첩자라는 인상을 주었다.

아나키스트 표트르 크로폿킨Pyotr A. Kropotkin, 1842~1921은 2월 혁명 후 40여 년간의 망명 생활을 끝내고 러시아로 돌아갔지만, 그곳에서 아나키스트에 대한 볼셰비키의 가혹한 탄압을 말없이 지켜볼 수밖에 없었다. 레닌을 만나 하소연도 해보았지만 아무런 소용이 없었다. 이는 이후에도

• 미국은 2월 혁명에 의해 탄생한 러시아 임시정부를 승인한 최초의 국가였다. 로마노프 왕조의 몰락을 상징하듯 로마노프 왕조의 상징인 독수리상이 내려지고 있다.

아나키즘이 겪게 될 험난한 운명을 예고하는 것이었는지 모른다.

　우여곡절을 거친 권력 투쟁 끝에, 1917년 10월 25일 레닌은 권력이 소비에트의 수중으로 넘어왔음을 선언했다. 이른바 '10월 혁명'이다. 11월 7일 레닌이 이끈 볼셰비키 일파는 거의 저항을 받지 않고 수도의 중층부를 장악해 소비에트 정권을 출범시켰다. 1917년 12월 15일 독일과 러시아는 향후 4주 동안 휴전하고 곧 평화조약의 체결을 위한 협상에 들어가기로 합의했다.

　이에 대해 한 역사가는 "역사의 변덕은, 이제까지 알려진 것으로는 가장 혁명적인 대표자가 모든 지배계급들 가운데 가장 반동적인 군대 계급의 대표자들과 더불어 똑같은 외교 탁자에 앉게 하였다"고 썼다. 결국 1918년 러시아는 독일과 화친조약을 맺게 된다.

'미국의 사악하고도 위험한 적'

2월 혁명은 좋아도 10월 혁명은 싫었던 나라들은 경악했다. 물론 미국이 가장 경악했다. 미국 저널리스트이자 시인인 존 리드John Reed, 1887~1920는 볼셰비키 혁명을 지켜본 경험을 바탕으로 『세계를 뒤흔든 10일Ten Days That Shook the World』(1917)이라는 책을 써 '노동자가 지배하는 세상'을 꿈꾸었고, 이는 지식인들 사이에서 큰 반향을 불러일으켰지만, 그의 꿈은 일장춘몽一場春夢으로 드러난다.

　볼셰비키 혁명 직후 미국에서는 러시아가 여자까지 국유화한다는 소문이 나도는 가운데 언론은 공포를 부추기는 데 앞장섰다. 1917년 12월

『뉴욕타임스』는 볼셰비키가 '미국의 사악하고도 위험한 적'이라고 선언했다. 『뉴욕타임스』의 러시아혁명 보도는 전반적으로 매우 부정적이었다. 월터 리프먼Walter Lippmann, 1889~1974과 찰스 메르츠Charles Merz가 진보적 주간지 『뉴리퍼블릭The New Republic』(1920년 8월 4일자)에 발표한 「뉴스의 테스트A Test of News」라는 논문에 따르면, 『뉴욕타임스』의 보도는 편집자와 기자들의 희망과 두려움이 반영되었을 뿐 사실에 근거한 것이 아니었다. 이 논문은 기자의 감정 개입 이외에도 관급 뉴스 의존과 출처 불명 뉴스 등과 같은 문제를 지적하면서, 오도된 뉴스는 아예 알리지 않는 것보다 나쁘며 뉴스의 신뢰성이야말로 민주주의 활성화의 근거임을 강조했다.

미국을 비롯한 서방 세계의 공포와 비난 때문이었는지, 러시아에선 10월 혁명 이후 광범위한 반反볼셰비키 운동이 일어났다. 차르 시대의 장군들과 귀족들은 남러시아와 볼가강 지역 시베리아 지역에서 백군白軍을 조직해 여러 개의 임시정부를 선언했으며, 사회혁명당 등 좌파 세력도 시베리아에 임시정부 2개를 세웠다. 독일과 전쟁을 재개할 새 정부를 수립할 목적으로 미국, 영국, 프랑스, 이탈리아 등 연합국도 제한된 규모지만 무력 개입을 해서 임시정부들을 지원했다. 이처럼 내란과 외국의 무력간섭에 직면한 볼셰비키 정부는 수년이 지난 1921년 2월에서야 이들을 진압하는 데 성공하게 된다.

제1차 세계대전 참전과 러시아 10월 혁명의 여파로 반反공산주의 물결이 거세게 몰아닥치면서 미국의 사회주의는 몰락 위기에 처했다. 특히 세계산업노동자동맹이 입은 타격이 커서 정부에 의해 강제 해산당하는 운명을 맞게 된다. 세계산업노동자동맹은 오클라호마 집회에서 전국의 반전론자들을 위해 워싱턴 D.C.에서 시위행진을 한다는 계획을 세

• 미국은 10월 혁명에 경악했다. 미국 언론은 볼셰비키를 '사악하고도 위험한 적'이라고 선언했으며, 미국 내에
선 볼셰비키가 여자까지 국유화한다는 소문이 돌았다. 보리스 쿠스토디예프의 〈볼셰비키〉(1920).

웠으나, 실행에 옮기기도 전에 발각되어 450명이 반역죄로 체포, 주립교
도소에 수감되었다. 보스턴에서 반전시위에 나선 8,000명의 사회당원
과 노동조합주의자들은 병사들에게 공격을 받기도 했다.

　미국이 선전포고를 하기 직전 세계산업노동자동맹 기관지는 "미
국의 자본가들이여, 우리는 당신들을 위해서가 아니라 당신들에 대항하
여 싸울 것이다"라는 글을 게재했다. 이걸 일망타진의 기회로 삼은 법무
부는 1917년 9월 전국적으로 48개의 세계산업노동자동맹 집회장을
습격해 편지와 문서들을 압수했다. 1918년 4월 세계산업노동자동맹
의 지도부 101명이 징병에 반대하고 군인들의 탈영을 독려한 죄로 유죄
판결을 받았다. 빌 헤이우드Bill Haywood, 1869~1928를 비롯한 핵심 인물들은
20년형을 받았는데, 헤이우드는 보석 중에 혁명이 한창이던 러시아로

달아나 그곳에서 사망했다.

파머와 후버의 '빨갱이 사냥'

1918년 11월, 제1차 세계대전의 종전에 대한 기쁨은 잠시였고, 종전과 함께 볼셰비즘에 대한 공포가 미국 사회를 휩쓸면서 대대적인 '빨갱이 사냥'이 벌어지기 시작했다. 종전 일주일 후 뉴욕 시장 존 하일란John F. Hylan, 1868~1936은 붉은 깃발을 거리에 내거는 것을 금지하고 경찰에게 모든 불법 집회를 해산하라고 명령했다. 노동운동을 하는 자는 무조건 볼셰비키로 몰렸다.

월슨의 무능과 아집도 '빨갱이 사냥'에 일조했다. 월슨이 '고지식한 교장 선생님'으로 불리면서, 월슨의 평화 이상주의에 대한 미국인들의 생각도 바뀌어갔다. 이제 사람들은 거침없이 "우리는 독일인들을 이겼다. 이번에는 이 저주스런 볼셰비키를 타도하자. 그리고 월슨과 그의 평화주의자 일당을 쫓을 차례이다"고 외치기 시작했다.

월슨은 베르사유 조약의 상원 인준이 거부되자 곧 앓아누웠다. 뇌혈전으로 좌반신 일부가 마비되는 등 남은 임기 17개월 동안 사실상 식물 대통령이 되었다. 국정 운영은 그의 아내가 주도하는 섭정 체제에 맡겨졌고, 이 틈을 타 법무 장관 미첼 파머Mitchell Palmer, 1872~1936는 전투적으로 과격분자들을 색출해 체포하고 추방하고 파업금지령을 내리는 공세를 취했다.

월슨은 1920년 11월 공산주의에 대해 "결함이 너무 커 그냥 내버려

뒤도 사멸할 것이다"고 말했지만, 파머는 달리 생각했다. 1920년 대통령 선거 출마를 염두에 둔 파머는 '빨갱이 사냥'을 자신의 선거 캠페인에 이용하고자 했다. 파머는 '싸우는 퀘이커교도'라고 불리는 걸 좋아했는데, 그럴 만한 개인적인 이유도 있었다. 1919년 4월 말 존 D. 록펠러John D. Rockefeller, 1839~1937, 존 피어폰트 모건John Pierpont Morgan, 1837~1913, 올리버 웬들 홈스Oliver Wendell Holmes, 1841~1935를 비롯한 유명 인사 30명에게 똑같은 모양의 폭탄이 배달되는 등 당시 빈발했던 일련의 테러 사건에서 자신도 피해자가 될 뻔했기 때문이다. 한 상원의원 집 가정부는 폭탄이 든 우편물을 뜯다가 양손이 날아갔고, 한 달 후 파머도 자신의 집 밖에서 폭탄이 터지는 사건을 겪었다.

1919년 8월 파머는 이른바 '급진국(후일 종합정보국으로 개명)'을 창설해 존 에드거 후버John Edgar Hoover, 1895~1972라는 반공주의자를 책임자로 임명했다. 수도 워싱턴에서 네 형제 중 막내로 태어난 후버는 법대에 진학해 학사·석사 학위를 취득했는데, 대학에 다닐 때는 의회 도서관에서 아르바이트를 하면서 도서관의 듀이 십진분류법 항목을 모조리 암기했다. 천성적으로 체계에 탐닉하는 성격인데다 그것까지 익혔으니 누가 그를 당할 수 있었으랴. 후버는 급진주의자들에 대한 4만 5,000개의 방대한 색인 카드를 만드는 데 성공했으며, 이 색인 카드를 근거로 이른바 '파머 레이드Palmer Raid'로 불리는 빨갱이 사냥을 벌이기 시작했다.

러시아혁명 2주년 기념일인 1919년 11월 7일을 기해 수십 개 도시에 있는 러시아 출신 노동자들의 노조 사무실을 급습하면서 검거 선풍이 일어났다. 수백 명의 혐의자가 체포되었지만 대부분 석방되었다. 1920년 1월 1일 전 도시에서 공산주의자들이 동시에 각 지부 집회를

• 법무 장관 미첼 파머는 윌슨을 대신해 전투적으로 과격분자들을 색출해 체포·추방하고 파업금지령을 내렸다. 대통령 우드로 윌슨(왼쪽)과 법무 장관 미첼 파머.

열고 있을 때 경찰이 현장을 덮쳤다. 공산주의자건 아니건 무조건 잡아들여 모두 23개 도시에서 1만여 명이 체포되었다. 대부분의 체포자는 공산주의자라는 증거가 불충분하다고 해서 석방되었지만 위협 효과는 분명했다.

파머는 예전에 빨갱이들이 자본가들의 재산을 모두 몰수하자고 제안했던 사실을 상기시키는 공식 성명을 발표했다. 또 턱수염이 곤두선 무서운 형상의 볼셰비키 사진과 이런 집단이 미국을 통치할 수 있느냐는 질문을 담은 선전용 기사를 신문사에 배포했다. 물론 이 모든 게 후버의 작품이었다. 효과는 분명했다. 미국 내 공산당원의 숫자는 검거 전 8만 명이었으나, 1920년 말에는 6,000명으로 줄어들었다. 또 556명이 국외

추방되었는데, 그중에는 소련으로 추방된 아나키스트 엠마 골드만Emma Goldman, 1869~1940과 알렉산더 버크먼Alexander Berkman, 1870~1936도 있었다.

후버는 이런 빨갱이 사냥을 비판하는 사람들에 대해서도 모조리 색인 카드를 만들어 파일을 축적해나갔다. 이게 그의 권력의 근거가 되었다. 후에 정신과 의사들에 의해 '편집증 환자'라는 진단이 내려진 후버는 1924년부터 1972년 숨을 거둘 때까지 48년 동안 FBIFederal Bureau of Investigation 국장으로 장기 집권하게 된다.

미국의 '적색 공포증'

'파머 레이드'에 대한 비판이 전혀 없었던 건 아니다. 예컨대, 독설가 헨리 루이 멩켄Henry Louis Mencken, 1880~1956은 1920년 9월 13일 『볼티모어이브닝선Baltimore Evening Sun』을 통해 파머를 "아마 현대의 가장 유명하고, 잔혹하고 불성실하며 부정직한 사람의 전형과도 같은 인물"이라고 비난했다. 그는 9월 27일에도 법무부가 "미국 사상 전대미문의 조직적 정보 활동을 행하고 있으며, 러시아, 오스트리아, 이탈리아의 역사에도 이에 필적할 만한 것은 발견되지 않는다"며 다음과 같이 말했다.

"그들은 헌법이 보증하는 기본적 인권 등은 냉담하게 무시하고, 사람들을 괴롭히는 것을 일상다반사로 일삼고 있다. 그들은 성역인 개인의 주거지에 침입하여, 무고한 사람을 계략에 빠뜨릴 증거를 조작한다. 전국에 경찰의 앞잡이를 뿌려놓고, 이웃 사람끼리 대립하게 하고 신문지상을 선동적인 날조 기사로 채우고, 악의를 가지고 몰래 탐지하고 다니는 최악의 비열한 행위를 조장했다."

파머와 후버가 그런 인권유린을 저지를 수 있었던 것은 '적색 공포증'이라고 하는 당시의 사회적 분위기 덕분이었다. 수많은 애국주의 단체가 등장한 가운데 공산주의자들의 수도 부풀려져 60만 명이라는 주장까지 나올 정도였다. 1919년 말 미국 일리노이대학 노동경제학 교수 고든 와킨스Gordon S. Watkins, 1889~1970는 사회당원 3만 9,000명, 공산주의 노동당원 1~3만 명, 공산당원 3~6만 명이라고 추산했다. 이 계산에 의하면 공산주의자는 미국 성인 총인구의 약 1퍼센트에 불과했지만, 이런 사실이 반공 히스테리를 약화시키진 못했다.

앞서 보았듯이, 일부 급진주의자들이 반공에 앞장선 정치인들에 대한 폭탄 테러를 시도해 여론을 악화시킨 탓도 있었다. 특히 '월스트리트 테러 사건'은 일반인들까지 사상케 함으로써 급진주의자들이 스스로 자기 무덤을 파는 결과를 초래했다.

1920년 9월 16일 오전 11시 59분경 마차 한 대가 J. P. 모건 은행 옆 월스트리트를 질주한 뒤 폭발했는데, 이 사건으로 40명이 사망하고 130명이 부상을 당했다. 사망자와 부상자는 모두 다 노동자들이었다. 폭발 지점에서 가까운 거리에 있는 브로드웨이의 한 우편함에서 발견된 전단엔 "명심하라! 우리는 더이상 기다릴 수 없다. 정치범을 석방하라!"라는 내용과 함께 '미국 아나키스트 전사'라는 서명이 적혀 있었다. J. P. 모건 은행은 폭발 시 홈집이 생긴 건물 벽을 바꾸지 않는데, 2.5센티미터 정도가 깊게 파인 파편 흔적은 '자본주의의 성스런 상처'로 오늘날까지 보존되어 월스트리트를 찾는 관광객들에게 작은 볼거리가 되고 있다.

여기에 인종·민족 문제까지 겹쳤다. 사회당에는 1917년 8만여 당

● '편집증 환자'였던 존 에드거 후버는 급진주의자들에 대한 방대한 색인 카드를 만들어 빨갱이 사냥을 벌였다. 그는 무려 48년 동안 FBI 국장으로 장기 집권했다.

원 중에 3만 3,000여 명이 영어가 아닌 외국어를 쓰는 사람이 있었다. 1920년대의 공산당도 당원 수는 1만 5,000명 정도였는데, 영어를 쓰는 사람은 그중에서 15퍼센트에 지나지 않았다. 이민자들을 급진주의자로 보는 결과가 초래된 이유다.

　　1919~1920년 공산주의에 대한 공포가 미국을 휩쓴 가운데 미국 정부는 두 해 동안 4,000명이 넘는 외국인들을 검거해 추방했다. 그 2여 년 간 『뉴욕타임스』는 볼셰비키 혁명이 실패할 것이라는 예측을 91번이나 내놓았으며, 레닌과 레온 트로츠키Leon Trotsky, 1879~1940가 도망가거나 죽거나 은퇴하거나 투옥되었다는 기사를 13번이나 내보냈다.

　　이렇듯 열광의 전복으로 인해 생겨난 공포가 미국 사회를 지배하면서 미국은 지구상에서 공산주의에 대해 가장 적대적인 반공국가로 우뚝 서게 된다. 1950년대 초반 또 한 번의 '빨갱이 사냥'을 거친 후 미국의 공산주의자는 CIA와 FBI의 돈으로 연명한다는 말마저 나오게 된다(CIA와 FBI가 공산당 감시를 위해 위장 당원들을 침투시킨다는 설을 두고 하는 농담 아닌 농담이다).

세기의 '원숭이 재판'은 과연
누구의 승리였는가?

스콥스 재판

'진화론'과 '창조론'

1859년 11월 25일 영국에서 찰스 다윈Charles Darwin, 1809~1882의 『종의 기원
Origin of Species』이 출간되었다. 1838년 토머스 로버트 맬서스Thomas Robert
Malthus, 1766~1834의 『인구론An Essay on the Principle of Population』(1798)을 읽고
'경쟁을 통한 자연선택'이라고 하는 결정적 단서를 얻은 다윈은 인간의
종種은 '자연도태'의 과정을 거쳐 생명 초기 형태부터 진화해온 것이라
는 '진화론Darwinism'을 주장했다. 다윈이 진화가 작동할 수 있는 기제로
지목한 자연선택natural selection은 자원이 제한되어 있고 살아가는 환경이
이미 주어져 있을 때 그 환경에 적응을 더 잘하는 형질을 가진 유전자가
경쟁에서 살아남게 된다는 뜻이다.

　진화론은 전통적인 종교적 신앙의 모든 신조에 대한 도전이었기에

책이 출판되자 큰 소동이 발생했다. 감탄과 분노가 뒤섞인 소동이었다. 초판은 나온 지 하루 만에 다 팔렸으며, 재판 역시 금방 팔려나갔다. 진화론은 미국에서 백인들이 흑인을 노예로 부리는 논리적 근거에도 영향을 미쳤다. 박영배는 "청교도 후예였던 그들은 같은 인간을 노예로 부릴 합당한 논리적 근거가 필요했다. 다시 말해 흑인을 짐승 취급하며 때리고 일을 시킨다 해도, 교회에서 예배 드릴 때 종교적으로나 양심에 비추어 가책을 받지 않을 논리적·정신적 무장이 필요했다"며 다음과 같이 말한다.

"이를 위해 그들이―대부분 종교지도자였다―만든 논리가 분리창조론이었다. '하나님이 인간을 만드실 때 백인을 먼저 만드시고 흑인은 나중에 따로 만드셨다. 그런데 흑인은 두뇌 용량이 작아 하나님이 백인들로 하여금 그들을 돌보도록 하셨다.' 그 후 다윈의 진화론이 대두되면서 또 다른 주장을 폈다. '하나님은 백인만을 창조하셨고 흑인들은 아마 아프리카 원숭이나 오랑우탄이 진화해 만들어진 존재일지 모른다. 그런 이유로 그들은 어린아이처럼 난폭한 구석이 있어 백인들이 항상 통제해야 한다.'"

진화론은 창조론과 충돌했지만, 그렇다고 해서 모든 백인이 진화론을 거부한 건 아니었다. 진화론은 처음엔 강한 저항을 받았으나 19세기 말 도시의 전문가 계급과 식자층의 대다수 구성원에 의해 수용되었다. 왜 그랬을까? 진화론은 프로테스탄트 국가인 미국의 지배적 윤리 풍토를 강화했기 때문이다. 다만 개신교 진영은 양분되었다. 자유주의자들은 "진화는 사실이지만 이를 주관하는 것은 신"이라는 '유신론적 진화론'을 받아들인 반면, 복음주의자들은 진화론을 거부하는 대신 창조 이

● 1859년 출판된 『종의 기원』. 다윈의 진화론은 전통적인 종교적 신앙의 모든 신조에 대한 도전이었기에 책이 출판되자 큰 소동이 발생했다.

야기를 객관적 사실로 보는 전통적 창조론을 고수했다.

1910년대엔 다윈과의 전쟁을 선포한 근본주의fundamentalism가 등장하더니, 1925년 여름 미국 사회를 뜨겁게 달군 희한한 사건이 벌어졌다. '진화론'과 '창조론'이 한 판 붙은 세기의 대결이었다. 개신교 근본주의자들이 장악하고 있던 테네시주 의회가 그해 3월 "이 주의 모든 대학교와 고등학교, 그리고 전체 혹은 부분적으로 주의 공립학교 기금을 지원받는 모든 공립학교에서 교사가 성경에서 가르치는 대로 인간이 신성한 창조물임을 부인하는 이론을 가르치고, 인간이 하등동물의 후손이라고 가르치는 일은 법에 저촉되는 것으로 한다"고 규정한 이른바 '버틀러법 Butler Act'을 통과하면서 일어난 사건이다.

이 법이 통과되자 테네시주의 데이턴Dayton이라는 인구 1,700여 명의 작은 마을에서 몇몇 사람이 모여 이 법을 한번 시험해보자는 데 의기투합했다. 그들은 이 실험이 데이턴을 유명하게 만들어줄 거라고 생각했다. 그런 사람들 중에 센트럴고등학교의 생물학 교사로 25세의 존 스콥스John T. Scopes, 1900~ 1970가 있었다. 여기에 버틀러법이 개인의 자유를 위협한다고 본 미국시민자유연맹American Civil Liberties Union 운동가들이 가세했다.

세기의 '원숭이 재판'

스콥스는 학생들에게 진화론을 가르치다가 체포되었다. 물론 일부러 체포되기 위해 벌인 '쇼'였다. 스콥스는 학생들에게 자신에게 불리한 증언을 하도록 권고했고, 어떤 답변을 할지 미리 지도해두기까지 했다. 스콥스 일행이 예상했던 일이 벌어지기 시작했다. 대통령 후보에 세 차례나 지명된 바 있고 국무 장관을 역임한 미국 정계의 거물 윌리엄 제닝스 브라이언William Jennings Bryan, 1860~1925이 검찰 측 변호인에 자원했다. 정치경제적으론 좌파 성향이 강하면서도 종교적으론 우익이었던 브라이언의 우익 기질이 발동한 탓이었다. 스콥스의 변호인단도 클래런스 대로Clarence Darrow, 1857~1938, 더들리 필드 멀론Dudley Field Malone, 1882~1950, 아서 가필드 헤이스Arthur Garfield Hays, 1881~1954 등 모두 다 거물이었다.

싸움의 내용도 흥미진진했거니와 거물들 간의 대결이었기에 사람들이 데이턴에 몰려들어야 할 이유는 충분했다. 언론은 3만여 명에 이르

● 고등학교 생물학 교사였던 스콥스가 학생들에게 진화론을 가르치다가 체포되면서 미국에선 '진화론'과 '창조론' 대결이 시작되었다. 독설가로 유명한 헨리 루이 멩켄은 이 재판에 "세기의 '원숭이 재판'"이라는 조롱조의 이름을 붙였다.

는 방문객이 이 재판을 보기 위해 데이턴을 찾을 것이라고 예상했다. 비록 실제 모인 인원을 10배나 불린 근거 없는 수치이기는 했지만, 데이턴을 서커스 분위기로 만드는 데엔 수천 명도 충분한 인원이었다.

서던 철도Southern Railway는 데이턴까지 열차 운행을 증편하고 승차권만 있으면 마을에 무상으로 체류할 수 있다고 광고했다. 행상들은 구경꾼들을 상대로 원숭이 인형, 핫도그, 음료를 팔았다. 스콥스의 혐의는 경미한 금주법 위반자들에게 매일같이 내리는 벌금형 정도밖에 되지 않았지만, 판사는 이 재판에 시간제한을 두지 않았으며 너무 많은 인원이 몰려 사고가 날 것을 우려해 아예 법정을 법원의 널찍한 뒤뜰로 옮겼다.

200여 명의 기자가 몰려들었고, 재판은 『시카고트리뷴』의 라디오 방송국인 WGN을 통해 방송되었다. 『시카고트리뷴』은 "라디오 역사상

대중에게 중대 뉴스를 전달하기 위해 공공기관의 업무 현장을 중계하는 최초의 사건으로 기록될 것입니다"라면서 이렇게 말했다. "일반적인 의미로 볼 때 이번 재판은 형사 재판이 아닙니다. 오히려 대학 여름 학기가 개강되는 것 같은 분위기랄까.……피고인 스콥스는 무시해도 좋을 만큼 이번 재판에서 차지하는 비중이 적습니다. 그에게 심각한 일이 벌어질 일도 없을 테고요. 결국 이건 관념의 싸움이니까요."

웨스턴유니온사가 파견한 전신 기사 22명을 포함해 모두 65명 전신수가 새로 깔린 대서양 횡단 전신망으로 매일 기사를 내보낸 덕분에 스위스, 이탈리아, 독일, 러시아, 중국, 일본 등 세계 각국에서도 기사 요구가 급증했다. 『아메리칸머큐리American Mercury』의 편집자이자 독설가로도 유명한 헨리 루이 멩켄H. L. Mencken, 1880~1956은 이 재판에 "세기의 '원숭이 재판'"이라는 조롱조의 이름을 붙였다.

보수적인 지방색 때문인지 애초부터 재판은 창조론자에게 유리하게 돌아갔다. 재판부는 과학자를 증인으로 채택하려는 클래런스 대로의 계획을 무산시켰다. 그러자 그는 이례적으로 브라이언을 증인으로 불렀다. 『성경』을 문자 그대로 해석하고 있는 브라이언을 자기모순에 빠뜨리려는 계획이었다. 대로는 브라이언을 몰아붙였다. 정말 이브는 아담의 갈비뼈에서 나왔는가? 카인은 어떻게 아내를 얻었는가? 뱀이 이브를 유혹했는가? 브라이언은 『성경』을 대로의 마음대로가 아니라, 원뜻 그대로 해석해야 한다고 맞섰다.

그 와중에서 브라이언은 심각한 자기모순을 범하고 말았다. 천지창조가 단 6일 만에 이루어졌다는 『성경』 말씀을 그대로 믿어야 하는가? 브라이언은 "『성경』에서 하루는 24시간이 아니라 수백만 년일 수도 있다"고 답함으로써 그 자신도 『성경』을 있는 그대로 믿지는 않는다는 것을 실토하고 말았다.

　7월 10일에 시작되어 21일에 끝난 재판에서 스콥스는 100달러의 벌금형이라는 유죄판결을 받았다. 겉보기엔 근본주의의 승리였지만, 실상은 근본주의의 패배였다. 역사가 프레더릭 루이스 알렌Frederick Lewis Allen, 1890~1954은 "각지의 개화된 사람들은 데이턴 사건을 놀라고 즐거워하면서 지켜보았고, 근본주의에서 서서히 이탈하는 경향은 분명히 계속되었다"고 썼다. 특히 브라이언은 여론의 지탄과 조소를 집중적으로 받았다. 심지어 광신자와 미친 사람이라는 비난까지 들었다. 재판 첫날 『뉴욕타임스』는 브라이언을 '유난히도 무식한 자'이며 '별로 갖추어지지 않은 머리통'이라고 비난했다. 이때 받은 충격 때문이었는지 브라이언은 승소한 지 닷새가 지난 26일 일요일 오후 낮잠을 자다가 그대로 세상을 떠났다.

　브라이언은 죽어서도 편안하진 못했을 것이다. 이 사건은 1955년 브로드웨이 연극 〈바람을 물려받다〉, 1960년 영화 〈신의 법정〉, 이후 여러 차례 다시 제작된 영화 등을 통해 불멸의 명성을 얻었는바, 이 모든 재현에서 브라이언은 매우 부정적으로 묘사되었기 때문이다. 그럼에도 버틀러법은 1968년에서야 폐지되었다.

창조론과 근본주의의 종언인가?

이 '원숭이 재판' 사건을 지켜보면서 민주주의의 한계에 대한 신념을 더

206

욱 강하게 갖게 된 사람이 있었으니, 그는 바로 저널리스트 월터 리프먼 Walter Lippmann, 1889~1974이다. 그는 이 사건이 '다수결 원칙majority rule'의 한계를 노출했다고 보았다. 테네시주의 사람들은 다수의 힘을 그들의 아이들이 단지 진화론을 배우는 것을 막는 데에만 사용한 것이 아니라 새로운 배움이 가능하다고 하는 정신까지 막는 데 사용했다는 것이다.

리프먼의 그런 회의가 강하게 표현된 책이 바로 그해에 출간된 『유령 공중The Phantom Public』이다. 『여론Public Opinion』(1922)의 속편으로 쓴 이 책에서 리프먼은 유권자들이 공공 문제들을 대할 때 잠재적인 능력을 갖고 있다는 것조차도 그릇된 이상이라고 주장했다. 리프먼은 시간, 흥미, 지식이 없어서 사회적 문제들의 세부 사항을 알고 있지 못한 유권자들의 의견을 물어 여론이라고 말하는 것은 무의미하며, 보통 사람들에게 많은 것을 기대하는 것은 부당하다고 역설했다.

리프먼은 이익단체들을 '공중public'이라는 개념에서 배제해야 한다고 주장했다. 이해세력들 간의 갈등에 직접적으로 개입하지 않은 채 관중으로 머무르는 사람들이야말로 진정한 '공중'이라는 것이다. 리프먼은 "공중은 연극의 제3막 중간에 도착해 커튼을 채 내리기도 전에 떠난다. 공중은 그 연극의 주인공과 악한이 누구인가를 겨우 알아차릴 수 있을 정도로 머물렀을 뿐이다"라고 말했다. 문명이 발달된 사회라면 그렇게 우연적으로 통치되어서는 안 된다는 것이다. 고전적 민주주의 이론에서 기본 가정으로 삼은 공중은 '유령'이요 '추상'이라는 것이 『유령 공중』의 요점이다.

리프먼의 주장을 어떻게 평가하건, 스콥스 재판은 이후 70여 년간 '창조론'에 대한 '진화론'의 승리로 여겨져왔다. 그러나 1997년 역사가 에드워드 라슨Edward J. Larson, 1953~은 『신들을 위한 여름: 종교의 신과 과학의 신이 펼친 20세기 최대의 법정 대결Summer for the Gods: The Scopes Trial and America's Continuing Debate Over Science and Religion』에서 전혀 다른 시각을 제시하고 나섰다.

라슨은 스콥스 재판에 대한 미국인의 이해에 결정적 영향을 미친 대중적 역사서들이 스콥스 재판의 결과를 '창조론과 근본주의의 완패'로 묘사함으로써 그런 시각이 굳어져왔지만, 그런 역사서들의 저자들이 한결같이 북부 출신이라는 점에 주목했다. 남부인들의 시각은 전혀 달랐으며, 이후 오히려 창조론과 근본주의 운동이 남부에선 겉으론 잘 드러나지 않는 방식으로 더욱 강하게 전개되었다는 것이다. 라슨은 반反진화론 운동은 외부의 대중을 겨냥하는 대신 근본주의 교회 내부에 노력을 집중함으로써 훗날에 대비했으며, 그 결과로 나타난 것이 이른바 '창조과학creation science'이라고 말한다.

1961년 버지니아공대 교수 헨리 모리스Henry M. Morris, 1918~2006는 『창세기의 홍수The Genesis Flood』라는 책을 발간해 『성경』의 천지창조 6일 이야기를 과학적으로 뒷받침하는 듯한 주장을 내세웠다. 이에 대해 라슨은 다음과 같이 말한다.

"모리스는 과학이 종교를 증명하는 약속의 땅으로 신앙인들을 인도하는 모세로 추앙받았다.……창조과학은 모리스의 미국 창조과학회Institute for Creation Research의 선교 사업을 통해 보수 개신교 내부로 퍼져나갔다. 이 운동은 1970년대에 보수적인 종파가 출현하면서 정치 분야까지 파고들었다."

이어 1991년 캘리포니아대학(버클리 분교) 법학 교수 필립 존슨Phillip

● 스콥스 재판에서 패배한 이후 반反진화론자들은 '지적 설계론' 등 새로운 개념을 제시하며 진화론이 모든 것을 다 설명할 수 없다고 주장했다. 미국에서 세기의 '원숭이 재판'은 현재진행형이다. 이탈리아 화가 라파엘로의 〈동물의 창조〉(1518~1519).

E. Johnson, 1940~이 출간한 『심판대에 선 다윈Darwin on Trial』이 50만 부 이상 팔려나가면서 이른바 '지적 설계론 운동intelligent design movement'이 큰 탄력을 받게 되었다. 지적 설계론은 진화론으로 모든 걸 다 설명할 수 없다며, 생명이나 지금의 종들은 하나 또는 여러 개의 '지적인 존재'에 의해 만들어진 것이란 주장이다. 지적 설계론은 '지적인 존재' 또는 '설계자'가 하나님이라고 못 박진 않지만, 이것은 창조론에 대한 반발을 희석하기 위한 것이라는 게 과학계와 진보 진영의 비판이다.

스콥스 재판 이래로 진화론은 미국 교육계의 '뜨거운 감자'였으며, 약 90년이 지난 오늘날에도 그러하다. 미국 대법원은 1987년 "학교 교과과정에서 창조론을 가르치는 건 정교분리 원칙에 어긋난다"고 판결했지만, 창조론자들은 이걸 뒤집기 위해 애썼다. 창조론자들은 2002년 전략을 변경해 진화론과 창조론 중 양자택일 방식에서 "진화론으로 설명하지 못하는 부분이 많으니 지적 설계론 등 여러 이론을 보여주며 학생들이 토론을 벌이도록 하자"는 쪽으로 돌아섰다. 보수 진영은 이 문제를 진보와의 '문화 전쟁'의 핵심으로 삼고 나섰으며, 미국의 보수화 물결 속에서 지적 설계론은 힘을 얻어갔다.

2004년 12월 『뉴스위크』 여론조사에선 미국인의 79퍼센트가 예수는 동정녀에게서 태어났다고 믿고 있으며, 62퍼센트는 공립학교에서 진화론 외에 창조론도 가르쳐야 한다고 응답한 것으로 나타났다. 캔자스주는 지적 설계론 논쟁의 중심지가 되었다. 1999년 캔자스주 교육위원회가 교과과정에서 진화론을 삭제키로 결의했으나, 2001년 번복된 이후 청문회 등을 통한 논란이 계속되었기 때문이다.

『뉴욕타임스』 2005년 1월 23일자 사설은 미국 보수주의 기독교들이 주장하는 것처럼 공공 교육기관에서 진화론의 대안 이론을 교육해서는 안 된다고 주장했다. 이 신문은 공공 교육기관의 진화론 교육 금지나 창조론 교육 의무화를 추진하다가 실패한 창조론자들이 이번에는 우회적인 방법으로 종전 목표를 관철하려 하고 있다고 비난했다. 이 신문은 "진화론이 단지 하나의 이론이라면 지적 설계론은 아직 이론도 아니다. 진화론을 둘러싼 문화적·종교적 논란을 종교나 역사 과목에서 다룰 수는 있겠지만, 창조론이나 지적 설계론을 과학적 대안으로 가르쳐서는 안 된다"고 주장했다.

이 사설이 시사하듯, 미국은 격렬한 '문화 전쟁'의 한복판에 들어섰다. 라슨은 2000년대 후반에 쓴 「후기: 스콥스 재판 이후 진화론 교육 논란」이라는 글에서 "거의 하루에 한 명꼴로 과학 교사가 다윈에 대해 가르치는 것을 거부했다거나 다윈을 신격화했다는 이야기가 끊이지 않으면서 지금도 미국 어딘가에서는 또 다른 데이턴이 태동하고 있는 것이다"며 이렇게 이야기를 끝맺는다. "폭풍 속에서 미국의 관용이라는 국가적 전통이 시험대에 올라 타격을 받기도 했다. 역사가 미래를 예측하는 지표라면 한동안은 악천후가 이어질 것으로 보인다."

이 논란은 지금까지도 계속되고 있다. 북부 출신의 역사가들이 피력한 '창조론과 근본주의의 종언'은 그들의 희망사항이었거나 성급한 축배였음이 확연해졌다. 세기의 '원숭이 재판'은 무승부였거나, 현재진행형이라고 말하는 게 옳을 것 같다.

제4장

섹스 · 영화 · 소비

섹스는 '마지막 프런티어'인가?

프로이트 유행과 성 혁명

미국에 불어닥친 '프로이트 열풍'

20세기 들어 미국 사회를 지배한 지적 조류는 우생학과 더불어 정신분석학이었다. 정신분석학의 유행엔 지그문트 프로이트Sigmund Freud, 1856~1939가 미국을 방문해 정신분석학 특강을 한 게 결정적 영향을 미쳤다. 프로이트는 유럽에선 인기가 없었다. 그의 『꿈의 해석』은 1900년에 간행되었지만, 독일어로 쓰인 초판 600부가 다 팔리는 데엔 8년이나 걸렸다.

프로이트의 가치를 알아챈 사람들은 미국의 심리학자들이었다. 1909년 매사추세츠주 우스터Worcester라는 소도시에 자리 잡은 클라크대학Clark University의 총장 그랜빌 스탠리 홀Granville Stanley Hall, 1844~1924은 개교 20주년을 맞아 프로이트를 초청해 특강을 하도록 했다. 홀은 프로이트에 매료된 심리학자였다. 스위스 심리학자 카를 융Carl Gustav Jung, 1875~1961 등과 함께 미국에 온 프로이트는 명예 법학박사 학위를 받는 동시에 윌리엄 제임스William James, 1842~1910를 포함한 미국 심리학자들 앞에서 5번의 특강을 했다.

유럽에선 찬밥 대접을 받던 프로이트의 특강에 미국의 내로라하는 학자들이 대거 참석해 큰 관심을 보였으니, 프로이트의 기분이 어떠했으랴. 그는 "유럽에서 나는 마치 버림받은 자식 같았다. 이곳에서 내가 최고 대접을 받고 있는 게 마치 한낮에 꿈을 꾸는 것 같다"고 감격했다. 그는 윌리엄 제임스에 대해선 이렇게 썼다.

"제임스와의 만남 역시 내게 깊은 인상을 남겼다. 나는 그때 일어난 작은 사건 하나를 영영 잊지 못하리라. 산책을 하는데 그가 갑자기 걸음을 멈추더니 가방을 내게 맡기면서 계속 가시라고 말하는 것이었다. 그는 협심증 발작이 시작되려고 하자 끝날 때까지 기다렸다가 나를 따라왔다. 그는 그로부터 1년 뒤에 심장마비로 사망했다. 그 뒤로 나는 죽음이 목전에 다가왔을 때 나도 그처럼 대담한 태도를 보일 수 있게 되기를 늘 원했다."

프로이트 초청 특강은 미국 정신분석학 성장의 결정적 계기가 되었다. "이 초청이 없었다면 미국에서 프로이트는 별 볼 일 없었을 것이다"라는 말이 나올 정도였다. 이제 곧 미국에선 뜨거운 '프로이트 열풍'이 불게 된다. 이에 대해 역사가 프레더릭 루이스 알렌Frederick Lewis Allen, 1890~1954은 다음과 같이 말한다.

"프로이트, 아들러Alfred Adler, 융, 왓슨John Watson은 수만 명의 열렬한 지지자를 거느렸고, 지능검사는 IQ 테스트라는 형태로 학교에 침입했

• 1909년 클라크대학의 초청으로 미국을 방문한 프로이트와 칼 융. 앞줄 왼쪽이 프로이트, 오른쪽이 융이다. 미국 심리학자들 앞에서 다섯 번의 특강을 진행한 프로이트는 유럽에서와 달리 큰 관심을 얻었다.

다. 기업은 사람들을 고용·해고하거나, 광고 전략을 결정하기 위해 정신의학자들을 채용했다. 신문들은 확신에 차서 심리학이 방황, 이혼, 범죄 등의 문제를 해결할 열쇠를 쥐고 있다고 써댔다."

앵거스 매클래런Angus McLaren은 "프로이트의 『꿈의 해석Interpretation of Dreams』 영어판이 D. H. 로런스의 『아들과 연인Sons and Lovers』이 출간된 해인 1913년에 나왔다는 사실은 무언가 시대정신을 말해주는 듯하다"며 다음과 같이 말한다.

"둘 다 오이디푸스적 유혹, 육체적인 것과 지적인 것 사이의 투쟁에 관한 생각을 강조했다. 처음에는 학문적인 독자층만 그의 저작을 읽었고, 대전大戰 후에야 대중적으로 읽게 되었다. 그는 자신을 반역자로 묘사하기를 좋아했고, 그의 제자들은 그를 빅토리아 시대의 이중 기준에 대한 단호한 반대자로 표현했다. 신문은 독자들에게 정신분석가들을 조심하라고 경고했다. 그들은 원시적, 본능적, 생물학적 충동을 옹호하고, 더 나아가 성의 해방과 관용, 타락을 선전한다는 것이었다."

그러나 전쟁이 사람들에게 본능에 충실하도록 만든 걸 어이하랴. 제1차 세계대전은 '성性 전쟁'이기도 했다. 젊은 남자들이 대거 전쟁터에 나가 싸우는 동안 여성들이 성적 기갈 상태에 빠졌다는 우려와 공포가 유럽과 미국 사회를 휩쓸었다. 종전(1918년 11월 3일) 후 어떤 일이 벌어졌을지는 짐작하기 어렵지 않다. 그간 밀린 성욕을 채우려는 열풍에 프로이트가 동원되었다. 이에 대해 알렌은 다음과 같이 말한다.

"섹스는 인류를 움직이는 중심적이고 보편적인 힘으로 간주되었다. 인간의 거의 모든 동기는 섹스로 귀결되었다.……정신 건강의 첫째 필요조건은 억제 없는 성생활이며, 건강하고 행복하게 살려면 '리비도 libido'에 복종해야 한다. 이것이 바로……미국인들의 마음에 심어진 프로이트의 복음이었다.……자기통제의 덕을 설교했던 성직자들은 직설적인 비평가들에게 '자기통제라는 것은 이미 시대가 지난 것이며, 실로 위험한 것'이라는 이야기를 들었다."

1910년대 중반 마거릿 생어Margaret Sanger, 1883~1966가 피임 투쟁을 벌이며 산아제한권을 역설한 것은 그녀가 빈곤의 참상을 목격하면서 피임이 사회적 평등으로 가는 필수적 단계임을 확신했기 때문이지만, 피임은 동시에 자유로운 섹스를 즐기기 위한 과정이기도 했다. 생어가 섹스를 위한 육체의 정당화 논리를 펼쳤다면, 프로이트는 섹스를 위한 정신의 정당화 논리를 편 셈이었다.

'5시의 그림자'와 '섹스 시'

물론 미국의 성 혁명을 프로이트가 만든 건 아니었다. 그럴 리가 있겠는가. 사회적 여건이 무르익으면 선지자는 늘 나오는 법이다. 프로이트의 미국 방문을 전후로 이미 섹스어필을 강조하는 광고가 나오고 있었다. 1909년 제임스 월터 톰슨James Walter Thompson, 1847~1928이라는 광고인은 광고가 하나의 '혁명적' 행위임을 갈파하고 나섰다. 이 시기에 이를 잘 보여준 것이 일회용 면도날 질레트Gillette 광고였다. 1910년 질레트는 남성들이 면도를 하게 하려고 '위대한 교화자들'인 여성들을 부추기는 광고를 잇달아 내보냈다. 왜? "여자가 없다면 남자는 다시 구레나룻을 기르고 곤봉이나 휘두르고 다닐 테니까."

질레트 면도기를 만든 킹 질레트King C. Gillette, 1855~1932는 매일 아침 면도를 해야 하는 코르크 병마개 세일즈맨이었다. 어느 날 면도날에 얼굴을 베자, 칼날이 무뎌지면 칼날만 새것으로 갈아 끼우면 좋겠다는 생각을 했다. 1901년 12월 2일 세상에 선을 보인 질레트는 1903년 면도기 9만 개와 면도날 1,240만 개를 생산하는 등 대량생산 체제에 들어가면서 공격적인 광고 마케팅을 펼쳤다. 1912년 질레트는 "사업의 성패는 광고에 달려 있다"고 말했다. 제1차 세계대전 중 병사들에게 질레트 면도기가 지급되면서 질레트는 폭발적 성장세를 보이기 시작한다.

나중에 나온 젬Gem 면도날 광고에는 잠옷을 입은 여자가 허리께에 손을 얹고 서서 남편에게 외친다. "면도 다시 해요. 안 그러면 안 갈 거예요." 그리고 이런 해설이 따라붙는다. "5시의 그림자 때문에 당신의 밤을, 그리고 그녀의 기분을 망치시겠습니까?" '5시의 그림자5 o' clock

● '5시의 그림자'와 남녀 관계를 연계한 젬 면도날 광고. 프로이트가 미국에 방문했던 1909년을 전후로 이미 광고계에서는 섹스어필을 강조하는 광고가 등장했다.

shadow'는 아침에 면도를 하고 오후가 되면 수염이 살짝 자라 거뭇거뭇해 보이는 부분을 말하는 것인데, 이걸 섹스와 연계시키다니 참으로 발칙한 발상이 아닌가.

일회용 질레트 면도기가 발명된 해에 인스턴트커피가 등장한 건 우연이 아니다. 이제 세상은 점점 더 간편한 것을 추구하는 쪽으로 질주하고 있었다. 남녀관계도 예외는 아니었다. 젊은 노동계급 여성들은 10시간이나 12시간의 근무가 끝난 후 사교 무도장에 몰려가서 젊은 청년들이 사주는 술과 음료수를 마시며 '끈적끈적한 춤'을 추었다. 그들은 슬로 래그slow rag, 터키 트로트turkey trot, 버니 허그bunny hug, 그리즐리 베어grizzly bear, 시미shimmy 등 종류를 헤아리기조차 어려울 정도로 다양한 춤에 탐닉했다.

이런 사교 무도장과 거리를 두었던 중산층이 그런 성적 향락을 똑같이 누려보기 위해 찾은 곳이 있었으니, 그건 바로 1910년 이후 뉴욕에서 출현한 카바레였다. 이 같은 대중 에로티시즘에 충격을 받은 어떤 잡지는 "여섯(식스, six) 시가 아니라 '섹스sex 시'"가 도래했다고 말했다.

카바레는 '성의 일회용 상품화' 이외에도 계급, 성, 인종 등 오락 산업을 지배하던 장벽들을 허물어버리는 데 기여했다. 카바레의 내부 구조와 거기서 펼쳐지는 유흥거리 자체가 그때까지 공연자와 관객 사이에 뚜렷이 존재하던 구분선을 지워버리는 경향이 있었기 때문이다. 1912년 뉴욕의 어느 가십 잡지의 편집자는 카바레가 "장벽을 제거하고 공연자들을 회중 집단 속으로 끌고 들어가는데, 이러한 허물없는 행태가 모든 관습의 요새를 허물어뜨린다는 사실은 누구의 눈에도 명백하다"고 개탄했다. 성性의 위대함이라고나 할까? 오 · 남용되었을망정 미국의 속류 정신분석학은 섹스를 지향함으로써 우생학이 만든 작위적 경계를 무너뜨리는 데 기여하는 '의도하지 않은 결과'를 초래한 셈이다.

무엇이 성 혁명을 부추겼나?

1920년대 성 혁명의 선두 주자는 플래퍼flapper였다. 1700년대 중반 영국에서는 '플래퍼'가 날개를 퍼덕거리는 소리를 흉내내 의성어로 이제 막 날기를 배우려는 새끼 야생오리라는 뜻으로 쓰였으며, 1800년대 중반엔 머리를 핀으로 묶지 않고 길게 늘어뜨려 바람에 휘날리게 하는 여자라는 뜻으로 쓰이다가, 20세기 초쯤 프랑스에서 짧은 치마에 단발머리를 한 길거리 창녀를 부르는 말로 의미가 달라졌다. 제1차 세계대전 당시 유럽 땅을 밟은 미군들이 이 창녀들과 즐기면서 '플래퍼'라는 말과 그녀의 모습을 기억에 담은 채 미국으로 돌아오면서 미국에선 또 다른 의미로 쓰이게 되었다.

넓게 보자면 플래퍼는 제1차 세계대전 이후 여성들의 사회 참여로 인해 생겨난 신여성을 일컫는 말이지만, 그 전형적인 모습은 짧은 치마를 입고 담배를 물고 색소폰 소리에 몸을 흔들어대는 '노는 여자'였다. 1922년 『플래퍼』라는 잡지가 창간될 정도로 '플래퍼 붐'은 미국 사회에 큰 영향을 미쳤다. 이 말이 외국으로 수출되면서 부정적인 의미가 더욱 강해져, 한국에서도 한때 '여자 깡패'나 '행실이 방정하지 못한 여자'를 가리켜 '후랏빠'라고 부르기도 했다.

'박애 소녀charity girls'라는 별명도 등장했다. 매클래런에 따르면, "노동계급의 소녀들은 댄스홀에 '한 건 하러' 가는 경우가 더 많았다. 뉴욕에서는 그들을 '박애 소녀'라고 불렀다. 성적인 선물과 하룻밤의 유흥을 맞바꾸려고 했기 때문이다.……그러나 그들은 스스로를 창녀로 여기지는 않았으며, 두 번째부터는 가능했을는지 몰라도 첫 데이트부터 섹스를 허락하려고는 하지 않았다."

1921년 9월 7일 미국 동부 뉴저지주 애틀랜틱시티Atlantic City에서 열린 최초의 미스 아메리카 선발 대회는 성性 혁명의 상징이기도 했다. 바닷가 관광 도시인 애틀랜틱시티의 한 지방 신문사 간부는 피서객들을 좀더 오래 붙잡아둘 심산으로 '수영복 미인대회'를 생각해냈다. 젊은 여성들이 자극적인 수영복 차림으로 퍼레이드를 한다는 데 비난이 만만치 않

● 1920년대의 '플래퍼 룩'을 대표하는 배우 루이스 브룩스. 재즈가 유행하던 1920년대 플래퍼는 전통적인 긴 머리를 잘라낸 보브 커트 단발머리에 짧은 스커트, 가늘고 길게 그린 눈썹에 붉은 입술을 하고 자유분방한 사상으로 무장한 새로운 세력이었다.

았지만, 이듬해에는 57개 도시에서 미녀들을 뽑아 보냈다. 당시 일기 시작한 영화와 사진 붐과 맞물려 1920~1930년대에는 미국 전역에서 수천 개의 미인대회가 생겨났다.

소녀들은 이제 과거의 소녀들이 아니었다. 그녀들은 이미 어설프게나마 프로이트 이론으로 무장한 새로운 전사들이었다. 이에 대해 알렌은 이렇게 말한다. "딸들은 주차된 차 안에서 애인의 휴대용 술병에 든 불법 위스키를 꿀꺽꿀꺽 마시는 것이, 이후 진행될 상황에 멋진 묘미를 더해준다는 걸 알았다. 어머니 세대가 사용한 숙녀다운 내숭은? 딸들은 성과 리비도에 대해 거침없이 얘기했다. 리비도는 프로이트에게서 나온 말로,

그에 따르면 충동의 억압은 별로 좋지 않았다. 어머니 세대가 남의 눈앞에서 발목을 드러내는 것은 남자들을 성적으로 유혹하는 거나 다름없다고 배운 롱스커트 세대였다면, 1920년대 중반의 그 딸들은 치맛자락이 무릎까지 올라간 새로운 스타일로 해방을 만끽했다."

새로운 연애 문화의 만개 때문이었을까? 1920년대 광고계엔 입 냄새를 제거하는 '리스테린Listerine 열풍'이 불었다. 리스테린 광고는 입 냄새 때문에 연애에 성공하지 못하는 젊은 여인의 비극을 시리즈로 묘사했다. 미국의학협회는 리스테린이 한 냄새를 다른 냄새로 덮어버릴 뿐 "진정한 방취제는 아니다"고 했지만 허사였다. 리스테린은 대히트 상품이 되었다.

의복 혁명도 성 혁명을 부추겼다. 엘리자베스 라우스Elizabeth Rouse에 따르면, "실크, 레이온, 저지와 같은 가벼운 천의 사용, 스타일의 단순화, 착용하는 의복 수의 전반적인 감소로 1920년대 여성의 옷은 빅토리아 시대의 약 1/10 정도밖에 무게가 나가지 않았다. 이러한 사실 하나만으로도 여성들은 전쟁 이전의 자매들에게는 부정되었던 신체의 자유와 행동의 즐거움을 느꼈을 것이다."

나일론 스타킹은 1940년에 출현하지만, 플래퍼건 아니건 젊은 여성들은 1920년대 초반부터 너나 할 것 없이 모두 살구색 스타킹에 빠져들었다. 각선미를 드러낸 여성의 사진을 뜻하는 '치즈케이크cheesecake'란 말은 이 스타킹 색깔에서 나왔다. 여성들은 꼬챙이처럼 가냘프게 보이려고 필사적으로 애썼고, 미용실을 상시 출입하면서 파마permanent wave 머리를 유행시켰다.

지퍼와 섹스는 무슨 관계인가?

프로이트는 성 혁명의 이론적 동력이었을 뿐, 성 혁명을 완성시킨 건 자동차와 영화로 대변되는 테크놀로지였다. 1920년대부터 양산된 지붕 있는 자동차가 자동차를 침실로 바꿔주는 혁명이었다면, 영화는 섹스를 미화하고 자극하는 교과서 같은 역할을 했다. 1921년 미국의 기독교계는 "에디슨은 어쩌자고 움직이는 영상을 발명했는가?"라고 분노하면서, 영화가 무분별한 섹스를 조장한다고 비난할 정도였다.

기술 발전엔 끝이 없었으니 성 혁명도 계속될 수밖에 없었다. 1930년대에 나타난 신기술을 하나만 들자면, 그건 바로 지퍼zipper다. 지퍼가 발명되어 편하게 구두를 신고 벗을 수 있게 된 것은 1893년이었지만, 현재 우리가 보는 형태의 지퍼로 특허를 받은 건 1917년, 현대적인 의류에서 사용할 수 있을 만큼 지퍼가 가볍고 유연성이 있게 된 것은 1930년대였다.

앨리슨 루리Alison Lurie는 "지퍼보다 더 섹시한 것은 없다. 지퍼는 빠르고 열정적인 섹스를 위한 것이었다"고 말한다. 지퍼와 섹스가 무슨 관계란 말인가? 18~19세기의 정장 드레스에는 단추가 30개 달려 있었으며, 이후 단추 수가 줄긴 했지만 옷을 벗기까진 여전히 시간이 오래 걸렸다는 걸 상기할 필요가 있다. 『뉴욕타임스』가 '세계 역사를 바꿔놓은 지난 20세기의 베스트 패션'으로 지퍼를 선정하면서 다음과 같이 말한 것도 무리는 아니다.

"지퍼는 옷을 입는 문화뿐만 아니라 옷을 벗는 문화에도 혁신적인 영향을 끼쳤으며, 그로 인해 남녀 사이의 성관계에도 변화를 일으켰다.……어떤 영화 전문가는 '지퍼에 대해 이야기하는 것은 섹스에 대해 이야기하는 것과 같다'고 말한다. 나란히 배열된 단추로 여민 드레스는 낭만적인 도전을 의미한다. 남자가 그 단추를 벗기려면, 인내심과 솜씨, 그리고 매력을 지녀야 한다. 그러나 반쯤 열려 있는 지퍼는 빨리 오라고 말없이 재촉하는 것이나 다름없다. 지퍼가 암시하는 그런 종류의 섹스는 낭만적이거나 오랜 시간이 걸리는 것이라기보다는 즉각적으로 이루어지는 격렬한 섹스일 것이다. 상대방의 옷을 벗기는 것이 한순간에 끝나버리기 때문이다."

옷에다 지퍼를 달 때는 지퍼 위를 천으로 가렸지만, 1960년대에 지퍼는 유행의 일부가 되어 겉으로 드러나게 된다. 물론 지퍼마저도 낡아빠진 것으로 만들 만큼 새로운 발명은 계속된다. 이 모든 게 더 간편하고 더 빠른 섹스를 위한 것임은 두말할 나위가 없다. 훗날엔 '비아그라'라는 게 나타나 폐품 처리해야 할 섹스 기관에 동력을 재충전해주는 지경에까지 이른다. 누구 말마따나, 섹스는 정녕 미국인, 아니 모든 인류의 '마지막 프런티어'인가?

영화는 '제2의 프런티어'였는가?

할리우드의 탄생

'영상 프런티어' 시대와 니켈로디언

1890년 미국 인구통계청은 인구밀도가 1제곱마일당 거주하는 사람이 2명이 되지 못한 지역을 '프런티어'로 정의하고, 미국에 더는 프런티어가 존재하지 않는다고 선언했다. 마치 이 선언에 화답하듯, 그 다음 해인 1891년 토머스 에디슨Thomas Edison, 1847~1931과 그의 조수인 윌리엄 로리 딕슨William K. Laurie Dickson, 1860~1935은 키네토그래프Kinetograph라는 카메라와 키네토스코프Kinetoscope라는 이름이 붙은 영사기재(관람 상자)를 세상에 공개했다.

에디슨은 키네토스코프의 국제 특허를 신청하지 않아 '영화의 발명'이라는 영광은 1895년 프랑스의 뤼미에르 형제Auguste and Louis Lumiere에게 돌아가고 말지만, 에디슨의 발명은 새로운 '영상 프런티어' 시대의 개막을 알린 역사적 사건이었다.

키네토스코프에는 35밀리미터 필름이 사용되었는데, 여기에 얽힌 유명한 일화가 있다. 조수가 필름의 폭이 어느 정도여야 할지 묻자 에디슨은 엄지손가락과 다른 손가락을 구부리며 "한 이 정도면 되겠지"라고 말했는데, 그때부터 영화 필름이 35밀리미터의 폭으로 정해졌다. 에디슨이 자신의 필름을 고안했다기보다는 폭 70밀리미터에 길이 15미터인 코닥 필름을 이용했을 가능성이 크다는 주장도 있다. 그것을 반으로 나누면 자연스럽게 35밀리미터 폭에 30미터 길이의 필름이 된다는 것이다.

키네토그래프는 부피가 커서 이동이 용이하지 않았으므로 1893년 에디슨은 블랙 마리아Black Maria라는 세계 최초의 스튜디오를 만들었다. 그 모양이 범인 호송차의 별칭인 '블랙 마리아'와 비슷하다고 해서 붙은 이름이다. 1894년엔 뉴욕에서 최초의 키네토스코프 가게가 문을 열었다.

에디슨이 발명한 것은 아니었지만, '에디슨의 바이타스코프Vitascope'로 알려진 개량된 영사기가 1896년 4월 뉴욕에서 첫 선을 보인 이후 영화 상영은 급속히 전국으로 퍼져나갔다. 곧 수천 대의 영사기가 사용되었고 영화는 보드빌 극장, 놀이공원, 작은 거리극장, 여름 휴양지, 시장 심지어 교회와 오페라하우스에서도 상영되었다.

1896년에 시작된 5센트짜리 극장, 즉 니켈로디언nickelodeon은 저렴한 가격으로 가난한 대중 관객의 사랑을 받았다. 니켈로디언이 1910년 1만 개를 넘어서자 일주일에 1릴one reel(필름을 감는 장치, 영화필름의 한 권) 필름이 평균 약 200개가 필요했다. 1906년 이전의 초기 영화는 '이야기하기'보다 '보여주기'를 강조했다. 이 시기에 만들어진 대다수의 영화는 실제 상황이었고 1906년경까지 픽션 영화를 능가했다.

● 1910년대 캐나다 토론토의 니켈로디언. 이 시기 북미 지역에서 인기를 끈 이들 소형 영화관은 단돈 5센트로
입장이 가능했다.

1908년 12월 에디슨 등 주요 영화업자들은 영화특허권회사Motion Picture
Patents Company, MPPC를 결성해 영화 제작, 배급, 상영에 관한 모든 면을 통제하
려고 했다. 그러나 니켈로디언이 급속히 확산하면서 젊은이들의 도덕적 타
락을 우려하는 목소리가 높아졌다. 1908년 12월 뉴욕 시장은 극장이 "시의
육체적·도덕적 안녕에 위협"을 끼친다는 이유로 모든 니켈로디언을 폐쇄
시켰으며, 지역 검열위원회가 여러 도시에서 형성되었다. 이에 MPPC 회원
사들은 검열에 협조하는 제스처를 취하는 한편 중·상류층 관객을 끌어들일
계산으로 고급 문학에서 빌려온 이야기들이나 중요한 역사적 사건들을 다루
는 등 영화의 질 향상을 위해 노력했다.

번개로 쓴 역사, 〈국가의 탄생〉

영화 제작 기술상 클로즈업을 극적으로 사용해 관객을 깜짝 놀라게 만든 최초의 사례는 에드윈 포터Edwin S. Porter, 1870~1941의 1903년 작품 〈대열차 강도The Great Train Robbery〉였으며, 오늘의 기준으로 최초의 영화다운 영화는 1914년에 나타났다. 데이비드 그리피스David W. Griffith, 1875~1948 감독의 역사적 서사극 〈국가의 탄생The Birth of a Nation〉이 바로 그것이다.

〈국가의 탄생〉은 당시 보통영화의 8배가 넘는 159분짜리 대작으로 제작비도 이전 최고 제작비의 5배나 들었다. 영화 기법상 '근대 영화의 효시'로 불러도 좋을 정도로 새로운 기법들이 사용되었기 때문에 그리피스를 '미국 영화의 아버지'라고 일컫는다. 이 영화는 거의 3시간의 상영 시간 동안 관객을 완전히 사로잡았으며, 뉴욕의 리버티 극장에선 44주 연속 상영되었다. 10만 달러 제작비로 500만 달러 수익을 올렸다.

그러나 영화의 내용은 큰 논란을 빚었다. 남북전쟁 종전 50주년을 기념하기 위해 만들어진 이 영화는 전쟁 전의 남부 사회를 잃어버린 낙원으로 묘사하면서 미국 역사를 멜로드라마로 제시했다. 이와 관련, 존 벨턴John Belton은 다음과 같이 말한다.

"남북전쟁은 가족 멜로드라마의 형태를 취하며 악한의 역할은 북부의 노예 폐지론자, 혼혈인, 흑인이 맡는다. 그러나 가장 못된 악한은 결국 흑인이다.……그리피스의 인종차별주의 시나리오에 의하면 북부와 남부의 갈등이 해결되고 통일되는 것은 백인이 공동의 적(흑인)에 대항하여 뭉치는 것을 통해서만 이루어질 수 있다.……이 영화가 엄청난 성공을 거둔 것은 인종적 순수성에 근거한 단순화된 미국 정체성의 개념과 순수한 과거로 돌아가고 싶은 1910년대와 1920년대 미국인의 욕구에 이 영화가 어느 정도 부응했음을 시사한다."

〈국가의 탄생〉은 KKK단을 불의에 맞서는 정의와 구세주로 묘사했

THE FIERY CROSS OF THE KU KLUX KLAN

D.W. GRIFFITH'S MIGHTY SPECTACLE
THE BIRTH OF A
NATION FOUNDED ON
THOMAS DIXON'S
'THE CLANSMAN'

• 흑인들은 〈국가의 탄생〉이 KKK단에 대한 긍정적인 묘사와 흑인에 대한 부정적인 인식을 담고 있다고 비판했지만, 이 영화는 새로운 기법과 '화려한 영상'으로 화려한 극장의 시대를 열었다.

을 뿐만 아니라 흑인에게 '교활하고 위험하다'는 이미지를 덧씌웠다. 남부 전체를 흑인 천국으로 만들려는 음모를 그리면서 공포감을 조성하는 상상의 날개를 편 것이다. 이 영화에는 심지어 "모든 백인은 지나가는 흑인에게 절을 해야 한다"는 법 제정을 강행하려는 주 의회 흑인 의원들이 등장한다.

이 영화에 대해 흑인들은 반발했지만, 원작자인 토머스 딕슨Thomas F. Dixon, Jr., 1864~1946과 존스홉킨스대학 대학원 동창이었던 우드로 윌슨 Woodrow Wilson, 1856~1924 대통령은 백악관에서 이 영화를 본 뒤에 "이 영화는 번개로 역사를 쓴 것 같다. 이 영화가 진실로 사실이라는 점이 정말 유감스럽다"고 호평했다. 윌슨의 '번개로 쓴 역사history written in lightning'라는 표현은 윌슨이 영화 그 자체가 엄청난 경이의 대상으로 여겨질 수밖에 없는 세대의 사람이라는 걸 감안하고 들어야겠지만, 이는 프린스턴대학 총장 시절 흑인 학생의 입학을 불허한 것과 더불어 윌슨의 인종차별주의를 말해주는 증거로 자주 거론된다.

그럼에도 '국가의 탄생'은 "창문도 없고, 냄새나고, 싸구려 피아노 소리가 들리는 싸구려 니켈로디언 상가 극장"의 종식을 알렸고, "세 시간 동안이나 지속되면서 저녁 내내 흥분과 전율로 가득 채울 수 있는 훌륭한 영화를 일반 대중들이 전혀 꿈꾸어 보지 못했던 풍성한 사치의 공간에서 보여줄 수 있는 거대한 오케스트라를 갖춘 화려한 극장"의 시대를 여는 계기가 되었다.

화려한 영화 궁전picture palace의 시대는 1913년 뉴욕에 최초로 건설된 디럭스 영화 전용관인 2,460석짜리 리젠트의 개업으로 시작되었는데, 1910년대와 1920년대에 지어진 대다수 영화관은 500~800석 규모로 적당한 크기였지만 도시 지역엔 1,500~6,000석 이상의 대규모 영화 궁전들이 더 많이 세워졌다. 가정용 에어컨이 알려지기도 전인 1917년 부터 에어컨이 영화 궁전에 설치되면서 영화관을 멀리하던 여름철 관객 도 크게 늘어났다.

할리우드의 탄생

이제 곧 미국 영화의 중심지가 될 로스앤젤레스 할리우드는 당시 어떤 모 습을 하고 있었던가? Los Angeles라는 명칭의 기원은 1769년 스페인 탐 험가인 가르팔 데 포르톨라Gaspar de Portolá, 1716~1784가 롱비치 부근의 강을 '스페인의 천사에게 바치는 도시(엘 리오 드 누에스트라 세뇰라 레나 드 로스 안젤루스 드 포르시운코라)'라고 이름을 붙인 데서 시작되었다. 골드러시와 함께 유랑자들이 몰려들어 1850년 시로 승격된 로스앤젤레스는 1869년 의 대륙횡단철도 개통과 1892년의 석유 발견으로 급성장하게 된다.

할리우드Hollywood는 로스앤젤레스 중심부에서 서북쪽으로 13킬로 미터 떨어진 곳에 있는데, 1910년에 시의 일부로 편입된다. 할리우드라 는 지명의 기원은 1886년 현재의 할리우드가를 중심으로 약 50만 제곱 미터의 토지를 구입한 캔자스 출신 부동산업자 하비 윌콕스Harvey H. Wilcox, 1832~1891의 부인 다에이다 윌콕스 베버리지Daeida Wilcox Beveridge, 1861~1914에서 비롯되었다.

콩이나 오렌지·레몬 등 과수 작물을 재배하던 작은 농촌마을 할리 우드는 당시까지만 해도 '카후엥가Cahuenga'로 불렸다. 원주민이었던 가브리엘리노 인디언들이 할리우드 주변을 '작은 언덕들'이라는 의미의 '카후엥냐'로 부른 데에서 유래한 지명이었다.

윌콕스는 1887년 1에이커당(약 4,000제곱미터) 150달러에 구입한 이 지역 토지를 분양하기 위한 지도를 만들며 '할리우드(호랑가시나무)'라는 지명을 붙였다. 다에이다가 캔자스에서 할리우드로 오는 기찻길에서 만난 한 여성이 알려준 동부 여름 휴양지의 이름이 마음에 들어 같은 이름을 땄다고 한다. 이 때문에 할리우드는 호랑가시나무 한 그루 없이도 '호랑가시나무숲'이라는 지명을 얻었다.

최초의 미국 영화사들은 주로 뉴욕과 뉴저지, 시카고 등지에 자리 잡았지만, 당시 영화 제작자들은 기후 문제로 골치를 앓고 있었다. 그 시대의 영화 촬영은 외부나 태양광이 비치는 스튜디오에서 촬영했으므로 좋지 않은 기후는 제작을 크게 방해했기 때문이다.

1909년 시카고의 악천후로 〈몬테크리스토 백작〉의 촬영지를 찾아 헤매던 셀리그 영화사는 캘리포니아의 '날씨'를 발견한 뒤 제작 기간의 단축은 물론 제작 비용까지 엄청나게 줄여주는 혜택을 보았다. 1913년 할리우드에 첫발을 디딘 네스토르 영화사도 대부분 야외촬영에 의존해 일주일에 무려 영화 3편을 제작했다.

동부 영화사들의 서부행 '스튜디오 러시'에는 에디슨의 감시를 피해 해적영화를 만들기 위한 목적도 있었다. 영화특허권회사의 결성을 주도한 에디슨은 이 신디케이트Syndicate의 허락 없이 영화를 촬영하거나 복사할 수 없다고 선언하고 모든 영화 촬영기기 사용에 철저한 로열티를 요구했다. 에디슨은 또 영화 상영 시간이 길어지면 관객들이 무료해한다는 이유로 영화 한 편당 상영 시간을 20분 이하로 제한했으며, 영화배우

● 1913년 할리우드에 처음으로 자리 잡은 네스토르 영화사의 스튜디오. 할리우드는 많은 영화사들에 환상적인 날씨와 넓은 부지를 제공하는 한편 에디슨이 조직한 영화특허권회사의 감시에서 자유로웠다.

들의 인기 상승에 따른 출연료 인상을 막기 위해 자막에서 배우들의 이름을 지우도록 강요했다. 당시 독립 영화사들이 영화를 제작하려면 에디슨의 이런 요구에 항복하든지 아니면 치고 빠지는 게릴라전을 펴는 수밖에 없었다. 바로 그런 게릴라전의 무대로 할리우드가 떠오른 것이다.

1912년 유니버설, 1913년 워너브라더스, 1914년 파라마운트·폭스·메트로, 1917년 골드윈·메이어(1924년 메트로·골드윈·메이어는 MGM으로 합병) 등 스튜디오들이 생겨나면서 스튜디오 시스템이 자리를 잡기 시작했으며, 스타시스템은 1910년 중반부터 할리우드에 도입되었다. 그 이전에는 배우들의 이름은 영화 자막에 나타나지도 않았다. 그들의 이름이 별 의미가 없었던 것이다. 이는 비단 에디슨뿐만 아니라 대다수 영화 제작업자가 배우의 이름이 널리 알려질 경우 배우가 출연료를 많이 달라고 요구하는 걸 우려했기 때문이다.

흥행의 보험증서, 스타

원래 스타라고 하는 것은 원시적인 형태나마 18세기의 연극에서부터 비롯되었다. 이때는 연극이 순회공연이나 부자의 자선慈善에 의존하던 데에서 탈피해 경제적으로 독립하고 연극인이 사회적으로 대우받는 직업인으로 등장하기 시작한 시점이었다. 묘하게도, 아니 당연하게도, 사람들은 연극의 재미를 자신들이 좋아하는 배우의 연기를 통해서 만끽하고자 했다.

연극인들이 더 많은 사람을 끌어들이기 위해선 스타를 만들어내야 한다는 것을 깨닫는 데엔 그리 오랜 시간이 걸리지 않았던 것이다. 독일 극작가 베르톨트 브레히트Bertolt Brecht, 1898~1956는 부르주아 연극이 주연급 배우를 만들어놓고 다른 배우들을 그 주연배우에 종속시키는 것을 개탄했지만, 연극의 상업적 생존과 발전은 대중의 비위를 맞추지 않고선 불가능한 것이었다.

스타는 대중의 큰 인기를 누리는 배우를 말하지만, 연기의 관점에선 배우 개인의 개성이 극중 인물의 성격을 압도하거나 그 성격에 혼합되어 나타날 때 그 배우를 스타라고 말할 수 있다. 극의 내용과 연출의 장점으로 많은 관객을 끌어모으기엔 여러 가지 어려운 점이 있을 뿐만 아니라 극이 바뀔 때마다 새로운 홍보를 해야 하는 명백한 한계가 있기 때문에 이를 극복해 상업적 성공을 거두기 위해 스타가 필요하게 된 것이다. 미국 자본주의의 호전적 분위기 속에서 사는 할리우드의 영화업자들이 그런 법칙을 외면할 리 만무했다. 물론 그들은 곧 스타 자체가 상품이고 산업임을 깨닫게 되었다.

할리우드 영화사들은 스타를 흥행의 성공을 보장받기 위한 일종의 담보물 또는 보험증서로 간주하기 시작했다. 영화 산업은 다른 산업과는 달리, 수요 예측이 거의 불가능하다. 대중의 취향은 변덕스럽기 때문이다. 그러나 스타는 어느 정도 수요 예측을 가능케 해준다. 자신이 좋아하는 스타를 보고 몰려드는 관객이 많기 때문이다. 그래서 영화사들은 그런 '보험증서'를 적극 양성하기 시작한 것이다. 특히 섹스 심벌로서 구매력이 더 높은 여자 스타에 더 큰 관심을 기울였다.

할리우드 초기의 스타 메리 픽퍼드Mary Pickford, 1893~1979가 "나의 경력은 치밀하게 계획된 것이다. 거기엔 우연히 된 것이라고는 없다"고 말한 것도 그런 실상을 잘 말해준다. 픽퍼드는 1909년 일당 10달러에서 1915년 주급 1만 달러를 받았으며, 1910년대 후반 한 달 평균 1만 8,000통의 팬레터를 받았다. 1919년 픽퍼드가 동료 배우인 더글러스 페어뱅크스Douglas Fairbanks, 1883~1939, 데이비드 그리피스David W. Griffith, 1875~1948, 찰리 채플린Charlie Chaplin, 1889~1977 등과 같이 독립 제작 영화를 배급하기 위해 UAUnited Artists를 설립한 것도 그런 스타 파워를 말해주는 걸로 볼 수 있다.

1920년 픽퍼드와 페어뱅크스의 결혼은 세계의 사랑으로 홍보되면서 미국 전역을 열광시켰다. 어디 그뿐인가. 이들이 신혼여행으로 유럽을 여행할 때 런던에서는 수천 명의 군중이 그들의 호텔 밖에서 밤을 지새웠고, 파리에서는 군중들이 몇 시간 동안 교통을 막아 이들의 이동을 어렵게 할 정도였다.

이제 영화는 미국인의 꿈과 이상을 충족시켜주는 '영상 프런티어'로서 미국인들은 물론 전 세계인을 매료하는 미국 외교의 한 축이 되었다. 서부영화라는 장르가 탄생한 것도 바로 프런티어의 종언 때문이었다. 1890년에 끝난 프런티어가 20여 년 만에 영상의 세계에서 되살아난 셈이다.

왜 무역은 영화를 따라갔는가?
'할리우드 제국주의'의 탄생

할리우드, 세계 영화 시장을 석권하다

제1차 세계대전(1914~1918)으로 유럽의 영화 산업이 치명적인 타격을 받은 틈을 타 미국이 세계 영화 산업의 선두주자로 등장했다. 세계 대전 직후 미국엔 세계 영화관 수의 2분의 1을 차지하는 영화관이 있었다. 『새터데이이브닝포스트』는 1925년 11월 7일자에서 기사 제목으로 「무역은 영화를 따라간다Trade Follows the Film」는 구호를 내걸었다. 이는 1920년대 미국 경제의 팽창주의 구호이기도 했다.

1920년대 초반 미국 영화는 1년에 700여 편이 제작된 반면, 독일은 200여 편, 영국은 40여 편, 다른 유럽 국가들은 각각 10여 편에 불과했다. 1920년대에 할리우드 영화는 전 세계 모든 상영 영화의 5분의 4를 차지했다. 1925년, 미국 영화는 영국 시장의 95퍼센트, 프랑스 시장의

77퍼센트, 이탈리아 시장의 66퍼센트를 장악했다.

영국 상원에서 한 의원은 미국 영화 때문에 중동의 소비자들이 옷과 신발을 미국 영화식으로 해달라고 주문을 해 골치 아프다는 불평을 털어놓았다. 또 일본의 양복 재단사들은 고객의 주문 때문에 미국 영화를 봐야만 했다. 브라질에서는 갓 개봉한 영화에 등장한 자동차의 판매고가 35퍼센트나 급증했으며, 캘리포니아 스타일의 건축물이 급증했다.

독일의 아돌프 히틀러Adolf Hitler, 1889~1945가 권력을 장악하기 전부터 열광적으로 즐긴 것도 바로 할리우드 영화였다. 그는 하던 일을 제쳐놓고 미국 영화를 연달아서 3~4편씩 보는 날도 있었는데, 그가 제일 좋아했던 영화는 찰리 채플린Charlie Chaplin, 1889~1977, 버스터 키턴Buster Keaton, 1895~1966, 메이 웨스트Mae West, 1893~1980, 더글러스 페어뱅크스Douglas

• 1927년 워너브라더스가 제작한 최초의 유성영화 〈재즈 싱어〉. 이 영화를 기점으로 유성영화 제작 붐이 일면서 할리우드 영화는 빠른 속도로 세계시장을 석권했다.

Fairbanks, 1883~1939가 나오는 영화였다.

할리우드 영화의 세계 시장 석권은 결코 영화 산업만의 힘으로 이루어진 건 아니었다. 1926년 당시 상무 장관이던 허버트 후버Herbert Hoover, 1874~1964는 외교·상공국에 영화를 담당하는 부서를 설치했다. 이 영화 담당 부서는 1927년과 1933년 사이에 22개 보고서를 만들어냈는데, 이는 전 세계의 영화 시장에 관한 정보를 총망라한 것이었다.

상무부는 그 후로도 영화 시장 관련 보고서를 계속 만들어냈는데, 오늘날 세계 영화사를 쓰려고 하는 학자는 반드시 이 보고서를 참고해야 한다. 다른 자료가 없기 때문이다. 이처럼 미국 영화는 정부의 적극적인 마케팅 조사의 지원을 받았던 것이다. 물론 영화 산업의 요청에 따라 문을 걸어 잠근 나라에 미국 정부 차원의 시장 개방 압력이 가해진 건 두말할 나위가 없다. 1929년에 대통령이 된 후버는 "미국 영화가 들어가는 나라에서 미국산 자동차, 사진, 모자는 두 배나 더 많이 판매된다"고 말했다.

'쿼터 날림영화'와 '장기 쿼터시스템 법'

유럽 국가들은 이런 '할리우드 제국주의'에 대항해 수입 쿼터제를 실시했다. 독일은 당시 세계 제2의 영화 산업을 자랑하고 있었음에도 1925년 최초로 이 제도를 도입했는데, 그 내용은 국산 영화 1편 제작에 미국 영화 수입권 1개를 주는 것이었다. 할리우드 업자들은 독일 영화 업자들에게 쿼터 영화를 양산하라고 자금을 지원했다. 이 같은 쿼터 영화는 나중에 다른 유럽 국가들로 확산되었는데, 영국에서는 이처럼 오로지 미국 영화를 수입하기 위해 급조해낸 국산 영화를 '쿼터 날림영화quota quickies'라고 불렀다.

1920년대 영국에서 국산 영화는 전체 상영 영화의 20분의 1에 불과했다. 1927년 말 영국 의회는 급기야 '장기 쿼터시스템 법'을 제정했는데, 이는 최소한 배급 영화의 7.5퍼센트, 상영 영화의 5퍼센트를 방화邦畫로 하되 20퍼센트 선에 도달하는 1936년까지 매년 방화의 비율을 2.5퍼센트씩 증가시켜야 한다는 내용을 담고 있었다.

이에 대해 할리우드는 독일에서 써먹었던 방식으로 대응했는데, 그것은 아예 영국 영화 산업의 지분을 사버리는 것이었다. 워너브라더스와 폭스는 쿼터 영화를 만들기 위해 영국에 영화 제작소를 개설했으며, 폭스는 아예 영국의 가장 큰 생산-배급-상영 회사인 고몽 영국 영화사Gaumont British Picture Corp.의 주식 지배권을 장악하는 동시에 영국의 독립 영화 제작사들에 쿼터 영화를 만들라고 자금을 지원했다. 1936년이 되자 영국 영화는 29.5퍼센트의 시장점유율을 갖게 되지만, 그 반은 영국에 있는 할리우드 업자들의 지사이거나 할리우드의 지원을 받은 영국 영화사들이 만든 것이었다. 그래서 미국 영화는 실질적으로 여전히 영국 시장의 82퍼센트를 장악할 수 있었다.

1920년대 프랑스의 영화 정책은 다소 다른 양상을 띠긴 했지만, 보호 정책에 관한 한 본질적으로 크게 다르지 않았다. 프랑스는 자국에 수입된 외화 7편당 1편의 프랑스 영화의 해외구매와 상영을 조건으로 내세웠다. 그 외화 7편은 미국 영화 4편, 독일 영화 2편, 영국 영화 1편이었다. 따라서 미국은 영화 4편을 수출하기 위해서는 프랑스 영화 1편을 수입해야 했다.

그러나 1926년에 프랑스에 수입된 미국 영화는 444편이었으며, 1927년엔 368편이었다. 반면 1927년에 제작된 프랑스 영화는 74편에 불과했다. 따라서 1927년을 놓고 따진다 하더라도 미국은 프랑스 영화 전량을 다 수입한다 해도 수출할 수 있는 전체 물량의 20퍼센트를 삭감해야 할 처지에 놓이게 되었다. 미국은 보이콧으로 보복을 가했다. 이미 프랑스 국민이 좋아하는 할리우드 스타 없이 프랑스가 견뎌낼 수 있겠느냐는 계산을 했던 것이다. 미국은 이러한 압력과 더불어 국제무역협정을 들먹이며 프랑스 정부의 태도를 약화시키는 데에 성공했다.

그 결과 프랑스는 조건을 완화했다. 프랑스 영화 상영 1편당 7편의 외국 영화 수입을 가능케 했으며, 그 영화 7편은 한 나라에서 수입해도 무방하도록 한 것이다. 또 프랑스 영화의 국외 상영 1편마다 추가로 2편의 영화 수입을 가능케 했다. 이러한 타협 결과는 1927년 당시 프랑스 시장의 미국 영화 점유율 63퍼센트를 더는 하락시키지 않는 효과를 낳았다.

할리우드의 스타시스템

영화 산업이 곧 스타 산업이라는 걸 간파한 할리우드는 대스타가 될 가능성이 있는 외국 배우들을 할리우드로 끌어들였다. 유럽의 재능 있는 배우들은 자국의 영화 시장에 비해 파격적인 조건을 제시하는 할리우드로 몰려들었다. 스타들의 집결지가 곧 할리우드라고 하는 점은 할리우드 영화의 세계시장 제패를 더욱 용이하게 만들어주었다.

외국 스타는 미국화되어야 했는데, 이를 둘러싼 갈등이 없는 건 아니었다. MGM이 1925년 프랑스에서 수입한 배우 루실 르 슈르Lucille Le Sueur, 1905~1977를 보자. 그녀의 이름은 현상 공모되어 조앤 크로퍼드Joan Crawford로 결정되었다. 그녀는 이 이름을 한사코 거부해 몇 년간 자신을 일부러 Jo-Ann Crawford로 소개했다. 물론 이는 스타시스템이 도입된 초기의 에피소드일 뿐이며, 영화사들의 스타 관리는 점점 더 치밀해졌고 배우들은 그 메커니즘에 순응하거나 적응했다.

그런 치밀한 계획은 우선 신인 배우들에게 대중의 감성을 자극할 수 있는 이름을 부여하는 것에서부터 시작되었다. 말하는 법, 걷는 법, 옷 입는 법도 처음부터 다시 배웠다. 배우들의 모든 일정은 영화사의 광고·홍보부가 관리했다. 매스미디어에 크게 보도되기 위해서라면 무슨 짓도

● 할리우드 영화사들의 스타 관리는 점점 더 치밀해졌고 배우들은 그 메커니즘에 순응하거나 적응했다. 할리우드 영화 거대 스튜디오의 방침에 따라 조앤 크로퍼드로 새롭게 태어난 루실 르 슈르.

마다하지 않았다. 로맨스를 조작하기도 하고 심지어 영화사가 정해준 사람과 결혼마저 해버리는 일도 생겨났다.

스타의 공사公私 생활은 모두 영화사에 의해 체계적으로 관리되고 조직되었다. 어떤 스타는 계약에 의해 결코 웃지 않게 되었다. 그 계약은 또한 적어도 외관상으로는 어머니와 함께 정결한 생활을 하는 것으로 평판을 얻는 처녀 역을 강요했다. 그렇지만 '글래머 걸'의 이미지를 가진 배우라면, 그녀는 제작자가 선정한 파트너와 팔을 끼고서 나이트클럽에 나타나기도 했다. 어떤 이미지가 영화 흥행에 도움이 된다고 판단되면 영화사는 어떻게 해서든 그 이미지를 조작해내고야 말았다.

1927년과 1935년 사이에 정착된 사운드의 도입은 처음엔 한동안 할리우드 영화에 위협적인 요소로 여겨졌다. 사운드는 자국 언어로 만든 영화의 매력을 증대시켰기 때문이다. 이에 따라 할리우드는 외국어로 된 영화를 만들기로 결정했다.

MGM, 파라마운트 등의 스튜디오에선 한 세트에서 미국용 촬영이 끝나면 외국용 캐스트가 등장해 다시 촬영을 하는 진기한 광경이 벌어졌다. 예컨대, 그레타 가르보Greta Garbo, 1905~1990가 〈애나 크리스티Anna Christie〉(1930)의 촬영을 끝내면 그녀를 제외한 다른 감독과 배우들이 등장해 재촬영을 하는 식이었다. 여기서도 중요한 건 그레타 가르보라는 스타만큼은 외국용 영화에도 그대로 등장한다는 점이었다. 그녀의 영화는 "가르보가 말을 한다"는 구호와 함께 선전되었다. 그녀의 낮고 허스키한 목소리와 억양이 심한 대사는 그녀를 더욱 매력적으로 보이게 만들었다. 1930년경 파라마운트는 그런 식으로 12개 언어로 66편의 영화를 제작했다.

그런 2중 언어 제작은 영화계의 전반적인 불경기로 인해 1931년에 중단되었지만, 녹음 기술의 개선이 새로운 돌파구를 열어주었다. '더빙'으로 문제를 해결한 것이다. 사운드의 등장과 함께 우려되었던 유럽 영화 관객들의 민족주의적 성향은 스타의 매력 앞에선 별 장애가 되지 못한다는 것이 밝혀졌다.

할리우드 영화의 세계시장 장악은 1930년대에도 지속되어 할리우드 영화가 미국인은 물론 전 세계인의 행동 양식까지 바꾸고 있다는 게 확연해졌다. 1933년 영국 작가 존 보인턴 프리스틀리John Boynton Priestly, 1894~1984는 한 시골 카페에서 차를 마시던 자리에서 옆 테이블의 아가씨들이 자신들이 좋아하는 영화배우들의 모습을 조심스럽게 흉내내는 걸 보고 다음과 같이 말했다.

"20년 전만 해도 이런 아가씨들은 바로 옆 대도시의 아가씨들과는 아주 달라 보였을 것이다. 그들은 틀림없이 조그만 시골 마을 분위기를 가지고 있었을 것이다. 그러나 지금은 열두 개의 다른 수도에 살고 있는 아가씨들과도 거의 구분할 수 없다. 왜냐하면 그들 모두는 할리우드 출신의 동일한 모델을 가지기 때문이다."

1936년 프랑스 인류학자이자 사회학자인 마르셀 모스Marcel Mauss, 1872~1950가 뉴욕의 병원에 있었을 때, 그는 간호사들이 걷는 모습을 보고 깜짝 놀랐다. 나중에 그는 영화에서 같은 스타일의 걸음걸이를 본 적이 있음을 깨달았다. 파리로 돌아가서, 그는 이런 미국식 걸음걸이를 프랑스 젊은 여성들이 그대로 흉내내고 있다는 것에 주목했다.

유럽뿐만 아니라 동양의 식민지 조선도 할리우드 영화의 강력한 영향권 안에 놓여 있었다. 전국의 영화 상설 상영관이 79개소에 이른 1932년

● 잡지와 신문에 해외 스타에 대한 이야기가 등장할 정도로 1930년대의 조선도 할리우드 영화의 강력한 영향권 안에 놓여 있었다. 당시 조선인들에게도 관심의 대상이 되었던 그레타 가르보.

조선에서 상영된 필름 양의 국가별 비율을 보면 외국산 62.7퍼센트, 내지산 32.3퍼센트, 조선산 4.1퍼센트였는데, 가장 인기가 높은 건 할리우드 영화였다. 1932~1934년간 『동아일보』에 실린 영화 관련 기사 중 미국 영화는 73건, 프랑스 영화는 16건, 영국 영화는 7건, 일본 영화는 5건이었다. 1929~1932년간 수입된 미국 영화의 4분의 3은 연애, 범죄, 섹스 등 3가지를 다룬 영화였다.

　『조광』 1937년 12월호에 실린 글은 대중이 영화관을 찾는 이유에 대해 ① 기호성嗜好性의 발작發作, ② 생生의 적막寂寞, ③ 피로疲勞된 영靈의 안식, ④ 심심풀이라는 4가지로 설명하면서 이렇게 말했다. "값이 싸고 화려하고 자미滋味(재미)있는 오락은 영화를 제외하고는 달리 없는 까닭이다.……영화 관중들은 누구나 메리이(메리 픽퍼드)의 애인 될 자격이 있는 셈이 된다. 가르보(그레타 가르보)도 웨스트(메이 웨스트)도 디트리히(마를레네 디트리히)도 다 애인이 될 수 있다."

1939년 안석영은 『조광』에 쓴 글에서 미국의 상업주의 영화가 대중을 타락시키는 것을 '코카인'으로 비유하면서 "나는 이런 미국 영화를 즐겨하지 않는다"고 주장했다. "한때는 종로통 대로로 활보하는 남녀 청소년은 영화에 나타난 인물들의 분장을 하고 다닐 때도 있었으며……여성들은 안면의 화장, 양말 신은 모양, 구두, 또는 스커트가 오르고 나리는 것도 영화의 여배우를 따랐었고 지금은 파마넨트 웨이브가 양가의 집 처녀의 깜정 머리카락을 못살게 굴고 또는 옥시풀로 머리의 깜정 물을 빼어 여호털 같이 만드는 이 기관奇觀 역시 영화가 가져온 범죄……."

김진송은 당시 영화에 대한 대중의 관심은 오늘날 대중 스타에 대한 것과 마찬가지로 "'살리 템플'의 일주일 수입이 얼마니, '케이불'식 구두가 어떤 뽐세니, '쪼온 크로포드'는 몇 번째 결혼하느니" 하는 것들로 채워져 갔으며 서양 영화배우에 대한 신상명세를 시시콜콜히 주워섬기는 것이 끽다점이나 바에서 '사교권'을 장악하는 방법이었다고 말한다.

'할리우드 제국주의'가 무역을 이끌다

1944년 12월 20일 미 국무부 내에 공중·문화 부분을 담당하는 차관직이 설치된 것은 '할리우드 제국주의'에 박차를 가하는 계기가 되었다. 국가 간 정보 자유 유통을 위한 캠페인을 전개하면서 뉴스를 포함한 미국 문화를 해외에 판매하는 역할을 맡은 이 부서의 장으로는 시인 아치볼드 매클리시Archibald MacLeish, 1892~1982가 임명되었다.

미국이 당시 정보 자유 유통을 어떠한 시각으로 바라보고 있었는지는 『비즈니스위크Business Week』의 1945년 8월 4일자 기사에서 잘 엿볼 수 있다. "워싱턴은 국가 간 커뮤니케이션의 자유로운 유통이 상품과 사상의 교류를 촉진하는 데에 긴요하다는 점을 인식하고 있다……. 정보의 대량 유통은 우리의 무역을 촉진시키고, 프로파간다를 활성화하며, 모든 분야의 사업을 신장시킬 것이다."

미국은 정보 자유 유통의 과업을 UN을 통해 영구히 제도화하기 위한 방안으로 UN의 산하 기구로 탄생할 유네스코United Nations Educational, Scientific and Cultural Organization, UNESCO를 염두에 두고 있었다. 1945년 10월과 12월 워싱턴과 런던에서 각기 열린 UNESCO 창설 예비 모임에서 미국 대표인 아치볼드 매클리시는 UNESCO의 기본 이념으로 국가 간 정보 자유 유통의 원칙을 역설했다.

미국이 UNESCO에 참여한 가장 큰 이유는 국가 간 정보 자유 유통을 추진하기 위한 것이었다. 그러나 미국이 UNESCO 내에서 늘 매스미디어를 강조하는 것은 영국의 반발을 불러일으켰다. 영국 시사평론지 『뉴스테이츠맨앤드네이션New Statesman and Nation』(1946년 12월 28일자)은 미국에 대한 불만을 다음과 같이 토로했다.

"왜 작은 나라들과 소위 저개발 국가들은 미국이, 미국 국민이 향유하고 있는 문명의 혜택인 매스미디어를 전 세계에 확산시키겠다는 데 대해 불편하게 생각하는 것일까? 사상의 교통을 방해하는 모든 장벽을 무너뜨리고 상호이해를 돈독히 해야 할 이 시점에서 왜 그러는 것일까? 그건 바로 '사람의 마음 위에 건설되는 제국'을 두려워해서이다. 물론 미국의 대표단은 제국 건설자들은 아니다. 그러나 그들의 뒤에는 수백만 피트에 이르는 깡통 문화를 배급하는 할리우드의 영화사들과 '미국의 소리'라고 하는 특이한 음색으로 이야기하는 라디오와 '미국식 생활방식'에 관해 무진장 찍어내는 신문들이 버티고 있지 아니한가. 다른 작은 나라들은 미국의 그러한 문화 공세에 그들 자신의 문화가 짓눌려 압사 당하는 것을 목격해왔던 것이다."

그러나 영국을 비롯한 유럽 국가들이 미국에 정면 반발하기엔 그들이 제2차 세계대전 시 미국에 진 신세가 너무 컸다. 1946년 5월 28일 미국무 장관 제임스 번스James F. Byrnes, 1882~1972와 이제 곧 프랑스 총리 겸 외무 장관이 될 프랑스 대표 레옹 블룸Léon Blum, 1872~1950 사이에 맺어진 '블룸–번스 협정Blum-Byrnes agreement'이 그걸 잘 말해준다. 이 협정은 미국 영화 수입에 대한 모든 종류의 제한을 철폐했기 때문이다. 그해 6월 22일 레옹 블룸은 '미국에 대한 감사의 표시'로 이 협정을 받아들여야 했음을 실토했다. 그 결과 프랑스의 스크린을 미국 영화들이 온통 점령하게 되었다. 1947년 상반기에 영화관들은 미국 영화를 337편 상영했지만, 프랑스 영화는 54편 상영하는 데 그쳤다. 유럽을 주 무대로 하여 벌어진 제1·2차 세계대전에 힘입어 '할리우드 제국주의'의 전성시대가 개막된 것이다.

왜 찰스 린드버그는 미국인의 영웅이 되었나?

대서양 횡단 비행 쇼

대서양 횡단 비행에 성공한 린드버그

비행기를 타고 대서양을 횡단하는 것은 미국인은 물론 유럽인들의 오랜 꿈이었다. 뉴욕-파리 간 무착륙 최초 비행에 현상금 2만 5,000달러가 걸릴 정도로 양 대륙의 사람들은 누군가가 나타나서 그 꿈을 이루어주길 간절히 바라고 있었다. 드디어 찰스 린드버그Charles A. Lindbergh, 1902~1974라는 25세 먹은 미국 젊은이가 나타났다.

린드버그는 자신이 직접 설계한 '세인트루이스의 정신Spirit of St. Louis' 호를 타고 1927년 5월 20일 아침 8시 직전 뉴욕 롱아일랜드에서 파리를 향해 출발했다. 샌드위치 몇 조각과 물 1리터, 파리에 도착했을 경우에 대비한 소개장과 함께 약 5,793킬로미터 비행이라는 대장정에 돌입한 것이다. 출발하던 날 뉴욕의 한 야구장에서는 4만 명을 헤아리는 군중이 모여 린드버그의 성공을 기원했다.

대서양 건너 유럽에서는 이륙한 비행기의 연락 두절 소식에 런던, 베를린, 암스테르담 주식시장의 거래가 한때 중단되는 소동이 벌어지기도 했다. 뉴욕을 출발한 지 이틀째 밤, 파리에서는 7~8만 명 정도로 추산되는 자동차 소유자들에게 한 장의 호소문이 배포되었다. 린드버그의 착륙 예정지인 르부르제Le Bourget 공항으로 달려가 헤드라이트를 켜고 두 줄로 늘어서서 안개 낀 밤이라도 활주로를 알아볼 수 있도록 도와달라는 내용이었다.

이렇듯 호들갑스러운 주목을 받은 가운데 비행을 시작한 지 36시간 후 린드버그는 대서양 횡단 비행에 성공했다. 그가 가져간 소개장은 필요 없었다. 파리 시민뿐만 아니라 전 세계가 열광했기 때문이다. 가장 열광한 사람들은 두말할 필요 없이 미국인들이었다. 린드버그의 성공을 미국적 창의성과 대담함의 상징으로 간주한 미국인들은 문자 그대로 열광의 도가니에 빠져들었다.

『뉴욕타임스』는 5면에 약간의 광고를 실은 걸 제외하고 처음 5페이지를 린드버그 기사로 도배질했다. 다른 신문들은 그 이상을 할당했다. 『뉴욕이브닝월드』는 "인류 역사상 한 사람이 해낸 것 중 가장 위대한 공적"이라고 허풍을 쳤다. 허풍을 칠수록 신문은 더 잘 팔렸다. 신문은 평소보다 수만 부씩 더 팔렸다. 라디오도 신문 이상으로 열광했다.

대중의 열광이었던가, 미디어의 열광이었던가? 둘의 합작품이었던 것 같다. 역사가 프레더릭 루이스 알렌Frederick Lewis Allen, 1890~1954은 이렇게 말한다. "과대 선전 시대의 대중적 흥분과 열광의 기록들은 그 후 수주일 사이에 모두 갱신되었다. 신문이나 신문 독자들에게 린드버그와 그에 대한 이야기 이외의 것은 전혀 의미가 없는 듯했다."

정치인은 열광에 약한 법. 캘빈 쿨리지Calvin Coolidge, 1872~1933 대통령은 린드버그와 그의 비행기를 프랑스에서 수송해오기 위해 해군 순양함 멤피스호를 파견했다. '럭키 린디Lucky Lindy'라는 별명을 얻은 린드버그의 귀국을 축하하는 전보문 5만 5,000통을 실은 트럭이 워싱턴 시가행진 때 린드버그의 뒤를 따랐다. 뉴욕시 청소국은 6월 13일 환영 행사 때 빌딩 창문에서 뿌려진 오색 색종이를 1,800톤이나 회수했다. 다음 날 아침 『뉴욕타임스』는 첫 16페이지를 거의 전적으로 그에 대한 뉴스에 할애했다.

워싱턴 환영 집회에서 쿨리지는 "의회에 보내는 연두교서 이래 가장 길고, 감동적인 연설"을 했다. 린드버그는 육군 대령으로 임명되었고, 공

● 대서양 횡단 비행 성공으로 린드버그는 미국의 영웅이자 미국적 창의성과 대담함의 상징이 되었다. 워싱턴 환영 집회.

군 무공십자훈장과 의회 명예훈장을 받았다. 돈도 무더기로 쏟아졌다. 그는 비행 상금으로 250만 달러를 받았고, 영화에 모습을 보이고 70만 달러를 받았다.

왜 린드버그는 영웅이 되었는가?

그러나 생각해보면 이상한 일이었다. 비행 거리는 린드버그보다 훨씬 짧았지만, 이미 1919년 영국인 2명이 뉴펀들랜드Newfoundland(캐나다 동쪽 끝 래브라도 반도 남쪽에 있는 섬)에서 아일랜드까지 비행한 적이 있었다. 다만 린드버그는 혼자 해냈고 정확한 목표에 도착했다는 것뿐 최초의 비행 횡단도 아니었고 이런 탐험이 가져다주는 현실적인 이득이란 거의 없었다. 그럼에도 왜 린드버그는 우상화되었을까?

알렌은 "설명은 간단하다. 값싼 영웅, 스캔들, 범죄에 식상하고 환멸을 느낀 국민들은 스스로 즐겼던 인간 본성의 낮은 기대치에 반란을 일으키고 있었다. 여러 해 동안 미국민은 영적으로 굶주려왔다"며 다음과 같이 말한다.

"그들은 종래의 이상, 환상, 그리고 희망이, 사건과 사상의 영향으로 좀먹은 탓에, 전쟁 후의 실망으로, 종교적 토대를 무너뜨리고 그들의 감상적 부분을 웃음거리로 만든 과학적 교리와 심리학설로, 정치 부패와 도시에서 일어나는 범죄로, 마지막으로 외설과 살인으로 뒤덮인 신문으로 차례로 무너져가는 것을 보았다. 로맨스, 기사도, 자기희생은 비난당했고, 역사 속 영웅들은 그 결점이 들춰졌으며, 역사적 성인들은 기묘한

254

콤플렉스를 가진 인간이었음이 밝혀졌다. 숭배할 대상으로 기업 신이 있었으나, 그 신은 모조품일 거라는 의심이 늘 맴돌았다. 과대 선전은 대중이 머리를 숙일 일시적 영웅을 제공했지만, 유령이 쓰는 연합 신문 기사와 영화 계약으로 두둑한 이익을 취하는 이 동시대 영웅들을 완전히 신뢰하기란 어려웠다. 사람들이 자신과 그리고 세계와 평화를 이루고 살아가는 데 필요한 무언가가 그들의 삶 속에서 사라져버렸다. 그런데 갑자기 린드버그가 그것을 가져다주었다."

이어 알렌은 린드버그의 처신도 한몫 거들었다고 말한다.

"린드버그는 굴러들어온 영화 출연 제의를 수락하지 않았고, 체험 수기를 팔지 않았으며, 뽐내지도 스캔들에 휩싸이지도 않았고, 바르게 행동했으며, 잘생긴 데다 용감하기까지 했다. 과대 선전의 기제들은 모든 사람이 볼 수 있는 곳까지 린드버그를 치켜세울 준비를 갖추고 기다리고 있었다. 린드버그에 대한 대중의 환영이 대규모 종교부흥회의 면모를 띠었다는 것은 전혀 이상하지 않다."

이런 우상화에 힘입어 린드버그는 2년 후인 1929년 5월 27일 금융 재벌 J. P. 모건의 동업자로 재벌이며 주멕시코 대사인 드와이트 모로 Dwight Morrow, 1873~1931의 딸인 앤 스펜서 모로Anne Spencer Morrow, 1906~2001와 결혼했다. 이것도 엄청난 뉴스 이벤트가 되었다. 그는 항공회사의 고문으로 상당한 재산을 축적하면서 계속 국가적 영웅으로 군림할 수 있었다. 이에 대해 알렌은 다음과 같이 말한다.

"그의 비행 이후 3, 4년이 지난 후에도 주말이면 뉴저지주에 있는 그의 농장 주변도로에 그를 보려는 숭배자들이 쇄도하는 바람에 도로를 막아야 했고, 그는 심지어 셔츠를 세탁소에 보내지도 못한다는 소문이

돌았다. 린드버그의 셔츠란 너무나 값진 기념품이어서 되돌아오지 않았기 때문이다. 수백의 학교 교실과 수천의 가정집 벽에 그의 얼굴이 걸렸다. 살아 있는 미국인 가운데 어느 누구도(죽고한 사람 가운데서도 에이브러햄 링컨 말고는 아무도) 이렇게 확고한 충성을 받은 사람은 없었다."

린드버그 우상화 덕분인지 항공 사업도 비약적인 발전을 이룩했다. 1930년 보잉 247 여객기는 시속 240킬로미터의 속도로 한번에 승객 10명을 실어 나를 수 있었다. 자동차로 한 달이 걸리던 미 대륙 횡단이 불과 20시간 이하로 줄어든 것이다. 1937년 5월 6일 독일의 대형 비행선 힌덴부르크Hindenburg가 공중 폭발하면서 35명이 사망하는 사건으로 비행선의 시대는 끝이 나고, 이제 여객기의 시대가 열리게 된다.

린드버그 이후 새로운 비행 기록에 도전한 이는 '괴짜' 억만장자 하워드 휴스Howard Hughes, 1905~1976였다. 전쟁 항공 영화 〈지옥의 천사Hell's Angels〉(1930)를 제작·감독하고 1948년 메이저급 영화사 RKO의 대주주가 되기도 한 휴스는 자신이 설립한 휴스 에어크래프트Hughes Aircraft Company가 1935년에 개발한 H-1기로 시속 567킬로미터 세계 신기록을 수립하고 1936년에 단독 미 대륙 횡단 무착륙 비행에 성공한 뒤에, 1938년 7월 14일 승무원 4명과 함께 91시간 8분에 걸쳐 세계 일주 최단 비행 기록을 세우는 등 화제의 인물이 되었다.

1930년대의 린드버그는 어떠했던가? 그는 다른 사건들로 언론의 주목을 받았다. 1932년 3월, 생후 20개월 된 그의 아들 찰스 주니어가 유괴되는 사건이 발생했다. 범인의 요구대로 몸값 5만 달러를 지불했으나 아이는 죽은 채로 발견되었다. 이 유괴 사건은 다시 한 번 신문의 머리기사를 도배했다. 1936년 범인 브루노 하우프트먼Bruno R. Hauptmann, 1899~1936

● 괴짜 억만장자 하워드 휴스는 자신이 설립한 휴스 에어크래프트가 개발한 비행기를 이용해 세계 일주 최단 비행 기록을 세웠다.

이 아이 살해죄로 전기 사형에 처해졌지만, 반反외국인 감정으로 억울하게 희생되었다는 음모론이 떠돌았다.

반유대주의를 외치는 전사로 맹활약하다

비행기 영웅 린드버그는 자동차 영웅 헨리 포드Henry Ford, 1864~1947와 한 가지 공통점이 있었는데, 그것은 이들이 1930년대 말 보수주의, 고립주의, 반유대주의를 외치는 전사로 맹활약했다는 점이다. 이미 1920년부터 반유대주의 운동을 펼친 포드는 디트로이트에서 발간한 주간지 『디어본인디펜던트Dearborn Independent』를 통해 유대인을 사회악의 근원으로 몰고 유대계 금융인들을 흡혈귀에 비유하는 등 유대인을 비난하는 특집을 100여 회 연재했다. 그는 이 기사들을 묶어 『따로 노는 유대인』이란 단행본을 출간해 대량 유포했다.

반유대주의의 바이블이라고 할 수 있는 『시온 장로의 의정서The Protocols of the Elders of Zion』가 제정 러시아 장교에 의해 미국으로 반입된 시기는 1920년대였다. 이 책은 제정 러시아의 비밀경찰이 20세기 초에 날조한 가짜였지만, 포드는 이를 진짜로 받아들여 널리 퍼뜨렸다. 포드가 혐오하는 과격 좌익 노조 간부의 대부분이 유대인이라는 점도 포드의 반유대 성향을 부추긴 주요 원인이었다. 포드는 히틀러의 『나의 투쟁Mein Kampf』에서 격찬 받은 유일한 미국인이었는데, 히틀러는 포드에게 존경을 표하기 위해 1938년 7월 그의 75세 생일 때 감사의 말과 함께 제3제국 최고의 훈장인 독일독수리최고대십자장을 보냈고, 포드는 그것을 흔쾌히 받아들였다.

이 또한 생각해보면 이상한 일이었다. 1880년부터 1924년까지 미국으로 이주한 유대인은 400만 명에 이르렀고, 1927년 뉴욕 변호사 2만 명 중 3분의 2가 유대인이었으며, 수천 명이 학문, 음악, 희곡, 언론, 의료, 작곡, 연예 등 자신들에게 제약이 없는 모든 활동 분야에서 두드러진 활약을 보이고 있었다. 그럼에도 그들은 여전히 소외되었고, 린드버그와 포드 같은 사람들의 공격 대상이 되었으니 말이다.

이를 설명해줄 수 있는 개념이 바로 '5시 반유대주의five-o' clock anti-semitism'라는 신종 표현이었다. 낮 시간에는 유대인들과 함께 일할 수 있어도 밤에 그들과 어울리는 것은 어림도 없다는 뜻이다. 유대인들은

1960년대까지도 유대인 금지 골프장, 대학의 남학생과 여학생 클럽 등 비유대인들의 요새에 진입하겠다는 희망을 버려야 했다.

유대인이라고 해서 다 같은 유대인은 아니었다. 일찍 이민을 와서 성공한 사람들이 많았던 독일계 유대인은 나중에 온 러시아·동유럽 유대인들과 거리를 두고자 했다. 이들의 이름이 'ky'나 'ki'로 끝나는 걸 염두에 두고 그들을 '카이크kike'라 부르며 경멸하기까지 했다. 이 호칭은 나중에 모든 유대인을 경멸하는 호칭으로 바뀌게 되지만, 독일계 유대인들은 러시아·동유럽 유대인들과 자신들을 구별하기 위한 배타적 클럽을 만들기 시작했다.

미국에서 유대인 배척은 화폐 문제를 모든 악의 근원이라고 생각한 포퓰리즘populism과 밀접한 관련을 맺고 있었다. 포퓰리스트들은 유대인 자체를 비난한 것이 아니라 월스트리트 금융계를 비난한 것이지만, 유대인의 금융업 종사 비중이 높은 상황에서 그 차이는 사실상 무의미한 것이었다.

린드버그의 반유대주의 활약상을 보자. 1938년 나치 돌격대 대장 헤르만 괴링Herman Göring, 1893~1946에게서 명예훈장을 받기도 했던 그는 독일에서 돌아와 부인 앤과 함께 포드의 자금 지원을 받아 미국의 제2차 세계대전 참전을 막는 고립주의 운동을 전개했다. 그는 "제1차 세계대전의 경험이 입증한 것처럼 미국의 자유는 외국의 전쟁에 참여해서 신장되는 것이 아니라 미국 국내 정치를 개혁함으로써 신장될 수 있다"고 주장했다. 그는 이런 주장을 하는 과정에서 미국의 유대인들은 "입 닥치고 가만있으라"는 경고를 했는가 하면, 미국을 전쟁에 끌어들이려 하는 것은 바로 '유대인 소유의 언론들'이라고 비난했다.

• 찰스 린드버그가 나치 돌격대 대장 헤르만 괴링에게서 받은 명예훈장.

린드버그는 사실상 파시스트였지만, 공정을 기하기 위해 당시의 파시즘은 오늘날과는 다르게 여겨졌다는 걸 지적해둘 필요가 있겠다. 미국은 유럽 문제에 휘말리지 않기 위해 1935년 중립법Neutrality Act을 제정해 모든 교전국에 대한 무기 판매를 금지했지만, 석유만은 수출 금지 품목에서 제외해 이탈리아로 석유 수출은 3배로 늘어났다. 이탈리아 석유 수출이 시사하듯이, 1930년대 후반은 미국이 파시즘에 결사반대하던 상황은 아니었다.

린드버그는 '나치 협력자 가운데 넘버 원'

미국에서도 1930년대에 린드버그를 비롯해 파시스트들은 제법 큰 지지 세력을 형성했다. 미국 전역에서 갈색 셔츠를 입고 열광적으로 히틀러를 지지하는 움직임이 일어났다. 작가 싱클레어 루이스Sinclair Lewis, 1885~1951는 1935년 당시 세태를 풍자한 『여기 미국에서야 그런 일은 결코 일어날 수 없지It Can't Happen Here』라는 책까지 썼는데, 소설의 구성은 파시즘이 어떻게 미국에서 실제로 발생하는지에 대한 것이었다.

1937년 이탈리아 주재 미국 대사 윌리엄 필립스William Phillips, 1878~1968는 "대중의 생활 여건 개선을 위한 무솔리니의 노력에 크게 감명을 받았으며", 파시스트의 견해에 찬성할 수밖에 없는 '많은 증거'를 발견했다고 말했다. 그는 "국민의 복리가 주목적인 한, 그들은 진정한 민주주의를 구현하고 있다"고 설명했다. 그는 무솔리니의 업적을 "언제나 놀라운 경탄의 원천"으로 간주했고, 무솔리니의 "위대한 인간적 자질"을 열광적으로 찬양했다.

이에 적극 동조한 미 국무부도 무솔리니가 에티오피아에서 이룬 '훌륭한 업적들'을 찬양하고, 파시즘이 "혼란 상태에서 질서를 회복하고 방종과 무법 상태에 규율을 부여하고, 경제 파탄에 대해서 해결 방안을 만들어냈다"고 긍정 평가했다. 국무부는 무솔리니건 히틀러건 파시즘이 '반드시 성공'해야 한다고 주장했는데, 그 이유인즉슨 "불만을 품은 대중이 러시아혁명의 사례를 따라 좌경화"할 우려였다.

1939년 프랭클린 루스벨트Franklin Delano Roosevelt, 1882~1945 대통령도 이탈리아 파시즘을 "아직 실험 단계에 있지만, 세계에 대단히 중요한 것"으로 계속 간주했다. 무솔리니를 '훌륭한 이탈리아 신사'라고까지 묘사했던 루스벨트는 이탈리아 파시즘을 칭찬하면서 히틀러가 파시즘을 "타락시켰다"고 주장했지만, 무솔리니 파시즘과 히틀러 파시즘을 애써 구분하려는 것 자체가 문제였다.

1939년 9월 1일 히틀러 군대의 폴란드 침공으로 제2차 세계대전이 시작되면서 파시즘에 대한 미국 정부의 태도는 급선회했고, 이에 따라 린드버그도 어떻게 해서건 제거해야만 할 골치 아픈 존재가 되었다. 내무 장관 해럴드 이케스Harold L. Ickes, 1874~1952는 린드버그가 미국에서 활동하는 '나치 협력자 가운데 넘버 원'이라고 공개적으로 낙인을 찍었으며, 이어 루스벨트도 1940년 12월 린드버그파에 미국 정부를 전복하려는 '사악한 세력'을 대변하는 자들이라고 공개적으로 비난하고 나섰다.

이렇듯 '정치적 폭격'이 가해지고 시간이 흐르면서 이전의 린드버그 우상화는 '미디어 이벤트'에 불과하다는 해석이 우세해졌다. 1940년 대엔 거의 잊혔고 1950년대엔 완전히 잊혔다. 1957년 린드버그의 대서양 횡단 비행을 다룬, 제임스 스튜어트James Stuart, 1908~1997가 주연한 〈세인트루이스의 정신〉이란 영화가 상영되었을 때 흥행은 형편없었다. 린드버그가 죽은 지 30년이 지난 2003년 그의 복잡한 사생활이 밝혀졌다. 아내 모르게 여자 3명과 내연의 관계를 맺어 모두 자녀 7명을 두었다는 것이다.

린드버그 신화는 깨졌을망정, 과거의 역사마저 고쳐 쓸 수는 없는 일이다. 그는 반유대주의로 큰 오점을 남겼지만, 20세기에 가장 위대했던 미국의 영웅이었음을 어찌 부정할 수 있으랴. 그는 미국인들이 숭배하는 '거친 개인주의rugged individualism'의 화신으로서 '미국의 영광'을 구현한 인물이었다.

왜 '생산의 우상'이 '소비의 우상'으로 대체되었는가?

세계 대공황

대공황의 전조가 나타나다

1927년 봄, 주식에 대한 열광이 커지면서 캘빈 쿨리지Calvin Coolidge, 1872~
1933 대통령은 『메인스트리트와 월스트리트Main Street and Wall Street』라는 책
을 출간한 하버드대학 경제학 교수 윌리엄 리플리William Z. Ripley, 1867~1941
를 백악관에 초청했다. 메인스트리트는 실물경제를 담당하는 실업계, 월
스트리트는 금융계를 뜻했다. 리플리는 다우지수 상승 이면에 있는 "허
풍 떨기, 감언이설, 사기, 거짓말"을 설명했다. 쿨리지가 대통령으로서
무엇을 할 수 있는지를 묻자, 리플리는 이 문제는 국가적 문제가 아니라
주의 문제라고 답했다. 뉴욕증권거래소는 백악관이 아니라 뉴욕주 관할
이라 손대기가 어렵다는 말이었다.

　무엇을 강하게 느꼈던 걸까? 7월 하순 쿨리지는 인디애나주의 연설

에서 주식시장은 급등하는데도 미숙련 노동자는 여전히 저임금 상태에 있음을 지적하고, 며칠 뒤 "1928년 대선에 출마하지 않기로 했다"고 발표했다. 그의 불출마가 대공황의 도래가 두려워서였는지는 알 수 없지만, 쿨리지 개인만을 놓고 보자면 현명한 결정이었다.

리플리와 쿨리지, 극소수의 사람만 빼놓고 곧 미국 경제에 다가올 어두운 그림자를 아무도 눈치 채지 못하고 있었다. 1927년에 일어난 미시시피 대홍수가 그 전조일 리는 없었지만, 이 참사의 비극은 대공황의 고통을 예고하는 듯했다. 약 1,000명 사망, 100만 명의 수재민, 20~78억 달러 손실 등을 기록한 이 참사의 피해자는 대부분 흑인들이었다.

백인 승객을 절반가량 태운 증기선 한 척은 안전을 이유로 아예 흑인을 태우지 않은 채 떠났으며, 그때 선상 밴드는 흑인들을 비꼬며 〈검은 새여, 안녕Bye-Bye, Blackbird〉이란 곡을 연주했다. 이 대홍수를 다룬 책 『조류 상승Rising Tide: The Great Mississippi Flood of 1927 and How it Changed America』(1998)의 저자인 존 M. 배리John M. Barry는 "흑인들은 버려졌다고 느꼈으며 실제로 버려졌다"고 말했다. 그간 공화당의 군건한 보루였던 흑인 표가 민주당으로 이동하는 조짐이기도 했다. 비록 그 이동은 프랭클린 루스벨트Franklin Delano Roosevelt, 1882~1945의 등장 이후로 나타나지만 말이다.

1928년 대선에서 주요 쟁점은 주식시장이 아니라 금주법이었다. 캘빈 쿨리지 내각에서 상무 장관을 지낸 공화당 후보 허버트 후버Herbert Hoover, 1874~1964는 금주법을 지지한 반면, 뉴욕 주지사 출신의 민주당 후보 앨 스미스Al Smith, 1873~1944는 법 개정을 주장했다.

후버는 10월 22일 선거 유세에서 "우리는 평화 시인데도 불구하고 한편으로는 거친 개인주의rugged individualism라는 미국적인 체제와 다른 한

편으로는 그와 정반대되는 온정주의paternalism 내지는 국가사회주의state socialism라는 유럽적인 이론 가운데서 어느 하나를 선택해야만 하는 도전에 직면해 있다"고 말했다.

유권자들이 그런 어려운 말에 신경을 썼겠는가? 그가 외친 "미국인들 모든 차고에는 자동차를, 미국인들 식탁에는 닭고기를"이라는 슬로건이 훨씬 더 먹혀들었을 것이다. 후버는 2,139만 1,000표를 얻어 1,501만 6,000표에 그친 스미스에게 압승을 거두었다. 선거인단에서도 444대 87로 일방적인 승리였다. 후버의 당선으로 금주법은 지속되었다. 이 대선 결과에 대해 역사가 프레더릭 루이스 알렌Frederick Lewis Allen, 1890~1954은 다음과 같은 질문을 던진다.

"선거 결과는 여전히 불식되지 않는 의심의 여지를 남겨두었다. 동

● 미국의 제31대 대통령 허버트 후버. 금주법을 지지한 그는 미국 경제의 번영을 약속했고 빈곤에 대한 최후 승리가 눈앞에 다가왔다고 자신했다.

부 출신의 활기찬 투사(앨 스미스)가 패배한 것은 그가 금주법 반대론자였기 때문인가, 또는 로마가톨릭 신자였기 때문인가, 아니면 그가 쿨리지 번영 시대가 안겨준 무한한 기쁨의 연속에 대한 위협으로 간주되었기 때문인가, 그도 아니면 민주당이었기 때문일까?"

케네스 데이비스Kenneth C. Davis는 후버의 승리엔 종교적 요인도 컸지만 결정적 이유는 전반적인 번영이라고 답한다. 사실 그랬다. 자동차와 건설을 비롯해 전 분야에 걸쳐 생산이 폭발적으로 증가했다. 1921년 이후 8년 동안 주가는 계속 올라갔다. 제너럴모터스General Motors의 주가는 치솟았고 골드만삭스Goldman Sachs와 같은 투자신탁회사가 월스트리트에 앞다퉈 등장했다. 멈출 줄 모르는 주가 상승은 사람들을 주식시장으로 모여들게 했고 돈 좀 가진 미국인들은 대부분의 재산을 주저 없이 주식에 투자했다. 상당수 미국인은 주식을 사기 위해 은행과 증권회사에서 돈을 빌렸다.

미국 예일대학의 첫 번째 경제학 박사로 미국이 낳은 최고의 경제학자로 불린 어빙 피셔Irving Fisher, 1867~1947는 "주가는 영원히 높은 고원처럼 보이는 곳에 도달했다"며 1929년 미국 경제의 장밋빛 미래를 낙관했다. 실제로 1921년 8월 24일 63.9였던 다우존스산업 평균 지수는 1929년 3월 9일 6배 가까이 급등하며 사상 최고치인 381.17에 올라섰다. 1929년 3월 대통령 취임사에서 후버가 "빈곤에 대한 최후의 승리가 눈앞에 다가왔다"고 큰소리친 것도 무리는 아니다.

검은 목요일, 대공황의 시작

그러나 후버도 불길한 징조는 감지하고 있었던 걸까? 그는 대통령 취임 직후 신문 발행인들에게 투기를 반대하는 내용의 사설을 싣도록 촉구했으며, 연방준비제도이사회Federal Reserve Board에도 그의 우려를 전했다. 또 앤드루 멜런Andrew W. Mellon, 1855~1937 재무 장관을 설득해 투자자들에게 신중하도록 경고했고, 부통령 찰스 커티스Charles Curtis, 1860~1936를 뉴욕증권거래소에 보내 과열을 자제할 것을 요구했다. 물론 아무 효과도 없었지만 말이다. 게다가 그는 대공황이 일어나기 불과 두 달 전의 연설에서 "이제 가난은 우리 사회에서 자취를 감춰가고 있다"고 말하는 등 오락가락했다.

　1929년 10월 24일 목요일 오전 11시 뉴욕 월가 '뉴욕주식거래소'에서 이상한 징후가 감지되었다. 매도 주문이 갑자기 늘어나더니, 이는 곧 눈덩이 사태로 변해 너나 할 것 없이 "팔아. 빨리 팔아. 얼마라도 좋다. 팔기만 하면 된다"고 외쳐대기 시작했다. 다우존스지수는 이날 20퍼센트 이상 하락해 299.47까지 떨어졌다. 이날 하루 동안 거래된 주식은 종전 하루 최대 거래량인 400만 주의 3배가 넘는 1,290만 주였다. 시카고와 버펄로 주식거래소는 낮 12시 30분에 아예 문을 닫아버렸다.

　피서의 공언公言은 공언空言이 되어버렸다. 피서는 명예만 잃은 것이 아니었다. 그 자신도 사업을 통해 번 전 재산을 주식에 투자하고 있었다. 검은 목요일의 공포에도 주식을 팔지 않았던 그는 결국 며칠 뒤 계속 이어진 '검은 월요일'과 또 한 번의 '검은 목요일'을 거치면서 거의 모든 재산을 잃었다. 그가 잃은 재산은 1,000만 달러로 추산되었다.

● 수십 명의 주식 브로커가 뉴욕 맨해튼의 고층빌딩에서 떨어져 자살한 것으로 상징된 '검은 목요일'은 이후 10년간 세계경제를 지배했다. 당시 예금 인출을 위해 은행에 몰려든 미국인들.

연예 전문지인 『버라이어티Variety』의 1929년 10월 30일자 헤드라인은 미국 언론 사상 가장 유명한 헤드라인으로 손꼽힌다. 가장 희극적으로 비극을 묘사했다는 이유 때문이다. 그것은 「월스트리트 흥행에 실패하다Wall St. Lays an Egg」였다.

흥행 실패의 여파는 계속되는데도 후버는 대책 없는 낙관주의만을 피력했다. 아니 그런 낙관주의가 사태를 수습할 수 있는 길이라고 생각했던 것 같다. 그는 1930년 1월 "경기와 기업은 이제 고비를 넘겼다"고 했다. 5월엔 "최악의 상태는 지나갔다"고 했다. 그는 그러면서 실업자와 굶주린 자들을 정부 구제책으로 해결하자는 의견은 반대했다. 그것은 사회주의나 공산주의 정책이라는 이유에서였다. 뒤늦게 공공사업 정책을 수립하고자 했지만, 그땐 너무 늦은 시점이었다.

후버는 1931년에도 "지금 미국에서 필요한 것은 활달하고 즐겁게 웃는 일"이라면서 "사람들이 열흘에 한 번씩이라도 재미난 농담을 할 수 있다면, 어떤 어려움이라도 극복할 수 있다고 생각한다"고 주장했다. 후버와 그의 언론 참모들은 언론 보도마저 낙관주의로 가길 희망했다. 그래서 기자들에게 심지어 '재정 위기financial crisis'나 '실업unemployment'이라는 말을 쓸 때엔 꼭 백악관에 사실 여부를 확인해달라는 요구를 할 정도였다. 후버의 낙관주의에 대한 집착과 관련, 케네스 데이비스는 당시의 한 풍경을 이렇게 묘사한다.

"대공황으로 몸살을 앓고 있는 와중에도 후버 대통령과 부인은 나팔수들이 트럼펫으로 식사 시간을 알려주고 흰 장갑을 낀 하인들이 시중을 드는 7코스 정찬을 들었다. 후버 대통령은 제왕의 체통과 깔끔한 풍모를 유지하는 것이 국민의 사기 진작에도 좋을 것으로 생각했다. 백악관 밖에서는 미국인들이 쓰레기통 속의 먹을 것을 서로 차지하려고 아귀다툼을 벌이고 있었다."

대공황, 세계 경제를 지배하다

주가는 1930년 초 회복되는 듯했지만 1930년 말 다시 폭락세가 이어지며 결국 1932년 더 깊은 대공황으로 빠져들어간다. 증권시장 붕괴의 원인으로 전문가들은 투기 만연, 부채를 창출할 수밖에 없는 지주회사와 투자신탁회사의 확신, 청산이 불가능한 대규모 은행대부의 증가 등을 꼽았지만, 버스 떠난 뒤에 손 흔드는 격이었다. 수십 명의 주식 브로커가 뉴욕 맨해튼의 고층빌딩에서 떨어져 자살한 것으로 상징된 '검은 목요일' 또는 '암흑의 목요일'은 그렇게 시작되어 이후 10년간 세계경제를 지배하게 된다.

대공황이 모든 사람에게 다 재앙인 건 아니었다. 이성형은 "대공황은 흑인 소작농들에게 재앙이 아니라 차라리 축복에 가까웠다. 수출용 면화 생산은 중단되었고, 면화 밭은 자영농들이 지배하는 옥수수와 대체 작물의 공급지로 바뀌었다. 농민들의 먹거리는 이전보다 풍부해졌다"고 말한다. 문제는 도시였다. 1880년에는 절반 이상의 미국인이 농업에 종사했지만, 1930년대에 이르러 농업 종사 인구는 전체 인구의 20퍼센트 이하로 크게 줄었다. 공장 노동자나 사무실 근무자들은 농부와는 달리 경제 침체기엔 기댈 곳이 전혀 없었다. 대공황을 맞아 산업화·도시화의 부메랑이 미국인들을 덮친 셈이다.

1929년 미국은 세계 총 생산량의 42퍼센트를 생산하는 초강대국이었기에 유럽을 비롯한 다른 나라들의 경제까지 연쇄적으로 무너지기 시작했다. 1929~1932년 대공황 기간에 실업률은 미국은 22퍼센트, 독일은 17퍼센트로 상승했으며, 일본도 1930년 한 해 동안 823개 기업이 도산하고 300여 만 명의 실업자가 발생했다.

1931년 한 해 동안 미국에서만 은행 약 2,300개가 문을 닫았다. 1932년 3월 14일 롤필름을 발명하고 코닥사를 설립한 거부 조지 이스트먼George Eastman, 1854~1932도 끝없이 발생하는 자살 대열에 참여했다. 그는 권총자살을 했다. 1932년 미국 노동 인구의 4분의 1에 해당하는 1,300만 명의 실업자가 발생했으며, 100만 명 이상의 무주택자가 생겨났다. 미국은 1934년까지 실업률은 25퍼센트에 달했고, GNP는 30퍼센트나 떨어졌다.

이제 후버라는 이름은 궁핍의 상징이 되었다. 뜨내기 일꾼hobo이나 빈민들이 추위를 피하기 위해 둘러썼던 신문지를 '후버 담요', 텅 빈 호주머니를 '후버 주머니', 무주택자들의 달동네를 '후버촌', 돈이 없다는 것을 보여주기 위해 호주머니 속이 밖으로 나온 것은 '후버 깃발', 바닥에 구멍이 난 신발은 '후버 신발', 닳아 헤진 구두의 안을 대기 위해 사용한 골판지는 '후버 가죽', 휘발유가 없어 말이 끌고 다니는 자동차를 '후버 마차', 그렇지 않아도 부족한 식량을 먹어 치우는 야생 토끼는 '후버 돼지'라고 부르는 등 후버를 접두어로 한 많은 신조어가 생겨났다.

어떻게 상품을 소비할 것인가?

훗날 학자들은 대공황의 근본 원인이 경제 시스템인가, 우발적 사건인가 하는 논쟁을 벌이게 되지만, 그게 어찌 양자택일할 수 있는 문제이랴. 모든 요인이 복합적으로 작용했다고 보는 게 옳으리라. 대공황은 사회적 우상이 '생산의 우상'에서 '소비의 우상'으로 바뀌는 결정적 계기가 됨으로써 자본주의 유지에 유리한 '소비 이데올로기 효과'를 얻게 되는바, 대공황이 자본주의 저주만도 아닌 셈이 되고 만다.

실제로 1929년의 대공황은 인류 문명사에 한 가지 큰 변화를 몰고 왔으니, 그건 바로 소비consumption라는 개념의 재탄생이었다. '소비'는 14세기 초에 만들어진 단어로 consume이라는 동사의 뜻은 파괴하고, 약탈하고, 정복하고, 소진하다는 의미였다. 1900년대 초반까지만 해도 '소비

● 1900년대 초반까지만 해도 '소비'는 낭비, 약탈, 고갈과 같은 부정적 의미로 쓰였지만 대공황 이후 광고와 마케팅에 힘입어 소비는 긍정적 이미지로 돌아서기 시작했다. 미국인의 최대 쇼핑 축제 기간으로 자리 잡은 블랙 프라이데이 시즌에 쇼핑하는 미국인들.

consumption'라는 단어는 낭비, 약탈, 탕진, 고갈 등과 같은 부정적인 뜻으로 쓰였으며, 심지어 폐병을 뜻하는 말이기도 했다. 그러나 '소비'에 대한 이런 부정적인 이미지는 대공황 이후 대중 광고와 마케팅이 본격적으로 도입되면서 긍정적 이미지로 돌아서기 시작했다. '소비'라는 단어는 '선택'과 동일시되면서 '축복'으로 다시 태어난다. 이와 관련, 제러미 리프킨Jeremy Rifkin은 다음과 같이 말한다.

"아메리칸드림을 가지고 미국 땅으로 몰려든 이민자들이 못내 부러워한 것은 교실과 공식석상에서 찬양하던 시민적 참여의 이상이 아니라 탐나는 물건들이 잔뜩 쌓여 있는 궁전처럼 으리으리한 백화점에 가서 원하는 물건을 마음껏 사는 것이었다. '참여'는 정치적 영역의 고매한 횃대에서 굴러 떨어져 상업적 영역에서 소비자로서 마음껏 선택할 수 있는 기회로 격하되었다."

장 보드리야르Jean Baudrillard, 1929~2007는 『소비의 사회』(1970)에서 "자동차를 만드는 일보다 파는 일이 더 어렵게 되었을 때야 비로소 인간 자체가 인간에게 과학의 대상이 되었다"고 말했는데, 이는 대공황을 기점으로 소비의 시대가 열린 것과 맥을 같이한다. 소비에 대한 이미지와 더불어 영웅도 바뀌었다.

1929년 대공황 이전엔 대중 잡지에서 대부분 '생산의 우상'이 다루어졌으나 이후엔 주로 연예인이나 스포츠 스타와 같은 '소비의 우상'이 다루어졌다. 어떻게 상품을 '생산할 것인가'에서 어떻게 상품을 '소비할 것인가' 하는 문제가 제기되었기 때문이다. 이 시기에 '소비자 문화'라는 말이 처음으로 등장한 것도 우연이 아니다.

1930년 8월 4일 뉴욕시 변두리 퀸스Queens의 자메이카 거리에 '킹 컬런King Kullen'이란 간판이 등장했다. 미국 최초이자 세계 최초 슈퍼마켓의 출현이다. 창업자 마이클 컬런Michael J. Cullen, 1884~1936은 자신을 '가격 파괴자Price Wrecker'라고 불렀는데, 이 슈퍼마켓이 실현한 '가격 파괴'는 곧 미국 전역으로 퍼져나갔다.

1930년대의 새로운 소비주의 문화는 미국에 뜻하지 않은 행운이 되었으니, 그건 바로 소비와 소비를 유도하는 광고의 사회통합 효과다. 광고는 사회적 분열을 극복할 수 있는 '보편적인' 문화를 제공하는 것처럼 보였다. 예컨대, 누구든 코카콜라를 마심으로써 미국인이 될 수 있었던 것이다. 더 나아가 코카콜라는 광고를 통해 상황은 나아질 것이고 인생은 다시 즐거워질 것이라는 메시지를 던졌다. 단 5센트만 내면 코카콜라는 당신을 '정상으로 돌아오게Bounce Back to Normal' 도울 수 있다는 것이었다. 오늘날 소비의 우상들이 하는 일이 바로 그것 아닌가. 고달프고 팍팍한 삶을 견디는 데 도움을 주는 소비의 우상들에게 감사하다고 할 것인가?

제5장

뉴딜과 제2차 세계대전

왜 지도자에겐 '감성 지능'이
필요한가?

제32대 대통령 프랭클린 루스벨트

"가장 허약한 후보" 루스벨트

1924년 미국 의회는 제1차 세계대전에 참전한 퇴역 군인들에게 1인당 1,000달러, 총 24억 달러에 달하는 보너스를 지급하되, 1945년부터 지불한다는 내용의 법을 통과시켰다. 대공황으로 먹고살 길이 막막해진 퇴역 군인들은 기한이 아직 되지 않은 정부 발행 증서를 바로 지급해달라는 내용의 보너스 법안을 1931년 의회에 제출했다. 이 법안은 하원은 통과했지만 상원에서 거부되었다.

이에 분노한 2만 5,000명의 퇴역병이 1932년 여름 수도 워싱턴으로 밀어닥쳤다. 무일푼의 이들 유랑자 무리는 가족과 함께 백악관 앞 펜실베이니아 애비뉴에 늘어선 버려진 건물들을 무단 점거하고, 애너코스티아 강변을 따라 허름한 판잣집과 텐트로 이루어진 야영지를 만들었다.

이들은 '보너스 원정대Bonus Expeditionary Force' 또는 '보너스 군대Bonus Army'
라 불렸다.

허버트 후버Herbert Hoover, 1874~1964 대통령은 이들의 간청을 묵살하고
군대를 동원했다. 보병 4개 중대, 기병 4개 중대, 기관총병 1개 중대, 전
차 6대 등 엄청난 규모였다. 더글러스 맥아더Douglas MacArthur, 1880~1964 장
군의 지휘 아래 드와이트 아이젠하워Dwight D. Eisenhower, 1890~1969와 조지
패튼George Patton, 1885~1945이 진압을 맡았다. 맥아더의 강경 대응으로 100명
이상의 사상자가 발생했고, 사상자 중에는 가스 공격으로 질식사한 아기
2명도 있었다. 수도에서 쫓겨난 '보너스 군대'는 뿔뿔이 흩어져 200만
명의 다른 '방랑자' 무리에 합류했다. 전국 곳곳에서 시위와 폭동이 빈발
했다.

보너스 군대에 대한 공격은 1932년 대통령 선거전이 한창일 때 이루

● 1932년 여름, 워싱턴으로 들이닥친 보너스 군대와 경찰이 맞서고 있다. 후버 대통령은 보너스 군대에 대응하
기 위해 엄청난 규모의 군대와 경찰을 동원했다.

어졌다. 민주당의 시카고 전당대회에선 1928년 후버에게 완패를 당했던 앨 스미스Al Smith, 1873~1944, 신문왕 윌리엄 랜돌프 허스트William Randolph Hearst, 1863~1951의 지지를 받으며 막강한 하원 의장으로 활약하던 테네시주의 존 낸스 가너John Nance Garner, 1868~1967, 앨 스미스가 뉴욕 주지사로 직접 엄선한 프랭클린 D. 루스벨트Franklin Delano Roosevelt, 1882~1945가 격돌했다.

루스벨트는 첫 투표에서 1위를 차지했으나 후보 지명에 필요한 득표수에는 미치지 못했다. 허스트가 '막후 협상'을 벌인 끝에 가너가 부통령직을 보장받는 조건으로 루스벨트를 밀어줌으로써 결국 루스벨트가 대통령 후보로 지명되었다. 차선책으로 루스벨트를 택한 허스트는 11개 조항에 걸친 자신의 정책적 요구 조건에 대한 루스벨트의 확약을 받고 일을 성사시켰지만, 둘은 나중에 적대관계로 변하게 된다.

1932년 7월 2일 시카고 민주당 전당대회장에서 대통령 후보 지명 수락 연설에 나선 루스벨트는 "나는 여러분에게 맹세합니다. 또 나 스스로에게 맹세합니다. 미 국민을 위한 '새로운 정책New Deal'을 펼 것을 말입니다"라고 외쳤다. 그는 선거운동 과정에서도 대공황 여파로 자신감을 상실한 채 무기력해져 있는 미국인들을 향해 "어떤 방법이든 택해 그것을 해봅시다. 만일 실패한다면 그것을 솔직히 인정하고 다른 것을 해봅시다. 그러나 무엇보다 중요한 것은 무엇이든 해보자는 것입니다"라고 말했다.

혼자 걸을 수 없는 루스벨트의 소아마비 때문이었을까? 루스벨트를 부정적으로 보는 이가 많았다. 저널리스트 헨리 루이 멩켄Henry Louis Mencken, 1880~1956은 "가장 허약한 후보자"를 뽑았다고 했으며, 월터 리프먼Walter Lippmann, 1889~1974은 루스벨트를 "대통령직에 필요한 중요한 자질은 하나도 갖추지 못한 귀여운 보이스카우트 단원"이라고 불렀다. 물론 이들의 판단이 오류라는 건 곧 밝혀진다.

척수성 소아마비를 이겨내다

1882년 뉴욕주 업스테이트의 허드슨 강변 동쪽 언덕에 있는 하이드 파크에서 출생한 루스벨트는 부유한 가정 형편 덕분에 개인교습을 받고 사립학교에 다녔으며 어려서부터 유럽 여행을 다니는 등 풍족하고 귀족적인 분위기에서 성장했다. 특히 그의 성장기에 대통령으로 명성을 날리던 시어도어 루스벨트Theodore Roosevelt, 1858~1919는 먼 친척 형(12촌)뻘로 정신적 지주가 되었다. 그는 하버드대학 학생 시절 당시 부통령이던 시어도어 루스벨트와의 관계를 이용해 뉴스거리를 얻어옴으로써 『하버드크림슨Harvard Crimson』의 편집장이 되는 데 도움을 받기도 했다. 그의 부인이 된 엘리너 루스벨트Eleanor Roosevelt, 1884~1962는 시어도어 루스벨트의 조카로 부친을 일찍 여의였기 때문에 1905년 그들의 결혼식에는 현직 대통령이 신부를 데리고 입장해 화제가 되기도 했다.

하버드대학과 컬럼비아대학 로스쿨을 나와 변호사로 활동하다 1910년 뉴욕주 상원의원에 당선, 정계 입문한 루스벨트는 각종 선거에서 여러 차례 낙선을 경험하는 등 초기에 순탄치 않은 길을 걸었다. 우드로 윌슨Woodrow Wilson, 1856~1924 대통령에 의해 해군성 차관보로 임명되어 제1차 세계대전 당시 중요한 해군 전략 수립에 관여했으며 탁월한 능력을 인정받았다. 그러나 그는 연방 상원의원 선거에서 패배했으며, 1920년

38세의 젊은 나이로 제임스 콕스James M. Cox, 1870~1957 대통령 후보의 러닝 메이트로 출마해 고배를 마시는 등 중앙 정치 무대와는 인연이 없는 듯했다.

엎친 데 덮친 격으로 잠시 금융회사의 임원으로 정치를 떠나 있을 때 척수성 소아마비에 걸려 양다리를 못 쓰게 됨은 물론 팔과 손에 부분 마비가 오게 되었다. 당시 주변의 모든 사람은 그의 정치적 생명은 끝난 것으로 생각했다. 그러나 그는 의지를 잃지 않았다. 조지아주의 웜스프링스Warm Springs로 가서 3년 동안 기적적인 투병으로 그는 스스로 휠체어를 타고 움직일 수 있었다. 1924년 그가 휠체어를 타고 민주당 전당대회장에 나타났을 때 사람들은 깜짝 놀랐으며 그가 목발에 의지해 단상에 기대 서서 연설할 때는 그의 인간승리 모습에 감동적인 환호를 보냈다. 그는 1928년 뉴욕 주지사로 화려하게 정계에 복귀했고, 결국엔 대통령 후보의 자리에 오르게 된 것이다.

1932년 대선이 한창이던 때 자동차를 얻어 타면서 전국을 횡단하는 기록을 세운 사람이 나타났는데, 그 비결은 그가 내세운 다음과 같은 현수막 내용 때문이었다. "만약 나를 태워주지 않으면, 대통령 선거에서 후버를 찍겠다." 해볼 것도 없는 선거였다는 걸 시사해주는 에피소드다.

1932년 11월 8일 루스벨트는 뉴딜, 금주법 폐지, 공공사업 수립, 농민 구제책을 주요 공약으로 내세워 일반 투표의 57퍼센트 득표율과 선거인단 투표의 46개 주(전체 48개 주 중에서)를 확보하면서 현직 대통령인 후버를 압도적 격차로 누르고 제32대 대통령에 당선되었다. 민주당은 상하 양원에서도 절대 다수를 차지했다. 루스벨트는 1933년 3월 4일 취임 연설에서 다음과 같이 말했다.

"지금은 무엇보다 진실, 있는 그대로의 진실을 솔직하고 거리낌 없이 말해야 될 때입니다. 현재 이 나라가 당면한 상황을 정직하게 직시하는 것 또한 회피해서는 안 됩니다. 이 위대한 나라는 지금까지 그래 왔듯이 참아낼 것이고 소생할 것이며 번영할 것입니다. 그런 의미에서 본인은 먼저, 우리가 두렵게 생각해야 할 유일한 것은 두려움 그 자체라는 저의 확고한 신념부터 말씀드리고자 합니다. 후퇴를 진보로 바꾸는 데 필요한 노력을 무력화하는 공포, 이름도 없고 이치에 닿지도 않고 정당화되지도 않는 그 공포 말이지요."

이후 "우리가 두렵게 생각해야 할 유일한 것은 두려움 그 자체다The only thing we have to fear is fear itself"라는 말은 불멸의 명언으로 인구에 회자된다. 말이 안 되는 말장난이라는 비판도 있다. 역사가 리처드 호프스태터 Richard Hofstadter, 1916~1970는 루스벨트가 취임식 며칠 전에 헨리 데이비드 소로Henry David Thoreau, 1817~1862의 글을 읽고 "두려움만큼 두려워해야 할 것은 아무것도 없다Nothing is so much to be feared as fear"라는 글귀에서 영감을 받은 것이 분명하다고 주장했다.

용인술의 대가, 루스벨트

루스벨트의 취임식이 끝나자 '보너스 군대'는 다시 워싱턴으로 돌아왔다. 1933년 5월에 벌어진 '제2차 보너스 투쟁'이다. 루스벨트는 보너스 군대에 식사를 제공했으며, 아내 엘리너에게 그들의 말을 들어주고 공짜 커피도 실컷 마시게 해주라고 당부했다. 엘리너는 그들과 함께 어울리며 노래도 불렀다. 그 자리에 있었던 한 퇴역병은 훗날 이렇게 말했다. "후버는 군대를 보냈고, 루스벨트는 아내를 보냈다."

이후 이런 식의 평가가 계속되자, 훗날 후버는 "옛날 내 정적들은 내가 혼자서 전 세계적인 대공황을 일으킬 수 있는 환상적 지성과 경제적 힘을 지녔다고 칭송했습니다"라고 푸념했다. 막후 협상으로 부통령이 된 가너는 훗날 부통령직이 "야구 투수가 내뱉는 더러운 침만도 못하다"고 말했다. 두 사람은 루스벨트의 영광에 가려 피해를 본 사람들이다.

루스벨트를 가리켜 '용인술의 대가'라고 하는데, 이를 말해주는 좋은 일화가 있다. 대통령 취임 직후 루스벨트의 군 예산 대폭 삭감 계획에 불만을 품은 더글러스 맥아더 육군참모총장이 조지 던George H. Dern, 1872~1936 전쟁 장관과 함께 백악관을 방문했다. 대통령과 부딪히는 것을 꺼리고 있던 던 장관을 제치고 맥아더가 국가 안보의 중요성을 강조하자, 루스벨트는 빈정거리는 투로 평화 시에 많은 군대를 유지할 필요가 있느냐고 답했다. 두 사람 사이에 다소 설전이 오갔다.

마침내 맥아더가 자제력을 잃고 "만일 다음 전쟁에서 미국이 져 미국 병사들이 적의 군홧발에 짓밟힌다면 그들은 맥아더가 아닌 루스벨트를 원망할 것입니다"라고 대들었다. 그러자 루스벨트 역시 화를 버럭 내며 "당신이 대통령 앞에서 그렇게 말할 수 있는가"라며 고함을 질렀다. 잠시 침묵이 흘렀다. 맥아더의 육군참모총장 생명은 끝난 것과 다름없었다. 군 통수권자에 대한 모욕은 군법회의 감이었다. 그는 사과를 한 후 총장직 사의를 표하고 뒤돌아나왔다. 맥아더가 막 집무실 문을 나서려는 순간 뒤에서 대통령의 차분한 목소리가 들렸다. "더글러스, 어리석은 짓 말게. 여기 당신의 목과 예산안을 함께 가져가게."

루스벨트가 1934년에 설치한 증권거래위원회Security and Exchange Commission, SEC의 초대 회장으로 당대의 이름 높은 투기꾼 조지프 케네디Joseph P. Kennedy, 1888~1969를 임명한 것도 이색적이었다. 훗날 미국 제35대 대통령이 되는 존 F. 케네디John F. Kennedy, 1917~1963의 아버지다. 조지프 케네디는 1930년대 뉴욕 주지사 선거에서부터 1932년 대통령 선거까지 루스벨트를 적극 지원한 인물이었기에, 추악한 논공행상論功行賞이라는 비난이 빗발쳤다. 『뉴스위크』는 "한때 투기꾼이자 작전 세력이었던 미스터 케네디가 이제는 투기와 작전에 족쇄를 채우는 역할을 맡게 되었다"고 조롱하듯이 논평했다.

루스벨트가 케네디를 그런 요직에 쓴 것은 사기꾼 브로커들이 쓸 계략을 케네디가 훤히 내다볼 수 있을 것이라는 발상에서 그랬다는 시각이 있다. 케네디는 그때부터 아들을 대통령으로 만들어야 한다는 꿈이 있었기에, 온갖 의혹을 불식시키며 '공정하고 과단성 있는 인물'이라는 평판을 얻는 데 성공한다.

루스벨트의 가장 큰 강점은 사람들의 감정을 이해할 수 있는 뛰어난 능력이었다. 소아마비와 싸움을 하면서 얻은 능력이었다. 일반 대중은 루스벨트가 소아마비에 걸린 적이 있다는 것은 알고 있었지만 하반신 불수라는 사실은 몰랐다. 그가 매일 아침 침대에서 나오기 위해 시종의 도움이 필요했다는 점도 몰랐다. 대통령의 불구 상태를 사진에 담지 않는 것이 언론의 불문율이었기 때문이다. 그래서 대중은 대통령이 혼자서 얼마든지 걸을 수 있는 사람으로 여겼다.

뛰어난 감성 지능의 소유자

영화배우 그레고리 펙Gregory Peck, 1916~2003이 어렸을 때 부두에서 대통령을 기다린 적이 있었다. 그는 대통령이 아이처럼 배에서 내려지는 것을 보고 너무 놀라 울음을 터뜨렸다. 그러나 루스벨트는 휠체어에 앉자마자 군중에게 환한 미소를 지으면서 그들을 안심시켰다. 루스벨트는 사람들의 동정심을 존경심으로 바꿔놓는 능력의 소유자였다. 게리 윌스Gary Wills는 루스벨트가 '완벽한 배우'였다며 다음과 같이 말한다.

"그는 자신의 모든 동작에 대한 사람들의 반응을 연구했고, 사람들의 시선이 자신의 상체에 쏠리도록 연극적인 소도구까지 사용했다. 길다란 담배 파이프, 해군 망토, 구깃구깃한 모자 등을 착용한 것뿐만 아니라, 높은 코가 강조되도록 턱을 내민 자세로 몸짓을 크게 하는 등 모든 행동이 그런 효과를 노린 것이었다(해군 망토는 몸이 불편한 루스벨트로서도 입고 벗기가 편안하다는 장점도 있었다)."

루스벨트의 첫 번째 취임 연설 직후 백악관엔 편지 50만 통이 답지했다. 이전엔 상상할 수 없던 일이었다. 루스벨트가 '친근감 있는 정치인'으로 대중에게 다가갈 수 있었던 데엔 라디오의 역할이 절대적이었다. 대중에게 그런 느낌을 주는 건 라디오 이전엔 기대하기 어려웠던 것이다. 그래서 라디오가 정치를 바꾸었다는 주장이 나오기도 했다.

그 누구도 라디오를 이용하는 루스벨트의 능력을 따라가긴 어려웠다. 일부 평자는 그가 독일의 아돌프 히틀러Adolf Hitler, 1889~1945보다 훨씬 뛰어났다고 말하지만, 그 방식은 전혀 달랐다. 마치 거실에서 가족이 오순도순 모여 있는 듯한 느낌 속에서 자상한 아버지처럼 다가가는 게 루스벨트의 장기였다.

루스벨트의 라디오 방송 시리즈를 가리키는 '노변담화Fireside Chats'라는 이름도 바로 그 점을 간파한 CBS 워싱턴 지국장 해리 부처Harry C. Butcher, 1901~1985가 붙인 것이다. 루스벨트도 이 작명이 마음에 들었는지 나중엔 스스로 '노변담화'라고 말했다.

미국 대법관 올리버 웬들 홈스Oliver Wendell Holmes, 1841~1935는 루스벨트를 가리켜 "지성은 2류지만, 기질은 1류A second-class intellect. But a first-class temperament!"라고 했는데, 사실상 루스벨트의 최대 무기인 친근감을 두고 한 말이다. 케네스 데이비스Kenneth C. Davis는 "루스벨트의 공헌은 아마 단순히 입법적인 것이라기보다는 심리적인 것에 있을 것이다. 그에게는 잃어버린 확신을 되찾아주고 낙관주의를 회복하고 꺼져버린 듯한 희망을 되살리는 천부적인 재능이 있었다"며 다음과 같이 말한다.

"루스벨트는 부유한 특권층 가정에서 자랐음에도 그런 기질을 천

* 루스벨트는 노변담화로 유명한 라디오 방송 연설을 통해 미국인들의 마음을 사로잡았다.

부적으로 지니고 있었다. 국민들은 라디오에서 흘러나오는 그의 '노변담화'를 듣고 루스벨트가 마치 자신들의 응접실이나 거실에 앉아 스스럼 없이 말을 건네는 듯한 친밀감을 갖게 되었다. 보수적인 공화파 집안에서는 물론 루스벨트라는 이름을 입 밖에 내지 못하고 '그 사람'이라고 불렀지만 대부분의 미국인들은 실제로 그를 존경했다. 흑인들도 재건기 이래 자신들의 본거지였던 공화당을 버리고 루스벨트가 속한 민주당으로 옮겨가기 시작했다."

루스벨트가 뉴딜 정책으로 대공황의 위기를 극복해나갈 수 있었던 것도 바로 그런 감성 파워 덕분이었다. 60여 년 후 미국 심리학자이자 저널리스트인 대니얼 골먼Daniel J. Goleman, 1946~이 출간한 『감성 지능Emotional Intelligence』(1995)이란 책이 세계적인 베스트셀러가 되면서 '감성 지능 열풍'을 불러오는데, 루스벨트는 그런 감성 지능의 원조로 손색이 없는 인물이었다. 특히 국가적 위기 시 지도자에게 가장 필요한 덕목이 감성 지능이란 건 오늘날의 한국에도 시사해주는 바가 있지 않을까?

과연 '인간의 얼굴을 가진 파시즘'이었나?

루스벨트의 뉴딜 혁명

미국적 삶의 혁명이 시작되다

대공황을 어떻게 타개해나갈 것인가? 프랭클린 루스벨트Franklin Delano Roosevelt, 1882~1945는 대통령에 취임한 후 의회에 비상 임기 의회 개회를 요청한 뒤 1933년 3월부터 6월까지 100일간에 걸쳐 일련의 놀라운 법령을 제정해나갔다. 이른바 '뉴딜New Deal정책'이다. 구제relief·부흥recovery·개혁reform을 내세운 뉴딜 정책은 '미국적 삶의 방식에 일대 변화를 몰고온 혁명'이었다.

1933년 3월 9일 발표된 비상 은행 구제법은 대통령에게 신용·통화·금에 대한 광범위한 권한을 부여했다. 5월 27일 루스벨트는 미국 증권시장 사상 최초의 증시 규제 법안인 '연방 증권법'을 발효시켰다. 이 법에 따라 모든 신주는 일정 기간 공시를 해야 발행될 수 있었고, 발행된

신주는 정부 기관에 등록해야 했다. 6월 5일 의회는 금본위제를 정지시키고, 6월 16일에는 미국 금융 역사상 가장 획기적인 법인 '글라스 스티걸Glass-Steagall법'을 통과시켰다. 공식적으로 '1933년 은행법'으로 불리는 이 법에 따라 5,000달러 이하의 예금을 정부가 지급 보증하는 방법으로 은행 파산을 진정시키기 위해 연방예금보험공사The Federal Deposit Insurance Corporation, FDIC가 발족했다. 또한 이 법은 모든 은행이 여·수신 전문 은행과 투자은행 가운데 선택을 하도록 했다.

뉴딜의 첫 번째 프로그램으로 시민 자원 보존단Civilian Conservation Corps, CCC이 창설되었다. 18세에서 25세까지의 젊은이 160만 명에게 식목과 청소 등 자원보존 관계 일자리를 제공하는 프로그램이었다. 농업 조정부도 신설해 소출 없는 토지는 농부들에게 돈을 주고 거둬들이는 방식으로 농산물 가격을 상승시키고자 했다. 이는 굶주리는 사람들의 분노를 자아내게 했고, 흑인 소작인들이 농사를 짓지 못하게 되는 부작용을 낳았다.

더 큰 논란을 불러일으킨 건 테네시강 유역 개발 공사Tennessee Valley Authority, TVA 사업이었다. 이는 연방 주도의 수력전기 발전 계획으로 급진적인 출발의 시작이었다. 이 공사는 전력을 생산하는 것 외에도 댐을 지었고 비료를 생산·판매했으며 주변 지역의 재식림 사업을 했고 휴양지를 개발했다. 민간 분야에 정부가 끼어든다고 해서 '공산주의 정책'이라는 비난이 쏟아졌다. 루스벨트는 그런 비난에 굴하지 않고 이어 연방 긴급 구제국Federal Emergency Relief Administration, FERA을 신설해 연방 구제기금 5억 달러를 극빈곤층에게 배당했다. 연방 복지 제도의 시작이다.

100일 의회의 마지막 회기에서 가장 논란이 컸던 것은 전국 부흥법 National Recovery Act, NRA이었다. 기업 생산을 촉진하기 취해 마련된 이 법령

• 미국인들은 미국 산업 부흥국의 상징물인 푸른 독수리와 "우리는 우리의 일을 한다"라는 모토가 적힌 가게에서 물건을 구입하도록 권유받았다.

은 생산, 노동, 원가에 엄청난 정부 통제를 수반하는 것이었다. 이 법의 감독 기관으로 푸른 독수리를 상징으로 하는 미국 산업 부흥국National Recovery Administration, NRA이 신설되었다. 기업인과 상인들은 푸른 독수리와 "우리는 우리 일을 한다We Do Our Part"라는 모토가 적힌 미국 산업 부흥국의 상징물 앞에서 서약을 했으며, 소비자들은 미국 산업 부흥국의 상징물이 부착된 곳에서 물건을 구입하도록 권유받았다.

미국 전역에서는 이 정책을 지지하는 거대한 행진이 벌어졌다. 뉴욕 시에서만도 수백만 명의 시민이 미국 산업 부흥국 지지 행진을 벌였다. 에이브러햄 링컨Abraham Lincoln, 1809~1865 이후 공화당의 고정표였던 흑인들은 거실에 붙여 놓았던 링컨의 사진을 떼고 루스벨트의 사진으로 바꾸기 시작했다.

　반면 보수파들은 크게 반발했다. 루스벨트 부부가 함께 부르는 형식을 취한, "그대가 흑인에게 키스하면 나는 유대인에게 키스한다. 서로 숨이 멎을 때까지 백악관에 머무르리라"는 우스꽝스러운 노래가 유행하기도 했다. 특히 공화당 보수파는 루스벨트가 빨갱이라고 비난하고 나섰다. 온갖 날조된 인신 공격과 유언비어가 난무했다. 이름을 바꾸어서 그렇지 루스벨트는 원래 네덜란드계 유대인 자손이라든가, 대통령 부인 엘리너가 흑인에게서 얻은 임질을 루스벨트에게 전염시켰다든가, 차마 입에 담을 수도 없는 섹스 행위를 배우기 위해 모스크바를 방문할 예정이라든가 하는 소문마저 떠돌았다.

　심지어 루스벨트 가문 내에서도 프랭클린 루스벨트를 '상류층의 배신자'로 낙인찍어 미워하는 사람이 많았다. 이와 관련, 오치 미치오越智通雄는 이렇게 주장한다. "링컨의 지휘 하에 노예해방을 단행했던 자유주의적 공화당이 서서히 보수화되고 마침내는 반동적 상류층 정당으로 변모하는 계기는 상당 부분 '상류층의 배신자' 루스벨트에 대한 증오에서 비롯되었다."

뉴딜은 정말 파시즘이었나?

그런 증오 때문이었는지는 알 수 없지만, 1933년 이후 뉴딜을 파시즘으로 보는 의견이 홍수처럼 쏟아져나왔다. 루스벨트가 이탈리아의 베니토 무솔리니Benito Mussolini, 1883~1945에게 호감을 표했다는 것도 그런 시각의 근거가 되었다. 루스벨트는 독일의 아돌프 히틀러Adolf Hitler, 1889~1945와는 거리를 두면서도 무솔리니에게는 1930년대 중반까지 오직 '호감과 신뢰'만을 갖고 있다고 말했다. 미국은 제2차 세계대전에 뛰어들기 전까지는 반공反共이라는 기치 아래 파시즘을 우호적으로 생각하는 경향이 있었다는 걸 감안할 필요가 있겠다.

이탈리아와 독일에서도 뉴딜을 파시즘으로 보는 의견들이 나왔는데, 이는 자신들의 파시즘이 지구상의 가장 강한 국가인 미국에 의해 추인 받았다는 걸 강조하고 싶은 생각 때문이었다. 1933년 7월 무솔리니는 루스벨트의 저서 『전망Looking Forward』에 대해 쓴 서평에서 "루스벨트는 독자들에게 청년의 결단성과 남성다운 절제심을 가지고 맞서 싸울 것을 촉구한다. 이러한 호소는 파시즘이 이탈리아 인민들을 자각시켰을 때 사용했던 방법과 수단을 연상시킨다"고 했다. 흥미로운 건 무솔리니의 언론 담당 부서는 뉴딜을 파시즘적인 것으로 기술하지 말라는 명령까지 내렸다는 사실이다. 루스벨트의 국내 정적政敵들이 환영할 만한 공격 수단을 제공할까봐 염려해서 그랬다나.

무솔리니의 그런 배려에도 미국에서 루스벨트의 정적들은 뉴딜은 파시즘이라며 맹공을 가했다. 1932년 대선에서 루스벨트에게 패한 허버트 후버Herbert Hoover, 1874~1964는 "우리 정부는 일종의 파시스트 정부가 될 수 있다"고 경고했으며, 일부 민주당 의원들조차 루스벨트가 "이 나라의 구석구석에다 히틀러주의를 이식하려" 한다고 비난했다. 미국 사회당 American Socialist Party 대표 노먼 토머스Norman Thomas, 1884~1968는 『뉴욕타임스』(1933년 6월 18일) 기고문에서 "우리는 파시즘의 정치학이 없는 파시즘의 경제학을 어느 정도까지 취할 것으로 기대할 수 있는가?"라고 물었

• 1933년 루스벨트의 취임식을 위해 자동차로 이동하고 있는 프랭클린 루스벨트와 허버트 후버(왼쪽). 허버트 후버는 루스벨트의 뉴딜 정책을 두고 "파시스트 정부가 될 수 있다"고 경고했다.

다. 그는 1934년엔 "뉴딜의 경제학과 무솔리니의 조합주의 국가 혹은 히틀러의 전체주의 국가의 경제학 간의 유사성들은 밀접하고도 명백하다"고 주장했다.

실용주의와 파시즘의 '선택적 친화성elective affinity'을 지적하는 시각도 나왔다. 1934년 미국 컬럼비아대학의 철학자 윌리엄 페퍼럴 몬태규William Pepperell Montague, 1873~1953가 뉴딜을 옹호하면서 '페이비언 파시즘Fabian Fascism'이란 말을 만들어낸 것도 그런 관점에서 볼 수 있다. '페이비언 파시즘'은 '인간의 얼굴을 가진 파시즘'이란 뜻일 텐데, 이런 게 바로 실용주의적 사고에서 비롯된 게 아니겠느냐는 것이다.

당대의 유력 저널리스트 월터 리프먼Walter Lippmann, 1889~1974도 뉴딜을 파시즘과 연계시켜본 사람이었다. 리프먼은 '뉴딜'에서 '전체주의

totalitarianism의 확산'을 발견하고 그러한 우려를 1937년 『좋은 사회The Good Society』라는 책을 통해 상세히 표현했다. 그는 이 책에서 모든 '집단주의 collectivism(공산주의, 파시즘, 심지어 '뉴딜'까지)'는 '경제 계획'이라는 개념에 근거를 두고 있기 때문에 위험하다고 주장했다.

리프먼에게 '계획'과 '인간 자유'는 양립할 수 없는 것이었다. 그래서 그에게 '계획된 민주사회'란 언어 그 자체로서 모순이었다. 모든 종류의 '계획'을 '집단주의'와 동일시하고 '집단주의'의 형태와 정도의 차이를 완전히 무시함으로써 리프먼은 '뉴딜'을 파시스트 이탈리아, 나치 독일, 공산주의 러시아와 동일선상에 놓은 것이다.

'뉴딜' 예찬론자들은 리프먼을 철저한 반동이라고 비난했으며, 좌익 언론은 리프먼을 '월스트리트의 대변인'이라고 몰아부쳤다. 리프먼의 이직移職이 그런 비난의 근거가 되었다. 1931년 리프먼은 『뉴욕월드』가 신문 재벌 스크립스-하워드에게 매각되자, 『헤럴드트리뷴』으로 자리를 옮겼다. 당시 그의 이직은 사회적으로 큰 화젯거리가 되었다. 리프먼은 비록 변신을 했을지라도 여전히 자유주의자의 체취를 풍기고 있던 반면에 『헤럴드트리뷴』은 대표적인 공화당계 신문으로 실업가들이 주요 독자층이었기 때문이다. 리프먼으로선 경제적 안정이 필요했고 『헤럴드트리뷴』으로선 더 넓은 독자층이 필요했기 때문에 가능한 일종의 대타협이었다.

그렇지만 리프먼이 『헤럴드트리뷴』과 손을 잡은 것은 실제로 그의 사상적 변신을 의미하는 것이기도 했다. 그는 『헤럴드트리뷴』으로 자리를 옮긴 바로 그해에 미국정치학회에서 행한 한 연설을 통해 '자유주의 liberalism'의 개념을 새롭게 정의했다. 그는 대기업들이 사회에 미치는 영향력이 너무도 막강해짐에 따라 자유주의자들과 대기업들이 반목하던 시대는 지났으며 이제 그들은 서로 손을 잡고 공동의 목표를 추구할 수 있게 되었다고 역설함으로써 많은 사람을 깜짝 놀라게 했다.

그러나 역사학자 프레더릭 크롬Frederic Krome은 리프먼은 타락한 것이 아니라 그가 공개적으로 천명한 자신의 원칙과 사상에 충실했다고 주장한다. 국가가 위기에 직면했다고 해서 대통령에게 초헌법적 권한을 부여하는 것은 미국 체제를 파괴시킬 것이라는 리프먼의 주장에 대한 동의 여부에 관계없이 일관성만큼은 리프먼의 몫이라는 것이다.

뉴딜을 어떻게 평가할 것인가?

뉴딜을 둘러싼 파시즘 논란은 뉴딜의 시행 내내, 아니 오늘날까지도 계속되고 있다. 그렇기 때문에 뉴딜에 대한 반대를 단지 당파 싸움의 관점에서만 보긴 어렵다. 케네스 데이비스Kenneth C. Davis는 뉴딜 정책은 1776년(미국 독립)과 1860년(링컨의 대통령 당선)에 비견할 만한 '미국사의 일대 전환점'이었다며 다음과 같이 말한다.

"그것은 일부 국민에게 영향을 미치는 작은 연방 정부를 국민의 삶 곳곳에 영향을 미치는 거대한 정부로 변모시킨 일대 혁명이었다. 긍정적이든 부정적이든 루스벨트는 미국인들의 삶 속에 유례가 없을 만큼 깊숙이 연방 정부를 침투시켰다. 개인이나 민간 경제에 정부가 그토록 광범위한 영향력을 행사한다는 것은 예전이라면 꿈도 꿀 수 없는 일이었다. 개인이나 민간 경제는 정부에 기댈 생각도 없었고 또 그렇게 할 수도 없었다. 21세기 관점으로 보면, 미국에서 워싱턴의 결정에 좌우되지 않는 곳은 거의 없다 해도 과언이 아니다. 나라를 위기에서 구하기 위해 연방 기구를 조직하는 대통령에게 나라를 모스크바로 끌고 가는 공산주의자라는 낙인을 찍는 행위는 지금이라면 상상도 할 수 없는 일이다."

독일 역사학자 볼프강 시벨부시Wolfgang Schivelbusch는 '미국사의 일대 전환점'이라는 말의 의미를 달리 해석한다. 그는 『뉴딜, 세 편의 드라마: 루스벨트의 뉴딜·무솔리니의 파시즘·히틀러의 나치즘』(2005)에서 루스벨트의 뉴딜 정책이 미국 경제는 물론 세계경제를 대공황에서 구했으며 그래서 선善이라는 이른바 '뉴딜 신화'에 정면 도전한다. 그간 뉴딜은 선善, 파시즘은 악惡으로 여겨져왔는데, 정말 그런가? 그렇지 않으며, 둘 사이엔 공통점이 많다는 게 그의 주장이다. 미국 학자가 그런 주장을 펴

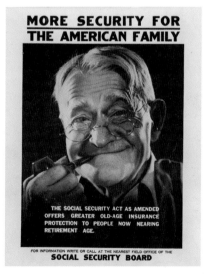

• 뉴딜 정책은 연방 정부가 미국인의 삶 곳곳에 영향을 미치는 거대 정부로 변모하는 계기가 되었다. 1930년대 말 혹은 1940년대 초반 제작된 것으로 추정되는 사회보장제도의 혜택을 홍보하는 포스터.

면 오해의 소지가 덜할 텐데, 자신이 독일인이라는 게 영 마음에 걸렸나 보다. 그는 "공통성의 영역을 찾는 일은 동일성을 주장하는 것이 아니다"고 선을 긋는다.

사회주의와 파시즘은 다른 것 같지만 배후에서 작동하는 주도적인 힘은 둘 다 계급의식이라는 점에선 같다. 1906년 독일 사회학자 베르너 좀바르트Werner Sombart, 1863~1941는 "왜 미국에는 사회주의가 존재하지 않는가?"라는 질문을 던졌으며, 1930년대엔 "왜 미국에는 파시즘이 존재하지 않는가?"라는 질문이 제기되었다. 시벨부시는 둘 다 답은 동일하다고 말한다. 미국인들은 계급의식을 갖고 있지 않기 때문이라는 것이다. 실제로 미국인들은 오늘날에도 계급에 관계없이 계급이란 말을 아주 싫어한다. 그래서 미국에서 파시즘은 실현되지 않았지만, 파시즘 요소는 농후했다는 게 시벨부시의 주장이다.

왜 미국인들에겐 계급의식이 없을까? 역사학자 데이비드 포터David Porter는 "유럽의 급진적인 사상은 부유층으로부터 자가용차와 고급 의복을 박탈해야 한다고 주장하는 경향이 있다. 이와 반대로 미국의 급진적인 사상은 보통 서민이라도 진짜와 구별할 수 없는 복사품을 대량생산에 의해 가질 권리가 있다고 주장한다"고 설명한다. 미국 공산당도 그걸 깨달았던 걸까? 미국 공산당은 루스벨트를 지지하면서 보수파의 전유물로 통했던 '미국 정신'이라는 말을 차용했다. 그래서 공산당의 슬로건은 "공산주의가 20세기의 미국 정신이다"로 바뀌었다.

시벨부시가 주목하는 또 하나의 공통점은 강력한 카리스마 리더십이다. 이는 파시즘의 필수 요소이기도 하다. 루스벨트와 히틀러는 인민의 영혼을 감동시키는 탁월한 언어능력을 구사했다. 특히 루스벨트는 이른바 '노변정담爐邊情談'으로 유명한 라디오 방송 연설을 통해 미국인들의 마음을 사로잡았다. 그게 그의 선천적 재능 덕분인 줄 알았는데, 시벨부시는 치밀한 사전 준비와 연습이 있었다는 점을 강조한다.

히틀러가 거울 앞에서 제스처들을 충분히 연습한 것과 마찬가지로, 루스벨트는 발음, 억양, 속도, 숨 돌림 길이, 단어 선택 등에서 다양한 변화를 실험하면서 자신의 노변정담을 연습했다고 한다. 심지어 자신의 목소리에서 실제 연설에서는 거의 포착하기 어려운 경미한 쉿소리를 제거하기 위해 라디오 연설을 하기에 앞서 일부러 의치義齒를 했으며, 그런 이유로 그는 때때로 그런 준비를 하지 않은 채 하는 자신의 라이브 연설이 라디오로 방송되는 것을 거부할 정도였다는 것이다. 히틀러의 연설이라고 하면 대부분 고래고래 소리 지르는 선동을 연상하지만, 그건 오히려 예외였고 온화하면서도 낭랑한 바리톤으로 청취자들의 소름을 돋게 한 게 그의 주특기였다고 한다. 음악적으로 말하자면 베토벤의 '전원 교향곡'과 같았다나.

시벨부시는 그 밖에 선전·홍보에 대한 과대 의존, "땅으로 돌아가자"는 지역 중심주의, 공공사업 등을 공통점으로 거론한다. 다 말 된다는 생각은 드는데, "과연 어떤 파시즘인가?"라는 질문으로 반론을 할 수 있을 것 같다. 파시즘 초기에 당대의 많은 지식인이 매료되었던 이론으로서 파시즘과 우리가 오늘날 600만 명에 이르는 유대인 학살과 헤아릴 수 없이 많은 악행을 저지른 역사적 실체로서 받아들이는 파시즘 사이엔 엄청난 괴리가 있지 않겠느냐는 것이다. 시벨부시는 전자의 파시즘에 매달리고 있는데, 아무리 애를 써도 후자의 파시즘 이미지에 압도되기 마련이다.

파시즘의 요소로는 반합리주의, 반평등주의, 엘리트주의, 지도자 추종주의, 조합주의, 권위주의, 전체주의, 국수주의, 인종주의, 제국주의 등이 거론되는데, 이 가운데 몇 개가 포함되어야 파시즘이라고 부를 수 있단 말인가? 오히려 '파시즘'이라는 딱지를 정치적으로 이용하려 드는 게 문제가 아닐까? 뉴딜과 파시즘의 관계를 어떻게 평가하건, 뉴딜이 20세기 미국의 국가 부흥의 결정적 계기였으며, 적어도 1970년대까지 미국 사회를 지배한 국가적 이념이었다는 사실은 달라지지 않을 것이다.

무엇이 20세기를 '미국의 세기'로 만들었나?

미국의 무기 대여법

왜 처칠은 화평 교섭을 거부했는가?

1940년 미국 인류학자 마거릿 미드Margaret Mead, 1901~1978는 「전쟁은 발명품에 불과하다: 그것은 생물학적 필연이 아니다」는 제목의 논설을 발표했다. 그러나 '발명'과 '필연'의 경계가 분명한 것은 아니며, 둘 사이의 거리가 그리 먼 것도 아니라는 게 점점 더 분명해졌다. 1939년 2월 갤럽 여론조사의 결과에 따르면, "당신은 프랭클린 루스벨트의 3선에 찬성합니까?"라는 질문에 대한 찬성은 31퍼센트에 지나지 않았다(반대 69퍼센트). 그러나 1939년 9월 제2차 세계대전의 발발 후 여론은 급속히 변하기 시작한다. 1940년 3월 조사에선 "루스벨트가 출마한다면 그에게 투표하겠습니까?"라는 질문에 47퍼센트가 찬성했다(반대 53퍼센트).

유럽은 최악의 상황에 처해 있었다. 윈스턴 처칠Winston Churchill,

1874~1965이 새로운 영국 수상이 된 1940년 5월 10일 새벽 독일의 아돌프 히틀러Adolf Hitler, 1889~1945는 서유럽 침공을 개시했다. 침공 3일 만에 독일 군이 프랑스의 스당Sedan 전선을 돌파하자 네덜란드는 항복하고 벨기에 는 포기 상태에 들어갔다가 5월 27일 항복했다. 프랑스 북부의 됭케르크 Dunquerque에 포위된 영국군과 프랑스군 50만 명을 안전하게 영국으로 철 수시킬 가능성도 희박했다.

영국에선 독일과의 화평 교섭의 목소리가 높아졌다. 처칠은 독일과 화평 교섭을 벌여야 될지도 모를 '최악의 상황'에 대비하기 위해 노골적 인 히틀러 숭배자인 로이드 조지Lloyd George, 1863~1945를 자신의 내각에 입 각시키려고 애를 쓰고 있었다. 외무 장관 핼리팩스E. F. L. Wood, 1st Earl of Halifax, 1881~1959는 무솔리니의 중재를 통해 히틀러와 유리한 조건으로 화 평 교섭을 벌이자며, 구체적인 안을 내놓았다.

5일간의 치열한 논쟁 끝에 결단의 시간이 임박했다. 5월 28일 오후 5시 처칠이 결단을 내렸다. 화평 교섭을 물리치고 끝까지 싸우기로 한 것이다. 6월 19일 프랑스마저 항복함으로써 처칠의 결단은 어리석은 듯 보였지만, 역사는 뜻하지 않은 방향으로 흘러갔다. 역사가 존 루카치John Lukacs는 『세계의 운명을 바꾼 1940년 5월 런던의 5일Five Days in London, May 1940』(1999)에서, 그때 영국이 독일과 화평 교섭을 갖기로 했다면 히틀러 는 제2차 세계대전을 승리로 마무리했을 것이며 그렇게 되었다면 우리 는 지금과는 다른 세상에서 살고 있을 것이라고 주장한다.

처칠에겐 '믿는 구석'이 있었으니 그건 바로 미국이었다. 1940년 6월 처칠은 프랭클린 루스벨트Franklin Delano Roosevelt, 1882~1945 대통령에게 보낸 서한에서 "우리가 패한다면 대통령께서는 나치의 지배하에 통일된 유럽

• 1940년 11월 14일 밤에 독일 공군의 폭격에 의해 파괴된 코번트리 대성당을 방문한 윈스턴 처칠. 히틀러에 맞서 영국을 이끈 처칠은 5일간의 치열한 논쟁 끝에 끝까지 싸우기로 결단을 내렸다.

과 맞서야 합니다. 그 유럽은 신세계보다 훨씬 인구가 많고 훨씬 강력하며 군비를 훨씬 더 잘 갖추고 있을 것입니다"라고 호소했다.

미국 유권자들도 비슷한 생각을 했던 걸까? 에이브러햄 링컨Abraham Lincoln, 1809~1865이 남북전쟁 중에 치러진 대선에서 시종일관 "강을 건너는 중에는 말을 갈아탈 수 없다It is best not to swap horses while crossing the river"고 주장한 걸 상기했던 걸까? 1940년 8월 파리가 히틀러 군대에 함락되자, 여론은 더욱 루스벨트 쪽으로 기울기 시작했다. 이때에 루스벨트에게 표를 던지겠다는 유권자가 51퍼센트로 최초로 과반수에 이르렀다.

루스벨트가 3선 도전에 나선 1940년 대선에서 공화당 후보는 인디애나주 출신으로 과거 민주당원이었던 웬들 윌키Wendell Wilkie, 1892~1944였다. 윌키는 미국의 참전에 적극적으로 반대하는 입장을 밝혔다. 물론 이때까지는 루스벨트 역시 중립론을 역설했다. 루스벨트는 선거전이 막바지에 이른 10월 30일 보스턴 연설에서 다음과 같이 공약했다.

"이 나라의 어머님과 아버님, 여러분의 자제는 외국의 전쟁에 파견되지 않으리라는 것을 나는 여러분에게 다시 한 번 약속합니다. 이 약속은 이전에도 말한 적이 있고 이후에도 몇 번이든지 거듭 말할 것입니다. 여러분의 자제들은 오직 막강한 군대가 되기 위해 훈련을 받을 것이고 막강한 군대가 존재한다면 전쟁의 위협은 이 나라의 해안에서 물러갈 것입니다. 우리가 군비를 준비하는 목적은 오로지 방어에만 그칠 것입니다."

루스벨트도 반전反戰 무드의 힘을 잘 알고 있었다는 뜻이다. 고립주의는 미국의 오랜 전통이기는 하지만, 이처럼 강한 반전 무드엔 제1차 세계대전에 대한 강한 환멸이 자리 잡고 있었다. 이와 관련, 역사가 카를 베커Carl Becker, 1873~1945는 제1차 세계대전에 대해 "미국이 민주주의를 위한 세계의 안전과 번영을 수호했다기보다는 오히려 독재자에게 안전한 세계를 만드는 데 기여했고, 경제적으로는 악성 부채로 고통을 가져왔다"고 말했다.

무기 대여법을 발표하다

루스벨트는 1940년 11월 5일 대선에서 공화당 후보 웬들 윌키를 '27대 22'의 비율로 꺾고 세 번째로 대통령 연임에 성공했다. 민주당도 하원에서 267대 162, 상원에서 66대 28로 압승을 거두었다. 루스벨트가 대선 승리를 만끽하고 있을 때에 처칠은 루스벨트에게 더는 현금으로 지불할 수 없는 상황이라며 무기와 탄약 부족을 또 한 번 호소했다.

선거 결과에 고무된 루스벨트는 점점 자신의 공약과는 다른 길로 나아가기 시작했다. 그는 1940년 12월 17일에 가진 기자회견에서 처칠의 호소에 부응하는, 이른바 '무기 대여법Lend-Lease Act'의 구상을 발표했다. 미국의 방위에 절대 필요한 것으로 간주되는 곳이면 어느 나라든 원조할 수 있으며, 탱크·전투기·전함을 대여해주고 전쟁이 끝나면 현금이 아닌 현물로 돌려받자는 내용의 법안이었다. 쉽게 말하자면, 무기를 살 돈이 없는 영국에 무기를 무상으로 제공하자는 것이었다. 루스벨트는 그 취지를 다음과 같이 설명했다.

"가령, 이웃집에 불이 났다고 가정해봅시다. 이웃집 주인이 우리 집 정원의 호스를 가져가 자기 집 수도에 연결하여 불을 끌 수 있는 상황이라면 그렇게 하도록 도와줄 수도 있겠지요. 자, 이제 나는 어떻게 할까요? 나는 이렇게는 말하지 않겠습니다. '이봐요, 15달러 주고 산 호스요. 쓰려거든 15달러 내고 가져가시오.' 그 상황에 거래가 될 말입니까? 나는 15달러 필요 없어요. 불을 끄고 호스를 돌려주기만 하면 그만이요."

이에 대해 케네스 데이비스Kenneth C. Davis는 이렇게 말한다. "이것이 바로 루스벨트의 명석함을 보여주는 대목이다. 그에게는 복잡한 것을 단순화시키는 능력이 있었다. 위험한 것도 무해한 것으로 보이게 하는 것이다. 루스벨트는 이 같은 소박한 비유를 들어 미국이 10여 년 동안이나 회피해온 현실에 한 발 가까이 다가설 준비를 하고 있었다. 이웃집은 불만 붙은 게 아니라 전소될 위기에 처해 있었다."

12월 29일 루스벨트는 '노변담화Fireside Chats'라는 이름이 붙은 라디오 방송을 통해 미국이 '민주주의의 병기창arsenal of democracy'이 되어야 한다고 역설했다. 그는 1940년 말 징집령을 발동할 수 있는 군사력 증강

● '무기 대여법'에 의해 영국으로 건너간 미국의 무기들. 로버트 태프트 상원의원은 무기 대여를 '씹고 나면 버려야 하는 껌'에 비유했고, 『시카고트리뷴』은 이 법안을 '독재자 법'이라고 비난했다.

법안에 이어 1941년 1월 6일 의회에 보낸 연두교서에서 '언론의 자유, 신앙의 자유, 결핍으로부터의 자유, 공포로부터의 자유' 등 4가지 자유를 역설하면서 미국의 이익을 위해 꼭 방위할 필요가 있다고 생각되는 국가들에 무기를 원조해줄 것을 요청했다.

루스벨트는 이렇게 멍석을 깐 다음 1941년 1월 하순 무기 대여 법안을 의회에 제출했다. 무기 대여 법안은 3월 8일 상원에선 60대 31, 3월 11일 하원에선 317대 71로 가결되었다. 이 법안에 반대한 로버트 태프트Robert A. Taft, 1889~1953 상원의원은 무기 대여를 '정원의 호스'가 아닌 '씹고 나면 버려야 하는 껌'에 비유했다. 『시카고트리뷴』은 이 법안을 '독재자 법Dictator Bill'이라고 비난했으며, 일부 여성들은 백악관 앞에서 무기 대여법 반대 시위를 벌이기도 했다. 비록 의회의 첫 승인은 70억 달러였지만, 전쟁이 종결될 때까지 미국은 무기 대여 비용에 500억 달러 이상을 지출하게 된다.

헨리 루스의 '미국의 세기론'

무기 대여 법안의 의회 통과엔 고립주의 비판 캠페인을 벌인 미국 언론계의 거물 헨리 루스Henry R. Luce, 1898~1967의 역할이 컸다. 그는 '미국의 세기American Century'라는 표제가 붙은 그 유명한 『라이프Life』(1941년 2월 17일자) 사설을 통해 미국이 다가오는 세계대전의 결과를 결정하고 연합국의 승리 이후 세계를 자유와 질서로 선도할 의무와 기회를 갖고 있다고 주장했다. 또한 그는 미국을 "인류의 재능 있는 공복, 선한 사마리아의 사람, 자유와 정의라는 이상 실현의 원동력"으로 규정하면서 "미국의 세기가 오고 있다"고 단언했다. 『라이프』에 5,000통의 독자 편지가 답지할 정도로 이 글은 격렬한 찬반 논쟁을 불러일으켰다. 루스는 『뉴욕타임스』에 광고를 내고, 나중엔 자신의 논설과 다른 사람들의 논평을 모아 같은 제목의 책까지 내면서 '미국의 세기' 전도사 역할을 자임하고 나섰다.

따지고 보면 이런 예언의 원조는 미국 '건국의 아버지들Founding Fathers' 중 한 명인 새뮤얼 애덤스Samuel Adams, 1722~1803다. 그는 이미 1775년 "풍요로움으로 인해 미국은 강력한 제국이 될 것이다"고 했다. 그 풍요는 어디에서 오는가? 우선적으로 방대한 국토였다. 무작정 넓기만 한 게 아니었다. 당장 사람이 농사를 지으면서 살 수 있을 정도로 '품질'이 좋

● 헨리 루스는 1941년 『라이프』를 통해 '미국의 세기가 오고 있다'고 단언한 이후 '미국의 세기' 전도사 역할을 자임했다. 헨리 루스와 그의 아내.

은 수준의 국토 크기로만 따진다면, 미국은 세계 최고였다.

20세기 동안 프랑스 인구는 52퍼센트, 독일은 46퍼센트, 영국은 42퍼센트 증가한 반면, 미국의 인구는 270퍼센트나 증가한다. 국토 크기의 축복 때문에 가능한 일이었다. 국토는 인간의 사고까지 영향을 미쳤다. 노르웨이 출신의 어느 지도 제작자는 미국으로 이민을 온 이후 거리 감각에 변화가 생겼다며 다음과 같이 말했다.

"미국에 도착한 유럽인은 처음에는 관점뿐만 아니라 계획을 세우는 데 있어 제한적인 모습을 보여준다. 그러다 점차 자신의 스케일을 넓히게 된다. 이전에는 300킬로미터 거리가 상당히 멀게 느껴졌지만 미국에서는 아주 가까운 거리처럼 여겨졌다. 미국의 공기를 마시자마자 이전에 있던 나라에서는 상상도 못할 규모로 틀을 세우고 설계를 시작하게 된다."

사이즈에 대한 미국인들의 자긍심은 전 분야로 퍼져나간다. 인구도 많지만, 전 세계와 비교할 때엔 '비교적 작은 인구 사이즈에도 불구하고'라는 말이 따라붙는다. 정치인 체스터 볼스Chester B. Bowles, 1901~1986는 "우리 미국 인구는 전 세계 인구의 7%에 지나지 않지만"이라고 전제한 뒤 1940년을 기준으로 미국이 각 분야에서 누리는 사이즈를 다음과 같이 과시했다.

"우리는 세계 자동차와 트럭의 70%, 세계 전화의 50%, 세계 라디오의 45%, 세계 철도의 35%를 갖고 있으며, 세계 석유의 59%, 세계 비단의 56%, 세계 커피의 53%, 세계 고무의 50%, 세계 설탕의 25%를 소비하고 있다."

'미국의 세기'는 새로울 것은 없는 말이었다. 이미 1899년 바티칸 교황이 '미국주의'를 공공연히 비난한 이래로 그간 수많은 유럽인이 '미국의 세기'를 역설해왔다. 물론 비판적인 어조로 말이다. 즉, '미국의 세기'를 어떻게 볼 것이냐 하는 관점의 차이만 있었을 뿐이다. 그럼에도 헨리 루스의 '미국의 세기'론은 미국 사회에 큰 영향을 미칠 수 있는 막강한 언론 권력자가 정색을 하고 긍정적 어조로 본격적으로 제기한 것이라는 점에서 주목할 만한 것이었다.

우리는 '미국화된 세기'에 살고 있다

미국에도 전운이 감돌기 시작한 상황에서 왜 그는 그런 말을 했던 걸까?

한때 세계 최강대국이었던 나라에 값비싼 무기를 공짜로 줄 수 있는 미국의 풍요에 감동을 받았기 때문일까? 전쟁이야말로 '미국의 세기'를 완성시킬 수 있는 기회라고 보았기 때문일까?

루스는 이미 미국이 사실상 제2차 세계대전에 참전했다고 보는 관점에서 미국의 전쟁 목표를 미국의 이상인 자유와 정의의 이념을 구현한 개방된 자본주의 세계시장경제를 창출하는 것으로 규정하는 동시에 그러한 비전을 전파하고자 했다. 저널리스트 퀸시 하우Quincy Howe, 1900~1977는 "루스는 미국의 이해관계를 전 인류, 그리고 도덕 법칙의 이해관계와 완전히 동일시하는" 대담함(또는 뻔뻔함)을 보였다고 논평했다. 훗날 피터 J. 테일러Peter J. Taylor는 "50여 년 전 발표된 루스의 이 글을 읽다 보면, 우리는 미국에 나머지 세계의 미래를 결정할 수 있는 능력이 있다고 본 그의 엄청난 확신에 놀라게 된다"며 다음과 같이 말한다.

"그의 확신은 전시에 흔히 볼 수 있는 국수주의적 허세가 아니었다. 오히려 루스의 말은 그람시의 『옥중수고』를 읽고 나서 그의 헤게모니 개념을 세계 무대에 투영하려 한 것처럼 보이는 말이었다. 즉각적인 승전보다 훨씬 더 큰 문제에 관심을 보였다는 점에서 이 글은 루스의 헤게모니적 기질을 잘 드러낸 글이었다. 그람시의 말을 빌리자면, 이 글의 등장은 미국의 '지적·도덕적 지도력'을 확립하려는 국제적 사건이었던 셈이다."

'헤게모니hegemony'란 이탈리아 공산주의 운동가이자 사상가인 안토니오 그람시Antonio Gramsci, 1891~1937가 "왜 프롤레타리아 혁명이 일어나지 않는가?"라는 의문을 갖고 제기한 개념이다. 헤게모니는 "특정한 역사적 시기에서 지배계급이 국가의 경제적·정치적·문화적인 방향에 대한 자신들의 권력을 유지하기 위해 피지배계급에 대한 직접적인 강압보다는 문화적 수단을 통해 사회적·문화적인 지도력을 발휘하는 능력"을 의미한다. 즉, 루스는 '미국의 세기'는 미국의 군사력과 경제력만이 아니라, 사회적·문화적인 '소프트 파워'에 의해 지속되리라는 걸 예고한 셈이다.

훗날의 역사는 루스의 예언이 적어도 반은 옳았음을 입증한다. 미국이 "인류의 재능 있는 공복, 선한 사마리아의 사람, 자유와 정의라는 이상 실현의 원동력"인지는 알 수 없으나, 미국이 모든 걸 지배하는 '미국의 세기'가 도래한 것은 분명했다. 다른 건 제쳐놓더라도 1940년대 전반 미국의 강철 생산량은 미국을 제외한 세계 모든 나라의 생산량을 합한 것보다 많았으니, 이 어찌 '미국의 세기'가 아니랴.

1940년대 후반에 가면 '미국의 세기'라는 게 점점 더 분명해진다. 예컨대, 미국은 1946년 연간 350만 대 자동차를 팔아치우고, 1949년 최초로 500만 대를 넘어서는 자동차 생산량을 기록한다. 이 지구상의 어떤 나라가 감히 미국의 이런 풍요에 대적할 수 있단 말인가. 이 모든 게 유럽이나 다른 나라들과는 확연히 다른 미국식 제도의 성공에 힘입은 게 아니었던가. 이와 관련, 에밀리 로젠버그Emily S. Rosenberg는 다음과 같이 말한다.

"미국의 팽창은 군대의 무력과 정부의 주도에 의하지 않고, 민간 산업의 조직, 전문가의 재능, 박애주의자들의 선의를 발전 기반으로 하고 있다. 미국의 이상에 대한 루스의 비전 제시는 1893년 컬럼비아 박람회의 그것들과 거의 차이를 보이지 않고 있다. 그러나 루스를 비롯한 여타의 합리주의자들은 19세기 자유주의와 미국의 특수한 사명이라는 독단적 신화에 빠져, 세계의 여러 국가에 대해 오도되고 왜곡된 강요를 함으로써 나타나게 된 문제점을 분명히 이해하지 못했다."

어쩌면 그런 문제점을 이해하지 못했다기보다는, 미국의 국익을 위해 그런 문제점은 불가피하다고 보면서 '소프트 파워'로 그걸 상쇄하거나 누그러뜨리려는 생각을 했다고 보는 게 옳으리라. '미국의 세기'라는 구호 자체가 그런 '소프트 파워'의 한 표현이 아니겠는가.

무기 대여법에서부터 시작된 '미국의 세기'라는 표현은 수많은 사람에 의해 상시적으로 인용되면서 덕분에 루스의 명성까지 불멸의 왕관을 쓰게 된다. 그게 부러웠던 건지는 몰라도 훗날 모리스 버먼Morris Berman은 "20세기가 '미국의 세기'였다고 한다면 21세기는 '미국화된 세기'가 될 것"이라고 말한다. 지금 우리는 '미국화된 세기'의 한복판에 살고 있지만, 그것이 얼마나 지속가능할지는 아무도 모른다.

일본 파시스트의 마지막 발악이었나?
일제의 하와이 진주만 폭격

"진주만을 기억하라"

1941년 초 일본은 미국, 영국, 중국, 네덜란드령 동인도로 구성된 ABCDAmerica, Britain, China, Dutch 연합에 의해 포위되었다. 절망감에 빠진 일본은 1941년 4월 13일 소련과 불가침조약을 체결했다. 이로써 러시아는 동부에 대해서는 안심하고 서구에 대처할 수 있었고, 일본은 러시아에 대해선 안심하고 태평양 지역에 전념할 수 있었다. 조약 체결식에서 일본 외상 마쓰오카 요스케松岡洋右, 1880~1946는 축배를 들면서 "우리는 아시아인"이라고 했고, 소련 독재자 이오시프 스탈린Iosif V. Stalin, 1879~1953도 "우리 두 사람 모두 아시아인이지요"라고 맞장구를 쳤다.

1941년 7월 일본군은 프랑스 식민지였던 베트남의 수도를 장악했으며, 이어 네덜란드가 지배하던 동인도제도를 정복하고자 했다. 암호를 입수해 해독한 미국은 이에 대해 엄중히 경고했지만 일본은 듣지 않았다. 이에 미국은 7월 25일 미국 내의 모든 일본 자산을 동결하는 조치를 취했으며, 8월 2일 일본에 석유 수출을 금지했다.

점점 참전 쪽으로 다가가는 미국을 과연 일본이 당해낼 수 있을까? 이런 의문을 품은 일본 정부는 미국과 협상하려는 자세를 취하기 시작했다. 이에 일본 내 강경파가 들고 일어났다. 1941년 10월 도쿄의 호전파는 온건파 수상을 축출하고 군부 지도자인 도조 히데키東條英機, 1884~1948를 내세웠다. 전쟁의 길로 일로매진하겠다는 발악이었다. 절망감으로 이성을 잃은 일본은 도박 심리에 빠져들었고, 이는 일본의 하와이 진주만 기습으로 나타났다. 1941년 12월 7일 일요일 아침 7시 55분, 일본은 하와이의 진주만에 정박하고 있던 미 제7함대와 군사시설을 기습 공격했다. 태평양전쟁의 발발이다.

일본 해군의 항공모함 6척에서 발진한 비행기 350대는 기습 공격으로 미군에 큰 타격을 입혔다. 이때 일본 항공 부대 총지휘관이 진주만 상공에서 "우리는 기습에 성공했다"고 전한 암호 전문이 '도라 도라 도라'다. 미국은 전함 8척 중 4척이 침몰했고, 3척이 큰 손상을 입었다. 비행기 570대 중 475대가 완전 파괴되었다. 미 해군과 육군 사망자는 2,897명에 이르렀고, 시민 사망자도 68명이나 되었다.

다음 날인 12월 8일 미국 상하 양원이 합동으로 개회한 가운데 미국 대통령 프랭클린 루스벨트Franklin Delano Roosevelt, 1882~1945는 연설을 통해 의회에 선전포고를 요청했다. 당일 상원은 만장일치(82대 0), 하원은 1표의 기권(388대 1)만으로 선전포고 안을 통과시켰다. 미국은 이날을 '치욕의 날'로 선포하고 일본에 선전포고를 했다. 진주만 기습 직전까진 미국 여

● 1941년 12월 7일 일본군의 진주만 기습 공격으로 인한 미 해군과 육군 사망자는 2,897명, 일반인 사망자는 68명이나 되었다. 당시 침몰된 전함 USS 웨스트버지니아호.

론은 전쟁에 반대했지만, 이젠 사태가 역전되었다. "진주만을 기억하라 Remember Pearl Harbor!"라는 구호가 미국인을 단결시켰다.

영국 수상 윈스턴 처칠Winston Churchill, 1874~1965은 이제 "미국과 한 배를 탔다"며 기뻐했다. 그는 전시 내각의 동의를 가볍게 얻어 역시 일본에 선전포고를 했다. 독일의 아돌프 히틀러Adolf Hitler, 1889~1945도 환호했다. 그는 "우리는 질래야 질 수가 없다. 3천년 동안 한 번도 정복당하지 않은 나라를 동맹국으로 얻었다"고 말했다. 일본이 참전하면 미국은 태평양에 발이 묶이게 되고 극동에 식민지를 둔 영국도 심각한 타격을 받으리라는 계산 때문이었다.

일본의 진주만 기습 3일 후인 1941년 12월 11일 일본의 유럽 동맹국인 독일과 이탈리아도 미국과의 전쟁을 선포하고 나섰다. 소련 침공이 교착 상태에 빠져 고민하던 히틀러도 절망감에 몸부림치다가 그야말로 '미친' 결정을 내린 셈이었다. 미 의회도 같은 날 대對독일 선전포고를 했는데, 상하원에서 각각 88대 0, 393대 1로 통과되었다. 대이탈리아 선전포고도 상하원에서 각각 압도적 표차로 통과되었다.

태평양전쟁의 발발은 아시아 전선과 유럽 전선을 하나로 통합시켰으며, 1942년 1월 1일에는 미국·영국·소련·중국·캐나다 등 26개국의 '연합국 선언'이 발표되면서 이른바 반反파시즘 연합 전선이 형성되었다. 이와 관련, 영국 역사가 에릭 홉스봄Eric Hobsbawm, 1917~2012은 다음과 같이 말한다.

"파시즘은 공공연하게, 다양한 종류의 자유주의자들, 사회주의자들, 공산주의자들, 모든 종류의 민주주의 체제, 소비에트 체제를 똑같이 파괴해야 할 적으로 다루었던 것이다. 오래된 영국 격언의 표현을 빌리자면, '따로따로 교수형 당하지 않으려면 모두가 단결해야 했다They had all to hang together if they did not want to hang separately.'"

루스벨트 음모설

루스벨트는 진주만 피격 직후, '전쟁 정보국Office of War Information, OWI'을 만들어 방송 저널리스트 엘머 데이비스Elmer Davis, 1890~1958가 이끌게 함으로써 이후 홍보전에서 대성공을 거두게 된다. 전쟁 정보국은 모든 매체에 일종의 보도지침을 내리는 한편 자체적으로 전쟁용 방송 프로그램, 영화, 포스터 등을 생산해냈다. 또한 여론 공학을 비롯한 각종 심리전을 위해 학계 전문가들을 대거 활용했다.

제1차 세계대전 때처럼 할리우드 스타들이 전쟁 채권을 파는 데에 앞장섰는데, 이들이 판매한 채권 액수만 1942년 10억 달러에 이르렀다. 어린이들도 이 운동에 동참해 수십억 달러에 이르는 채권을 사들여, 연간 어린이 한 명당 21달러를 지출한 것으로 나타났다. 고위 경영인들이 자원해 연간 1달러의 급료를 받고 전시 체제 전환에 열심히 일조한다고 해서 생겨난 '원 달러 맨One Dollar Man'이라는 말이 시사하듯이, 전 국민 총동원 체제가 자리를 잡았다.

모든 매체를 뒤덮다시피 한 "진주만을 기억하라!"는 슬로건의 위력은 컸다. 그런데 이게 바로 미국의 '기습 유도설'이 나오는 배경이기도 하다. "루스벨트는 미국의 고립주의자들을 설득해 미국 참전을 유도하기 위해 고의로 일본의 진주만 기습이 가능하도록 경계 태세를 허술하게

● 모든 매체를 장악했던 "진주만을 기억하라"는 슬로건은 미국의 '기습 유도설'이 나오는 배경이 되었다.

했다." 1948년 역사가 찰스 비어드Charles A. Beard, 1874~1948가 이런 주장을 편 이후로 다양한 '루스벨트 음모설'이 제기되었다.

　미국 피츠버그대학 교수 도널드 골드스타인Donald Goldstein은 "루스벨트 대통령과 그의 참모들은 당시 전쟁에 개입하기 위해 재난이 필요했다. 그것도 작은 피해가 아니라 큰 피해가 필요했다"고 주장한다. 해군 출신 언론인 로버트 스틴넷Robert Stinnet도 『거짓의 날Day of Deceit』(2001)이라는 책에서 루스벨트와 그의 참모들은 공습 전 하와이 주변 해상 정찰을 중지시켜 일본의 대규모 공격을 유도했다고 주장한다.

　"왜 당시 하와이 주둔 미 해군 사령관 허즈번드 키멜Husband E. Kimmel, 1882~1968 제독과 육군의 월터 쇼트Walter C. Short, 1880~1949 장군이 기습을 당한 책임에도 불구하고 군사재판에 회부하지 않았는가?"라는 의문에서부터 시작해 수많은 의문이 제기되었다. 실제로 이를 규명하기 위한 청문회가 세 차례나 열렸지만, 미국이 과연 일본의 기습을 유도했는지는 지금도 미스터리로 남아 있다.

미국은 이미 한 달 전인 11월에 일본의 암호문을 입수함으로써 전쟁이 임박했다는 사실을 알고 있었지만, 공격 지점을 정확히 알 수는 없었기 때문에 하와이의 진주만과 필리핀의 마닐라 기지에 경계 명령만을 내리고 있었다는 게 그간의 정설이었다. 1961년 발행된 『웹스터 영영사전』이 'Pearl Harbor'에 '진주만을 의미하는 명사' 외에 '경고 없이 갑자기 공격하는'이라는 동사의 용법을 덧붙여 소개한 것도 그런 의외성에 무게를 둔 것으로 볼 수 있다. 그러나 최근 비밀이 해제된 문건 등은 미국의 '기습 유도설' 쪽을 더 뒷받침해주고 있다. 몇 가지 내용을 살펴보자면 다음과 같다.

루스벨트는 이미 11월 25일 육군 장관 헨리 스팀슨Henry L. Stimson, 1867~1950에게 다음 주 월요일쯤 일본의 진주만 공습이 있을 것이라고 말하고, 이어 너무 큰 피해를 입지 않으면서 일본의 침략성을 부각해 국민들에게서 전폭적인 전쟁 지지를 얻어낼 방안을 강구하라고 지시했다. 11월 26일 영국 수상 윈스턴 처칠은 "일본 항공모함이 하와이 동쪽으로 이동 중"이라는 내용의 긴급 전문을 루스벨트에게 보냈으며, 같은 날 코델 헐Cordell Hull, 1871~1955 국무 장관은 두 나라 사이의 호혜 평등을 요청한 일본 천황의 서신을 들고 온 주미 일본 대사에게 의도적으로 모욕적인 언사를 퍼부었다. 일본의 전쟁 도발을 부추긴 게 아니냐는 것이다. 또 헐 국무 장관은 11월 29일 처칠의 전문을 UP통신 기자 조 레이브Joe Leib에게 보여주며, 일본의 진주만 공격이 12월 7일에 있을 것이라고 말했다. 이에 관해 『뉴욕타임스』는 일본의 진주만 공격 다음 날 보도한 「공격 미리 알았다」라는 헤드라인 기사에서, "미국 정부는 최소 일주일 전부터 일본의 진주만 공습 계획을 정확히 알고 있었다"며, 헐 국무 장관에게서 이 정보를 전해 들은 사람이 레이브 기자 외에도 여럿이라고 보도했다.

12월 5일 윌리엄 프랭클린 녹스William Franklin Knox, 1874~1944 해군 장관은 국무회의에서 일본의 진주만 공습이 임박했음을 전군에 알려야 한다고 건의했으나, 루스벨트는 이미 다 알고 있다며 함구하라고 지시했다. 12월 6일 오후 9시 30분, 루스벨트는 34명의 손님이 참석한 만찬 자리에서 "내일 전쟁이 터진다"고 밝혔다. 12월 7일 아침 진주만 공습 보고를 받은 루스벨트는 '위대한 구원great relief'이라며 반겼다. 루스벨트는 같은 날 오후 3시에 개최된 국무회의에서 "우리의 적은 일본이 아니라 히틀러인데, 일본이 우리에게 참전 기회를 주었다"고 말했다. 그날 밤 루스벨트와 회견을 가진 CBS 방송의 기자 에드워드 머로Edward R. Murrow, 1908~1965는 "국가적 재난과 다름없는 진주만 피습을 맞은 루스벨트의 태도가 상식 밖으로 태연했으며 오히려 환영하는 표정이었다"고 전했다.

일국의 대통령이라는 사람에게 어찌 마키아벨리즘이 없는 걸 기대할 수 있으랴만서도, 루스벨트는 그 솜씨가 발군의 경지에 이르렀다. 역사가 제임스 맥그리거 번스James MacGregor Burns, 1918~2014가 자신의 책 제목을 『루스벨트: 사자와 여우Roosevelt: The Lion and the Fox』(1956)라고 붙인 것도 그런 이유 때문이었다. '여우'라는 표현은 좀 심하다고 생각한 걸까? 루스벨트에게 호의적인 역사가 토머스 베일리Thomas A. Bailey, 1902~1983는 "루스벨트는 진주만 사건이 일어나기 전부터 미국 국민들을 여러 번 속

여왔다.……그는 마치 환자 자신의 이익을 위해 거짓말을 해야 하는 의사와도 같았다"고 말한다.

"모든 일본인을 박멸합시다"

기습 유도설의 진실 여부에 관계없이, 진주만 기습 이전엔 반전反戰 여론이 매우 높았다는 건 분명한 사실이다. 1941년 6월의 여론조사에선 미국 국민의 29퍼센트만이 참전을 지지했다. 그러나 영국에 물자를 공급해준다든가 하는 다른 대안들과 함께 설문이 제시된 조사에선 참전 지지율이 6퍼센트로 떨어졌다.

그런데 '진주만'이 일시에 모든 걸 바꾸었다. 다른 파괴는 제쳐놓더라도 3,000명에 가까운 미국인이 순식간에 목숨을 잃었다는 건 그 어떤 미국인도 묵과할 수 없는 대사건이었다. 강력한 고립주의자였던 공화당 상원의원 아서 반덴버그Arthur H. Vandenburg, 1884~1951는 진주만 기습 직후에 쓴 일기에서 "오늘 모든 현실주의자에게 고립주의는 끝났다"고 말했다. 그건 곧 당시 절대 다수의 미국인이 갖게 된 생각이기도 했다. 몇몇 상원의원을 포함해 많은 미국인이 우선 모든 병력을 집중시켜 일본을 공격하자고 주장했다. 그렇게 하는 게 국민정서상 당연한 일이었지만, 루스벨트는 독일에 대한 전쟁이 우선이라는 생각을 관철시켰다.

치욕은 이성을 멀게 하는가? 일본의 하와이 진주만 폭격에 분노한 미국의 한 하원의원은 "나는 현재 미국, 알래스카, 하와이에 살고 있는 모든 일본인을 붙잡아서 강제수용소에 처넣는 데 동의합니다. 그들을 박멸

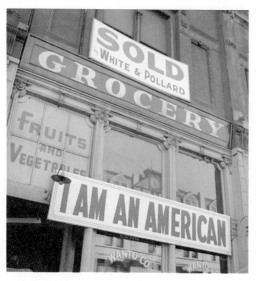

• 태평양전쟁이 발발하자 일본계 미국인들은 "나는 미국인이다"고 강조했지만 2년 반 동안 강제수용소에 갇혀 지내야 했다. "나는 미국인이다"는 간판을 내건 일본계 미국인 상점.

합시다'라고 외쳤다. 그의 외침은 다수의 정서였다. 1942년 2월 루스벨트는 군대에 서부 해안(태평양 연안)에 살고 있던 남녀노소를 불문한 일본계 미국인들을 체포할 수 있는 권한을 주었다. 일본계 이민자 12만 명 중에 4분의 3은 미국에서 태어난 미국 시민들이었는데도 말이다.

일본계 이민자들은 태평양전쟁의 전세가 미국 쪽으로 한참 기울어진 1944년 12월 17일까지 감옥과도 같은 강제수용소에서 2년 반 동안 갇혀 지내야 했다. 미국 정부는 나치 독일이 만든 유대인 강제수용소와 같은 표현인 'concentration camp'라고 불리길 꺼려 단순한 주거 이전이라는 의미가 강한 'relocation camp'라고 불렀지만, '강제수용소'인건 분명했다.

1988년 로널드 레이건Ronald W. Reagan, 1911~2004 대통령은 생존한 일본

계 피수용자들과 유족들에게 모두 16억 달러의 배상금을 지급하고 사과하는 법안에 서명했다. 법안은 일본계 미국인들을 억류한 것이 "인종적 편견, 전쟁 공포, 정치적 리더십의 실패"에서 비롯된 미국 정부의 과오였다고 밝혔다.

이는 자발적으로 나온 것은 아니었다. JACL(전국 일본계 시민 협회)의 끈질긴 노력이 있었다. 여기에 비밀문서로 보관되었다가 1970년대 일본계 3세대 변호사들의 끈질긴 추적 끝에 발견된 '먼슨 보고서'가 미친 영향이 컸다. 진주만 기습 이전부터 일본과의 전쟁이 불가피하다고 본 루스벨트는 전쟁이 터지면 일본계 미국인들이 어느 나라에 충성심을 보일지 알고 싶어 했다. 이에 대해 조사한 보고서가 '먼슨 보고서'인데, 진주만 기습 한 달 전에 나온 이 보고서는 "일본계 미국인은 미국에 절대적인 충성심을 갖고 있다"고 결론 내렸다. 그럼에도 일본계 미국인들을 수용소에 감금했으니 미국 정부로선 사과를 하지 않을래야 않을 수가 없게 된 셈이었다.

미국 법무부가 당시의 피해자들을 찾아나선 결과 약 6만 5,000여 명이 아직 생존해 있는 것을 확인했다. 미 정부는 이들이 모두 고령임을 감안해 고령 순으로 매년 약 2만 5,000여 명씩 3년 동안 배상을 실시키로 하는 한편 배상이 결정된 1988년 이후 사망한 피해자에 대해서는 유족에게 배상금을 주기로 했다.

1990년 10월 9일 미 법무부 강당에서 열린 배상금 전달식에서 법무장관 딕 손버그Dick Thornburgh는 "우리로 하여금 역사를 다시 한 번 되돌아보게 만든 당신들은 미국을 더 강하고 긍지 있는 나라로 만들었습니다. 모든 미국 국민은 당신들에게 빚을 지고 있습니다"고 말했다. 조지 부시

George H. W. Bush 대통령도 사과문에서 "돈이나 몇 마디의 위로로 과거의 쓰라린 상처가 가실 수는 없을 것"이라며 "비록 우리가 과거에는 잘못을 저질렀어도 지금은 분명히 정의 편에 서 있다"고 말했다. 이와 관련, 언론인 문창극은 "일제 때 강제징용 당하거나 정신대로 끌려가 학대받았던 한국인들을 외면하고 있는 일본 정부가 이 장면을 보았다면 과연 무엇을 생각했을까"라고 말했다.

일본 정부는 생각할 능력이 있는 걸까? 제2차 세계대전 중 유대인 학살을 주도한 전범 아돌프 아이히만Adolf Eichmann, 1906~1962에 대한 재판을 참관한 미국 정치학자 해나 아렌트Hannah Arendt, 1906~1975는 아이히만이 유대인 말살이라는 반인륜적 범죄를 저지른 것은 그의 타고난 악마적 성격때문이 아니라 아무런 생각 없이 자신의 직무를 수행하는 '사고력의 결여' 때문이라고 했는데, 일본 정부에도 똑같은 평가를 내려야 하는 건 아닐까? 일본의 하와이 진주만 폭격이 일어난 지 70여 년이 지난 오늘날 미국 정부의 아시아 외교정책이 친일親日 일변도로 흐르는 것도 "진주만을 기억하라!"는 구호를 까맣게 잊은 '사고력의 결여' 때문으로 보아야 할까? 아니면 일부 역사가들의 주장대로, 진주만 폭격은 사실상 미국이 만든 '기획 작품'이었던 걸까?

미국인은 과연 누구인가?
데이비드 리스먼의 '고독한 군중'

'코카콜라'와 '레빗타운'

제2차 세계대전 종전 이후 미국은 명실상부한 강대국으로 떠올랐으며, 1950년대는 미국이 국가적 풍요를 과시하면서 막이 올랐다. 1950년 미국 시장은 세계 두 번째 시장인 영국 시장의 9배 이상이었으며, 미국의 1인당 GNP는 캐나다의 2배, 영국의 3배, 독일의 4배, 일본의 15배였다. 미국이 기술적으로 선두에 서지 못하거나 지도력을 갖지 못한 산업 분야는 거의 없거나 전혀 없었다. 그런 국력을 업고 미국 상품들은 세계시장을 누비고 다녔다.

『타임』 1950년 5월 15일자는 표지에 코카콜라를 등장시켰다. 목마른 지구가 코카콜라를 마실 수 있게 뒤에서 가느다란 팔로 병을 들어주고 있는, 미소 띤 코카콜라의 원형 상표를 그린 캐리커처였다. 코카콜라는 세계인에게 "미국식 생활방식을 즐겨라"라고 속삭이는 '세계의 친구'라는 게 이 기사의 요지였다.

1948년 애틀랜틱시티에서 열린 코카콜라사 최초의 국제회의는 거의 종교적인 분위기 속에서 열렸는데, 한 회사 임원은 이렇게 기도했다. "우리에게 신앙을 주소서. 우리의 제품을 가져다주기만을 기다리는 20억의 고객에게 봉사하기 위해." 회의장에 전시된 팻말에는 이렇게 적혀 있었다. "우리는 공산주의자들을 생각하면 철의 장막을 떠올린다. 그러나 그들은 민주주의를 생각할 때 코카콜라를 떠올린다."

코카콜라로 상징되고 구현되는 미국인! 여기에 '베이비 붐baby boom'으로 인해 조립 주택 단지인 '레빗타운Levittown'은 또 하나의 표준화된 미국적 풍경이 되었다. 1940년 한 해에 250만 명이던 신생아는 1950년에는 350만 명에 달했고, 1946년에서 1961년 사이에 출생한 신생아 수는 6,350만 명이었다. 그 결과 미국 인구도 1950년 1억 5,000만 명에서 1960년에는 1억 8,000만 명으로 10년 사이에 거의 20퍼센트나 증가한다. 레빗타운은 이렇게 급격히 증가한 주택 수요를 맞추는 데에 제격이었다. 1940년대 후반 레빗타운이 등장한 지 10년 만에 지난 150년간 세워진 집보다 많은 집이 생겨났다. 그래서 미국 조사국은 1951년 레빗타운 주민들을 '평균 미국인'이라고 불렀다.

레빗타운에 빠지지 않고 등장하는 건 잔디밭이었다. 훗날 마이클 폴란Michael Pollan은 이렇게 말한다. "오늘날 미국에는 12만 제곱킬로미터 이상의 잔디밭이 가꾸어져 있다. 주간 고속도로망이나 패스트푸드 체인점, 또는 텔레비전만큼이나 잔디밭은 미국적 풍경의 전형을 만들어냈다. 잔디밭은 미국의 모든 교외 지역을 엇비슷한 풍경으로 만들어놓았다."

● 펜실베이니아주에 있는 한 레빗타운의 모습. 1940년대 후반의 베이비 붐과 제2차 세계대전 이후의 심각한 주택난이 겹치면서 레빗타운은 표준화된 미국적 풍경이 되었다.

　　표준화 열풍의 기본 원리는 "남들이 하면 따라서 하라"는 것이었다. 이 원리에 따라 말도 안 되는 '장난 유행'이 대학가마저 휩쓸었다. 1950년 대 미국 대학가를 휩쓴 '여학생 속옷 뺏기' 놀이는 1952년 늦은 봄 미시 간대학에서 느닷없이 '여학생 기숙사로!'라는 구호가 터져나오면서 시 작되었다. 여학생들은 즐거운 표정으로 소리를 지르면서 쳐들어온 남학 생들에게 자발적으로 스타킹, 팬티, 브래지어 등을 던져주었다. 이 놀이 는 전 대학으로 확산되었는데, 늘 평화적인 것은 아니었다. 캘리포니아 대학 버클리 분교에서는 3,000여 명의 남학생이 여학생 클럽들을 공격 해 난잡하고 파괴적인 일대 소동으로 번지기도 했다. 언론은 남학생들이 남아도는 정력을 한국전쟁에 사용하는 것이 더 나을 것이라고 주장했지 만, 이 속옷 약탈 놀이는 날로 인기를 더해가 1960년대 초까지 봄이면 나 타나는 연례행사로 자리 잡는다.

고독한 미국인

1950년에 출간된 데이비드 리스먼David Riesman, 1909~2002의 『고독한 군중The Lonely Crowd: A Study of the Changing American Character』은 그렇게 표준화·획일화된 미국인의 정체를 파헤쳤다. 이 책은 심각한 학술서임에도 초판이 7만 부나 나갔고, 1954년 보급판이 나오자 순식간에 50만 부가 팔려 나갔다. 리스먼도 이 책의 인기에 깜짝 놀라 이렇게 말했다. "우리는 그렇게 많은 독자들을 예상치 못했었다. 대학 출판부에서 처음 출판될 때도 그랬거니와 후에 그 책이 1급 표지의 책이 되었을 때에도 그랬다. 우리 간행자들은 모두 다 사회과학 과정에서 몇 천 부 정도 읽기 위해 팔릴지 모른다고 생각했었다."

왜 그렇게 책이 많이 팔린 걸까? 미국인들이 실제로 고독에 몸부림치고 있었기 때문일까? 이 책 속에 그 답이 있는 것 같다. 리스먼은 1948년 『레이디스 홈 저널Ladies Home Journal』, 『아메리칸American』, 『굿하우스키핑Good Housekeeping』, 『마드모아젤Mademoiselle』 등의 여성 잡지 10월호를 조사한 결과, 대부분의 기사와 광고물이 다른 사람을 조종하기 위해 자기 자신을 어떻게 조종할 것인가 하는 것을 가르치는 내용들이었고, 그 목적은 애정을 획득하기 위한 것이 전부였다고 말한다. 또 『뉴욕타임스』 1949년 4월 14일자 광고란에 실린 『마음의 평화를 얻는 법』과 『독신 생활을 행복하게 지내는 법』 같은 책 광고 역시 비슷한 문제들을 다루고 있다는 것이다.

『고독한 군중』은 그간 미국인들이 자랑스럽게 생각해온 '미국식 개인주의'가 허구라는 것을 지적한, 의미심장한 주장을 담고 있었다. 너무도 고독한 나머지 타인의 관심과 호의를 얻기 위해 몸부림치는 사람들이 어찌 개인주의자일 수 있단 말인가.

이 책은 역사적으로 차례로 등장한 3가지 사회 유형을 제시했다. 전통에 의해 움직이는 사회, 내적인 것에 의해 움직이는 사회, 외적인 것에 의해 움직이는 사회가 바로 그것이다. 미국엔 첫 번째 것이 없고 두 번째 것은 시골과 소도시엔 있으나 대도시는 세 번째의 것에 해당된다. 이 책은 대중사회 내의 자동화와 순응주의에 대한 전후戰後의 일반적 관심을 반영하면서 중산층 미국인의 특성과 가치가 부모의 교육이나 모범에 의해 주입되는 '내향적inner-directed' 유형과 동료 그룹의 영향력에 의해 형성되는 '타향적other-directed' 유형으로 변화했음을 설명하고자 했다. 심지어 야망조차도 그들 자신의 욕망이나 신념이 아니라 주위 사람들이 갖고 있는 가치 체계에 의해 받아들이며, 죄책감마저 집단 합의group consensus 의식에서 벗어났을 때에만 느끼게 된다는 것이다.

개성個性은 결코 미덕이 아니었다. 그것은 원활한 대인 관계를 위해 죽이거나 누그러뜨려야 할 거추장스러운 것이 되었다. 대인 관계를 위해 사교와 접대가 무엇보다도 중요해졌다. 1950년 5월 작가 존 오하라John H. O' Hara, 1905~1970는 『플레어Flair』란 잡지에 기고한 글에서 '새로운 접대비 사회'라는 표현을 사용해 미국 사회에 만연된 접대 문화를 기술했다. 회사의 판공비를 흥청망청 쓰는 가운데 파티, 고급 레스토랑, 골프 등이 잘 나가는 사람들의 표준이 되었다는 것이다.

『고독한 군중』은 "매스미디어 비판자들은 일반적으로 미디어가 정치적 무관심을 조장한다고 생각하고 있는 것 같다. 어떻게 워싱턴이 할리우드 및 브로드웨이와 경쟁할 수 있겠느냐는 질문이 제기되곤 한다"

고 했는데, 이런 우려는 시간이 흐를수록 점점 더 커진다.

소비와 오락적 가치에 길들여진 사람들은 소비·오락이 여의치 않을 때 불안과 고독을 느꼈다. 전국의 전화 교환수들은 토요일 밤이면 있지도 않은 짝을 찾아 말을 걸고 싶어 하는 외로운 사람들의 전화에 시달려야 했다. 상품 광고용 무료 전화번호인 800에서는 토요일 밤 수많은 사람이 전화를 걸어 상품에 대한 약간의 관심을 표시하고는 판매원과 시시한 대화를 나누고 싶어 했다.

미국인의 국민성 연구

이들의 고독을 어떻게 위로할 것인가? 대중매체, 특히 잡지가 그런 문제를 해소하기 위한 대중 교육을 맡고 나섰다. 좀더 나은 삶을 영위하기 위한 기사들이 잡지의 주요 메뉴가 되었다. 20세기가 시작될 무렵엔 발행부수 100만 부의 잡지는 없었지만, 1947년경엔 100만부 넘는 잡지가 38종이 되었다. '풍요의 행복학' 강의에 주력한 『리더스다이제스트Reader's Digest』는 1951년 미국 내 발행부수만 950만 부를 넘어섰다.

여기에 단행본까지 가세했다. 목사인 노먼 빈센트 필Norman Vincent Peale, 1898~1993은 '긍정적 사고의 힘'을 역설했다. 그가 1952년에 출간한 『긍정적 사고의 힘The Power of Positive Thinking』은 베스트셀러가 되었고, 4년간 계속 인기를 끌면서 총 200만 권이 팔려나갔다. 필은 이 책에서 "의심하지 마라. 의심은 힘이 솟는 것을 막는다"고 했다.

『고독한 군중』은 "미국인은 누구인가?"를 묻는 일종의 '국민성' 연

330

● '풍요의 행복학' 강의에 주력한 『리더스다이제스트』는 미국인들의 고독을 위로하며 1951년 미국 내에서만 발행부수 950만 부를 넘겼다. 『리더스다이제스트』 1951년 12월호.

구다. 미국인의 국민성 연구의 원조는 알렉시 드 토크빌Alexis de Tocqueville, 1805~1859을 들 수 있겠지만, 미국인으로서 미국 국민성을 합당한 연구 주제로 인식한 최초의 전문 역사가는 헨리 애덤스Henry Adams, 1838~1918였다. 1893년 프레더릭 잭슨 터너Frederick Jackson Turner, 1861~1932가 발표한 「미국 역사에서 프런티어의 의미The Significance of the Frontier in American History」라는 논문도 국민성 연구의 한 획을 그었다고 볼 수 있다.

그렇지만 본격적인 국민성 연구는 『고독한 군중』의 탄생을 전후로 한 시기부터 이루어졌다. 1949년 창간된 『아메리칸헤리티지American Heritage』와 『아메리칸쿼터리American Quarterly』는 바로 그런 국민성 연구의 마당이 되었으며, 미국적 경험의 통일된 이해에 몰두하던 학자들은 1951년 미국 학회를 구성했다. 한스 콘Hans Kohn, 1891~1971은 『미국 내셔널리즘American Nationalism: An Interpretive Essay』(1951)에서 미국인을 통합하고 그들에게 특징적 스타일을 부여하는 힘을 고찰하면서 교육과 대중문화를 가장 강력한 통합 요소로 보았다.

그러나 1952년에 제정된 매커런-월터법McCarran-Walter Act은 과연 '국민'이 누구인가 하는 뿌리 깊은 의문을 다시 제기했다. 이 법은 연간 전체 이민자 중 70퍼센트를 영국, 아일랜드, 독일 이민자에게 허가하는 반면, 아시아에는 각 나라당 이민자 100명만을 할당했기 때문이다. 또한 이 법은 '공공의 이익에 손해를 끼치는' 혹은 '국가 안보를 위협하는' 행동을 한 모든 외국인 거주자는 추방할 수 있거나 이민을 제한할 수 있도록 하는 근거들을 만들었다.

그런 백인 중심의 한계에도 1950년대의 국민성 연구는 찰스 라이트 밀스Charles Wright Mills 1916~1962의 『화이트칼라White Collar』(1951)와 『파워 엘리트The Power Elite』(1956), 데이비드 포터David M. Porter, 1910~1971의 『풍요의 국민People of Plenty: Economic Abundance and the American Character』(1954), 슬론 윌슨Sloan Wilson, 1920~2003의 『회색 플란넬 양복을 입은 남자Man in the Gray Flannel Suit』(1955), 윌리엄 화이트William H. Whyte, 1917~1999의 『조직 인간The Organization Man』(1956) 등에 의해 발전되었다.

'개인주의'와 '순응주의'

데이비드 포터는 『풍요의 국민』에서 풍요로움에 의해 자극 받은 정신이 미국 국민성의 핵심이라고 주장했다. 미국에서 '자유'란 기회를 잡을 자

332

유를 의미하며, '평등'이라는 단어 역시 기회를 잡을 자유를 의미한다는 것이다. 그는 "유럽은 계급투쟁을 생각하지 않고는 사회의 다양한 계층 간 관계를 변화시킬 수 없다고 생각한 반면 미국은 어느 한 계급을 희생자로 취급한다든지, 혹은 궁극적인 의미에서, 다른 계급의 적대자로 취급하지 않고도 이러한 관계를 변화시켰고 또한 변화시킬 수 있다고 생각했다"고 주장했다. 대다수의 미국인은 "부자의 부를 빨아내자Soak the Rich"라는 구호를 역겨워하는 대신에 "내게도 기회를 달라Deal me in"와 같은 구호가 훨씬 "자발적이고 즐겁게 미국인들의 입에서 터져나왔다"는 것이다.

그렇게 볼 수도 있겠지만, 달리 볼 수도 있다. 혹 과도한 타자 지향성 때문은 아닐까? 1955년에 출간되자마자 최고의 베스트셀러가 된 슬론 윌슨의 『회색 플란넬 양복을 입은 남자』라는 소설은 개성과 성공 사이에서 성공을 위해 관료제적 복종을 택하는 미국인을 그렸다. 이 소설은 이듬해 그레고리 펙Gregory Peck, 1916~2003이 출연한 영화로도 제작되었는데, 주인공은 체면과 도덕 사이에서 동요하면서 결국엔 자신의 개성을 희생해 새로운 얼굴 없는 중산층의 일원이 되려고 애쓴다.

『포천』 편집장 윌리엄 화이트는 『조직 인간』에서 '조직의, 조직에 의한, 조직을 위한 삶'을 사는 인간형을 제시했다. 그는 기업들이 명령을 잘 따르는 사람을 어떻게 선택하고 선호했는지 기술하면서, 그 결과는 '관료 체제의 생성'이었다고 말했다. "어디를 가든 돈 이야기뿐이었으나 생각하는 데는 1센트도 할애하지 않았다. 인간은 굴복을 요구하는 조직과 싸워야 한다. 조직의 요구는 강력하고 끊임없다. 조직 생활에 빠져 있을수록 조직의 요구에 저항하거나 그 요구를 알아차리기가 힘들다. 조직에 굴복해야만 마음의 평화를 얻는 것이다."

왜 그렇게 되었을까? 1952년의 한 조사에서 고위급 중역들은 3분의 2가 한 회사에서 20년 넘게 근무한 것으로 나타났다. 화이트가 인터뷰를 한 사무직 근로자들은 "회사에 충성하면 회사가 나를 돌볼 것이다"고 말했다. 이에 화이트는 "일반적으로 젊은 사람들은 조직과 자신의 관계가 영원히 계속되는 것으로 생각하고 있다"며, 이렇게 상호 간의 충성을 신뢰할 수 있는 것은 "개인의 목표와 조직의 목표가 결국에는 하나로서 같은 것이기" 때문이라고 분석했다. 당시에는 경제 구조가 그와 같은 영구적인 충성을 허용하고 권장했다. 이후 양상이 좀 달라지긴 하지만 기본 모델은 그대로 유지된다.

'조직 인간'은 그간 미국 사회를 지배해온 프로테스탄트 윤리의 역사적 변형을 의미했다. 일과 근면, 절제된 만족과 같은 청교도 윤리가 '사회화'와 '순응주의'에 의해 대치된 것이다. 1950년대엔 지식인도 '조직 인간'으로 변모한다. 사회 전반의 문제를 다루는 '공공 지식인public intellectuals'이 사라지고, 자기만의 전문 분야에 좁고 깊게 몰두하는 전문가형 지식인이 득세한 것이다. 그래서 '미국 지식인의 부르주아화embourgeoisement of the American intelligentsia'란 말도 나온다.

이 같은 국민성 연구는 초기엔 유전학적 혹은 인종주의적이라는 이유에서 거부되었다. 나치 독일이 그러했듯이 국민성은 인종·민족 차별주의의 근거로 악용될 수 있는 부작용이 있기 때문이다. 그럼에도 외국 여행을 다녀보면 특정 국민·민족의 유별난 특성이 포착되기 때문에 사람들은 국민성에 대해 말하길 즐겨 한다. 실제로 설명력이 높다는 점도 부인할 수 없다. 그래서 부작용에 유의하면서 국민성 연구를 조심스럽게 할 필요가 있다는 당위성이 널리 인식되기에 이르렀다. 전후 '미국의 세

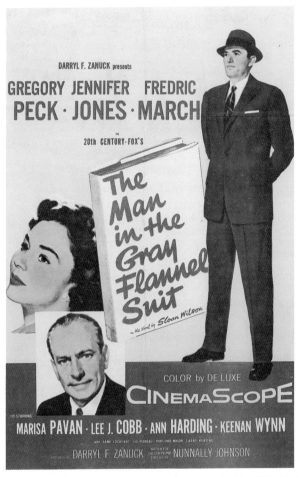

• 개성과 성공 사이에서 성공을 위해 관료제적 복종을 택하는 미국인을 그린 영화 〈회색 플란넬 양복을 입은 남자〉 포스터.

기'라고 하는 테제가 설득력을 더해가면서 미국인을 탐구의 대상으로 삼는 연구가 1950년대에 풍성하게 쏟아져나온 것이 그런 변화상을 잘 말해준다.

그러나 집단 정체성을 밝히고자 하는 국민성 연구의 가장 큰 난점은 상호 상충되는 가치가 너무 많다는 데에 있다. 그래서 대니얼 벨Daniel Bell, 1919~2011은 『자본주의의 문화적 모순The Cultural Contradictions of Capitalism』 (1976)에서 미국을 정신분열증적 나라로 규정한다. 사회적 구조는 검약, 노동, 극기, 능률 등과 같은 오랜 미덕에 바탕을 두지만, 쾌락주의와 소비주의를 향해 표류하고 있다는 것이다.

국민성은 여러 요인에 의해 살아가면서 저절로 형성되는 점도 있겠지만, 의도적인 형성의 과정도 있다. 정부·언론·지식인 등이 자국의 긍정적인 가치를 세뇌에 가까울 만큼 반복적으로 역설한다면, 대부분의 사람은 설사 자신은 그렇지 않더라도 그런 가치들을 존중하는 자세를 보이는 게 그 사회에서 살아가기에 무난할 것이다. 이게 바로 국민성을 형성하는 주요 요소가 된다. 미국인들이 개인주의와 순응주의라는 일견 상반되는 가치를 동시에 갖고 있는 건 바로 그런 이치로 설명할 수 있겠다.

참고문헌

머리말 '전쟁의 축복'을 받은 나라

레베카 솔닛(Rebecca Solnit), 정해영 옮김, 『이 폐허를 응시하라: 대재난 속에서 피어나는 혁명적 공동체에 대한 정치사회적 탐사』(펜타그램, 2009/2012), 86, 104~105쪽.
문학수, 「[책과 삶] "전쟁은 인류의 축복…대한민국도 전쟁과 냉전이 만들었다"」, 『경향신문』, 2015년 6월 20일.
박명림, 『한국전쟁의 발발과 기원 II: 기원과 원인』(나남, 1996), 889쪽.
신일철, 「한국전쟁의 역사적 의의」, 양호민 외, 『한반도 분단의 재인식 1945~1950』(나남, 1993), 425쪽에서 재인용.
윌리엄 스톡, 김형인 외 옮김, 『한국전쟁의 국제사』(푸른역사, 2001), 709쪽.
이언 모리스(Ian Morris), 김필규 옮김, 『전쟁의 역설: 폭력으로 평화를 일군 1만 년의 역사』(지식의날개, 2014/2015), vii쪽.
정성호, 「한국전쟁과 인구사회학적 변화」, 한국정신문화연구원 편, 『한국전쟁과 사회구조의 변화』(백산서당, 1999), 45쪽.
정진상, 「한국전쟁과 전근대적 계급관계의 해체」, 경상대학교 사회과학연구소 엮음, 『한국전쟁과 한국자본주의』(한울아카데미, 2000), 50~51, 52~54쪽.

제1장 이민과 사회통합

| 미국은 누구를 위한 땅이었나? |

Albert Desbiens, 『The United States of America: A Short History』(Montreal, Canada: Robin Brass Studio, 2007).
William E. Leuchtenburg, 『The Perils of Prosperity, 1914-32』(Chicago: The University of Chicago Press, 1958).
「Emma Lazarus」, 『Wikipedia』.
구정은, 「어제의 오늘: 1886년 '자유의 여신상' 뉴욕 도착」, 『경향신문』, 2009년 10월 28일.

김명환, 「미국에서 생각하는 한국의 영미문학」, 『안과밖(영미문학연구)』, 제12호(2002년 상반기), 126~139쪽.

김형인, 「마이너리티, 흑인의 삶」, 김형인 외, 『미국학』(살림, 2003).

나지홍, 「美 노조 가입률 100년 만에 최저치」, 『조선일보』, 2014년 2월 26일.

데니스 브라이언(Denis Brian), 김승욱 옮김, 『퓰리처: 현대 저널리즘의 창시자, 혹은 신문왕』(작가정신, 2001/2002).

마이클 헌트(Michael H. Hunt), 권용립 · 이현휘 옮김, 『이데올로기와 미국 외교』(산지니, 1987/2007).

박진빈, 『백색국가 건설사: 미국 혁신주의의 빛과 그림자』(앨피, 2006).

빌 브라이슨(Bill Bryson), 정경옥 옮김, 『빌 브라이슨 발칙한 영어산책: 엉뚱하고 발랄한 미국의 거의 모든 역사』(살림, 1994/2009).

손영호, 『마이너리티 역사 혹은 자유의 여신상』(살림, 2003).

스토 퍼슨스(Stow Persons), 이형대 옮김, 『미국지성사』(신서원, 1975/1999).

장태한, 『아시안 아메리칸: 백인도 흑인도 아닌 사람들의 역사』(책세상, 2004).

제러미 리프킨(Jeremy Rifkin), 이원기 옮김, 『유러피언 드림: 아메리칸 드림의 몰락과 세계의 미래』(민음사, 2004/2005).

케네스 데이비스(Kenneth C. Davis), 이순호 옮김, 『미국에 대해 알아야 할 모든 것, 미국사』(책과함께, 2003/2004).

토마스 아이크(Thomas Ayck), 소병규 옮김, 『잭 런던: 모순에 찬 삶과 문학』(한울, 1976/1992).

폴 애브리치(Paul Avrich), 하승우 옮김, 『아나키스트의 초상』(갈무리, 1988/2004).

하워드 진(Howard Zinn) · 레베카 스테포프(Rebecca Stefoff), 김영진 옮김, 『하워드 진 살아 있는 미국 역사』(추수밭, 2007/2008).

| 코카콜라는 어떻게 '미국의 상징'이 되었는가? |

Evan Morris, 『From Altoids to Zima: The Surprising Stories Behind 125 Brand Names』(New York: Fireside Book, 2004).

김기훈, 「코닥의 몰락」, 『조선일보』, 2007년 2월 28일, A34면.

김신회, 「코카콜라, 브랜드의 힘 어떻게 되살릴까?」, 『머니투데이』, 2014년 3월 17일.

로널드 케슬러(Ronald Kessler), 임홍빈 옮김, 『벌거벗은 대통령 각하』(문학사상사, 1997).

마크 펜더그라스트(Mark Pendergrast), 고병국 · 세종연구원 옮김, 『코카콜라의 경영기법』(세종대학교출판부, 1995).

빌 브라이슨(Bill Bryson), 정경옥 옮김, 『빌 브라이슨 발칙한 영어산책: 엉뚱하고 발랄한 미국의 거의 모든 역사』(살림, 2009).

사이토 다카시, 『세계사를 움직이는 다섯 가지 힘』(뜨인돌, 2009).

요미우리신문사 엮음, 이종주 옮김, 『20세기의 드라마(전3권)』(새로운사람들, 1996).

윌리엄 레이몽(William Reymond), 이희정 옮김, 『코카콜라 게이트: 세계를 상대로 한 콜라 제국의 도박과 음모』(랜덤하우스, 2007).

제임스 B. 트위첼(James B. Twitchell), 김철호 옮김, 『욕망, 광고, 소비의 문화사』(청년사, 2001).

존 A. 워커(John A. Walker), 정진국 옮김, 『대중매체시대의 예술』(열화당, 1983/1987).

최성욱, 「앤디 워홀 '코카콜라 병' 390억에 판매」, 『뉴시스』, 2010년 11월 10일.

케네스 포메란츠(Kenneth Pomeranz) · 스티븐 토픽(Steven Topik), 박광식 옮김, 『설탕, 커피 그리고 폭력: 교역으로 읽는 세계사 산책』(심산, 2003).

| '쇼핑'은 어떻게 탄생했는가? |

Jean Folkerts & Dwight L. Teeter, Jr., 『Voices of a Nation: A History of Mass Media in the United States』, 3rd ed.(Boston, Mass.: Allyn and Bacon, 1998).

Russell W. Belk, 「A Child's Christmas in America: Santa Claus as Deity, Consumption as Religion」, 『Journal of American Culture』, 10:1(Spring 1987), pp.87~100.

가시마 시게루(鹿島茂), 장석봉 옮김, 『백화점의 탄생: 봉 마르셰 백화점, 욕망을 진열하다』(뿌리와이파리, 2006).

김인호, 『백화점의 문화사: 근대의 탄생과 욕망의 시공간』(살림, 2006).

던컨 와츠(Duncan J. Watts), 정지인 옮김, 『상식의 배반』(생각연구소, 2011).

로버트 D. 매닝(Robert D. Manning), 강남규 옮김, 『신용카드 제국: 현대인을 중독시킨 신용카드의 비밀』(참솔, 2002).

린 헌트(Lynn Hunt), 전진성 옮김, 『인권의 발명』(돌베개, 2009).

민융기, 『그래도 20세기는 좋았다 1901~2000』(오늘, 1999).

사라 에번스(Sara M. Evans), 조지형 옮김, 『자유를 위한 탄생: 미국 여성의 역사』(이화여자대학교출판부, 1997/1998).

섀디어스 러셀(Thaddeus Russsell), 이정진 옮김, 『불한당들의 미국사』(까치, 2010/2012).

엘리자베스 커리드(Elizabeth Currid), 최지아 옮김, 『세계의 크리에이티브 공장 뉴욕』(쌤앤파커스, 2009).

잭 비어티(Jack Beatty), 유한수 옮김, 『거상: 대기업이 미국을 바꿨다』(물푸레, 2001/2002).

제러미 리프킨(Jeremy Rifkin), 이영호 옮김, 『노동의 종말』(민음사, 1996).

조선일보 문화부 편, 『아듀 20세기(전2권)』(조선일보사, 1999).

존 스틸 고든(John Steele Gordon), 강남규 옮김, 『월스트리트제국: 금융자본권력의 역사 350년』(참솔, 1999/2002).

페이터 리트베르헨(Peter Rietbergen), 김길중 외 옮김, 『유럽 문화사』(지와사랑, 1998/2003).

프랑수아 베유(François Weil), 문신원 옮김, 『뉴욕의 역사』(궁리, 2000/2003).

한겨레신문 문화부 편, 『20세기 사람들(전2권)』(한겨레신문사, 1995).

| '황색 저널리즘'은 어떻게 탄생했나? |

Albert Desbiens, 『The United States of America: A Short History』(Montreal, Canada: Robin Brass Studio, 2007).

David Nasaw, 『The Chief: The Life of William Randolph Hearst』(New York: Mariner Book, 2000/2001).

Don R. Pember, 『Mass Media in America』 4th ed.(Chicago: SRA, 1983).

Michael Emery & Edwin Emery, 『The Press and America: An Interpretive History of the Mass Media』, 8th ed.(Boston, Mass.: Allyn and Bacon, 1996).

Michael Schudson, 『Discovering the News: A Social History of American Newspapers』(New York: Basic Books, 1978).

데니스 브라이언(Denis Brian), 김승욱 옮김, 『퓰리처: 현대 저널리즘의 창시자, 혹은 신문왕』(작가정신, 2001/2002).

마이클 셔드슨(Michael Schudson), 「신문의 변모와 발전: 뉴저널리즘」, 채백 편역, 『세계언론사』(한나래, 1996).

미첼 스티븐스(Mitchell Stephens), 이광재·이인희 옮김, 『뉴스의 역사』(황금가지, 1997/1999).

빌 브라이슨(Bill Bryson), 정경옥 옮김, 『빌 브라이슨 발칙한 영어산책: 엉뚱하고 발랄한 미국의 거의 모든 역사』(살림, 1994/2009).

스티븐 컨(Stephen Kern), 박성관 옮김, 『시간과 공간의 문화사 1880-1918』(휴머니스트, 1983/2004).

이상철, 『커뮤니케이션 발달사』(일지사, 1982).

임소정, 「[어제의 오늘] 1889년 여기자 넬리 블라이 세계일주」, 『경향신문』, 2009년 11월 14일.

차배근, 『미국신문사』(서울대학교출판부, 1983).

허버트 알철(J. Herbert Altschull), 양승목 옮김, 『현대언론사상사: 밀턴에서 맥루한까지』(나남, 1990/1993).

| 누가 메인호를 폭발시켰는가? |

David Nasaw, 『The Chief: The Life of William Randolph Hearst』(New York: Mariner Book, 2000/2001).

Ronald H. Carpenter, 「America's Tragic Metaphor: Our Twentieth-Century Combatants as Frontiersmen」, 『The Quarterly Journal of Speech』, 76:1(February 1990), pp.1~22.

권오신, 『미국의 제국주의: 필리핀들의 시련과 저항』(문학과지성사, 2000).

김동춘, 『미국의 엔진, 전쟁과 시장』(창비, 2004).

김용구, 『세계외교사』(서울대학교출판부, 2006).

놈 촘스키(Noam Chomsky), 오애리 옮김, 『507년, 정복은 계속된다』(이후, 1993/2000).

대너 린더맨(Dana Lindaman) · 카일 워드(Kyle Ward) 엮음, 박거용 옮김, 『역지사지 미국사: 세계의 교과서로 읽는 미국사 50장면』(이매진, 2004/2009).

데니스 브라이언(Denis Brian), 김승욱 옮김, 『퓰리처: 현대 저널리즘의 창시자, 혹은 신문왕』(작가정신, 2001/2002).

문정식, 『펜을 든 병사들: 종군기자 이야기』(전국언론노동조합연맹, 1999).

박보균, 『살아 숨쉬는 미국 역사』(랜덤하우스중앙, 2005).

밥 돌(Bob Dole), 김병찬 옮김, 『대통령의 위트: 조지 워싱턴에서 부시까지』(아테네, 2001/2007).

송기도, 『콜럼버스에서 룰라까지: 중남미의 재발견』(개마고원, 2003).

앨런 브링클리(Alan Brinkley), 황혜성 외 옮김, 『미국인의 역사(전3권)』(비봉출판사, 1993/1998).

에릭 프라이(Eric Frey), 추기옥 옮김, 『정복의 역사, USA』(들녘, 2004).

이매뉴얼 월러스틴(Immanuel Wallerstein), 김인중 외 옮김, 『근대세계체제 III』(까치, 1999).

정운현, 『호외, 백년의 기억들: 강화도조약에서 전두환 구속까지』(삼인, 1997).

제임스 M. 스트록(James M. Strouk), 최종옥 옮김, 『꿈을 이룬 대통령: 루스벨트 파워 리더십』(느낌이있는나무, 2002).

조엘 안드레아스(Joel Andreas), 평화네트워크 옮김, 『전쟁 중독: 미국이 군사주의를 차버리지 못하는 진정한 이유』(창해, 2003).

차상철 외, 『미국외교사: 워싱턴 시대부터 루즈벨트 시대까지(1774~1939)』(비봉출판사, 1999).

케네스 데이비스(Kenneth C. Davis), 이순호 옮김, 『미국에 대해 알아야 할 모든 것, 미국사』(책과함께, 2003/2004).

하워드 민즈(Howard Means), 황진우 옮김, 『머니 & 파워: 지난 천년을 지배한 비즈니스의 역사』(경영정신, 2001/2002).

하워드 진(Howard Zinn), 이재원 옮김, 『불복종의 이유』(이후, 2002/2003).

제2장 제국주의의 혁신주의

| 약육강식이 '백인의 의무'인가? |

V. I. Lenin, 『Imperialism: The Highest State of Capitalism』(New York: International Publishers, 1917/1939).

김남균, 「제4장 남북전쟁 전후 미국의 외교(1848~1898)」, 차상철 외, 『미국외교사: 워싱턴 시대부터 루즈벨트 시대까지(1774~1939)』(비봉출판사, 1999), 145~194쪽.

김남균, 「외교정책의 전통: 예외주의 역사의식」, 김형인 외, 『미국학』(살림, 2003), 155~178쪽.

김덕호 · 원용진, 「미국화, 어떻게 볼 것인가」, 김덕호 · 원용진 엮음, 『아메리카나이제이션』(푸른역사, 2008),

10~45쪽.

루이스 코저(Lewis A. Coser), 신용하 · 박명규 옮김, 『사회사상사』(일지사, 1975/1978).

리처드 셴크먼(Richard Shenkman), 이종인 옮김, 『미국사의 전설, 거짓말, 날조된 신화들』(미래M&B, 1988/2003).

마이클 헌트(Michael H. Hunt), 권용립 · 이현휘 옮김, 『이데올로기와 미국 외교』(산지니, 1987/2007).

박지향, 『제국주의: 신화와 현실』(서울대학교출판부, 2000).

스티븐 컨(Stephen Kern), 박성관 옮김, 『시간과 공간의 문화사 1880~1918』(휴머니스트, 1983/2004).

앨런 브링클리(Alan Brinkley), 황혜성 외 공역, 『미국인의 역사(전3권)』(비봉출판사, 1993/1998).

오치 미치오(越智通雄) 외, 김영철 편역, 『마이너리티의 헐리웃: 영화로 읽는 미국사회사』(한울, 1993).

유종선, 『미국사 100장면: 신대륙 발견에서 LA 흑인폭동까지』(가람기획, 1995).

잭 비어티(Jack Beatty), 유한수 옮김, 『거상: 대기업이 미국을 바꿨다』(물푸레, 2001/2002).

존 맥닐(John R. McNeill) · 윌리엄 맥닐(William H. McNeill), 유정희 · 김우영 옮김, 『휴먼 웹: 세계화의 세계사』(이산, 2007).

존 벨라미 포스터(John Bellamy Foster), 박종일 · 박선영 옮김, 『벌거벗은 제국주의: 전 지구적 지배를 추구하는 미국의 정책』(인간사랑, 2008).

파리드 자카리아(Fareed Zakaria), 강태욱 옮김, 「미국의 독주 끝나는가」, 『뉴스위크 한국판』, 2006년 7월 12일, 20~25쪽.

폴 케네디(Paul Kennedy), 이일수 외 옮김, 『강대국의 흥망』(한국경제신문사, 1987/1996).

프랑수아 베유(François Weil), 문신원 옮김, 『뉴욕의 역사』(궁리, 2000/2003).

프레드릭 L. 알렌(Frederick Lewis Allen), 박진빈 옮김, 『빅 체인지』(앨피, 1952/2008).

해리슨 M. 라이트(Harrison M. Wright) 엮음, 박순식 편역, 『제국주의란 무엇인가』(까치, 1989).

허버트 알철(J. Herbert Altschull), 양승목 옮김, 『현대언론사상사: 밀턴에서 맥루한까지』(나남, 1990/1993).

| 왜 혁신주의는 제국주의가 되었는가? |

Albert Desbiens, 『The United States of America: A Short History』(Montreal, Canada: Robin Brass Studio, 2007).

Ronald H. Carpenter, 「America's Tragic Metaphor: Our Twentieth-Century Combatants as Frontiersmen」, 『The Quarterly Journal of Speech』, 76:1(February 1990), pp.1~22.

나윤도, 「미국의 대통령 문화(21회 연재)」, 『서울신문』, 1997년 11월 22일~1998년 5월 7일.

놈 촘스키(Noam Chomsky), 오애리 옮김, 『507년, 정복은 계속된다』(이후, 1993/2000).

대너 린더만(Dana Lindaman) · 카일 워드(Kyle Ward) 엮음, 박거용 옮김, 『역지사지 미국사: 세계의 교과서로 읽는 미국사 50장면』(이매진, 2004/2009).

미하엘 코르트(Michael Korth), 권세훈 옮김, 『광기에 관한 잡학사전』(을유문화사, 2009).

박진빈, 『백색국가 건설사: 미국 혁신주의의 빛과 그림자』(앨피, 2006).

밥 돌(Bob Dole), 김병찬 옮김, 『대통령의 위트: 조지 워싱턴에서 부시까지』(아테네, 2001/2007).

손세호, 『하룻밤에 읽는 미국사』(랜덤하우스, 2007).

앨런 브링클리(Alan Brinkley), 황혜성 외 옮김, 『미국인의 역사(전3권)』(비봉출판사, 1993/1998).

에밀리 로젠버그(Emily S. Rosenberg), 양홍석 옮김, 『미국의 팽창: 미국 자유주의 정책의 역사적인 전개』(동과서, 1982/2003).

유재현, 『거꾸로 달리는 미국: 유재현의 미국사회 기행』(그린비, 2009).

조엘 안드레아스(Joel Andreas), 평화네트워크 옮김, 『전쟁 중독: 미국이 군사주의를 차버리지 못하는 진정한 이유』(창해, 2003).

존 벨라미 포스터(John Bellamy Foster), 박종일 · 박선영 옮김, 『벌거벗은 제국주의: 전 지구적 지배를 추구하는 미국의 정책』(인간사랑, 2008).

지아우딘 사다르(Ziauddin Sardar)·메릴 윈 데이비스(Merryl Win Davies), 장석봉 옮김, 『증오 바이러스, 미국의 나르시시즘』(이제이북스, 2003).

찰머스 존슨(Chalmers Johnson), 안병진 옮김, 『제국의 슬픔: 군국주의, 비밀주의, 그리고 공화국의 종말』 (삼우반, 2004).

최정수, 「미국의 필리핀 지배 전략과 자치화 정책」, 강만길 외, 『일본과 서구의 식민통치 비교』(선인, 2004), 181~216쪽.

최진섭, 『한국 언론의 미국관』(살림터, 2000).

케네스 데이비스(Kenneth C. Davis), 이순호 옮김, 『미국에 대해 알아야 할 모든 것, 미국사』(책과함께, 2003/2004).

케빈 필립스(Kevin P. Phillips), 오삼교·정하용 옮김, 『부와 민주주의: 미국의 금권정치와 거대 부호들의 정치사』(중심, 2002/2004).

하워드 진(Howard Zinn), 조선혜 옮김, 『미국민중저항사(전2권)』(일월서각, 1980/1986).

하워드 진(Howard Zinn)·도널도 마세도(Donaldo Macedo), 김종승 옮김, 『하워드 진, 교육을 말하다』(궁리, 2005/2008).

하워드 진(Howard Zinn)·레베카 스테포프(Rebecca Stefoff), 김영진 옮김, 『하워드 진 살아 있는 미국 역사』(추수밭, 2007/2008).

| 하와이는 '지상낙원'이었던가? |

강재언, 『신편 한국근대사 연구』(한울, 1995).

김종하, 「하와이 이민노동자 모집 광고지 원본 LA서 발굴: 1903년 한국서 발행」, 『한국일보』, 2002년 10월 8일, 25면.

박석분·박은봉, 『인물여성사』(새날, 1994).

박원식, "'1887년 미 광부이민 흔적 찾아냈죠": 미(美) 이민 100주년 기념사업회 서동성·최용 씨」, 『한국일보』, 2002년 11월 16일, 23면.

방선주, 「한국인의 미국 이주: 그 애환의 역사와 전망」, 『한국사 시민강좌 제28집』(일조각, 2001), 90~108쪽.

손세일, 『이승만과 김구: 양반도 깨어라 상놈도 깨어라(전3권)』(나남, 2008).

신영숙, 「사진 신부는 미국 한인의 뿌리」, 이배용 외, 『우리나라 여성들은 어떻게 살았을까 2: 개화기부터 해방기까지』(청년사, 1999).

앙드레 슈미드(Andre Schumid), 정여울 옮김, 『제국 그 사이의 한국 1895~1919』(휴머니스트, 2007).

원준상, 『한국의 세계화와 미국 이민사』(삶과꿈, 1997).

웨인 패터슨(Wayne Patterson), 정대화 옮김, 『하와이 한인 이민 1세: 그들 삶의 애환과 승리(1903~1973)』 (들녘, 2003).

유의영, 「아메리카-풍요를 좇아 산 고난의 90년: 해외 동포 이민애사, 그 유랑의 세월」, 『역사비평』, 제14호 (1991년 가을), 231~243쪽.

윤병석, 『한국독립운동의 해외사적 탐방기』(지식산업사, 1994).

이경민, 「사진 신부, 결혼에 올인하다 1: 하와이 이민과 사진결혼의 탄생」, 『황해문화』, 제56호(2007년 가을), 402~411쪽.

이경민, 「사진 신부, 결혼에 올인하다 2: 하와이 이민과 사진결혼의 탄생」, 『황해문화』, 제57호(2007년 겨울), 406~414쪽.

이덕주, 『한국교회 처음 이야기』(홍성사, 2006).

이정식, 권기붕 옮김, 『초대 대통령 이승만의 청년시절』(동아일보사, 2002).

장세정 외, 「배고픔 못 견뎌 떠난 사람들…그들은 잘사는 대한민국을 열망했다」, 『중앙일보』, 2013년 9월 30일.

정미옥, 「식민지 여성과 이산의 공간」, 태혜숙 외, 『한국의 식민지 근대와 여성 공간』(여이연, 2004).

조정래, 『아리랑 1~12: 조정래 대하소설』(해냄, 2001).

최기영, 「제6장. 한말-일제 시기 미주의 한인 언론」, 위암장지연선생기념사업회, 『한국근대언론과 민족운동』 (커뮤니케이션북스, 2001).

한윤정, 「다시 쓰는 한반도 100년 (9) 하와이 이민과 한·일 갈등」, 『경향신문』, 2001년 10월 13일, 7면.

| 왜 시어도어 루스벨트는 일본의 한국 지배를 원했는가? |

Arthur M. Schlesinger, Jr., 『The Imperial Presidency』(Boston, Mass.: Houghton Mifflin, 1973).

Christine Oravec, 「Conservationism vs. Preservationism: The "Public Interest" in the Hetch Hetchy Controversy」, 『The Quarterly Journal of Speech』, 70:4(November 1984), pp.444~458.

강병한, 「"일본 전쟁 비용 지원 위해 루스벨트, 미 사업가 동원"」, 『경향신문』, 2007년 4월 26일, 12면.

강성학, 『시베리아 횡단열차와 사무라이: 러일전쟁의 외교와 군사전략』(고려대학교출판부, 1999).

김기정, 『미국의 동아시아 개입의 역사적 원형과 20세기 초 한미관계 연구』(문학과지성사, 2003).

김덕호, 「제2부 제6장 환경운동」, 김덕호·김연진 엮음, 『현대 미국의 사회운동』(비봉출판사, 2001), 392~430쪽.

김태수, 『꽃가치 피어 매혹케 하라: 신문광고로 본 근대의 풍경』(황소자리, 2005).

김학준, 『러시아혁명사』(문학과지성사, 1979).

노용택·박지훈, 「"미, 일제 한반도 강점 적극 지원 러·일전쟁 전비 제공"」, 『국민일보』, 2007년 4월 26일, 1면.

노주석, 「러 외교 문서로 밝혀진 구한말 비사 (2) 오락가락하는 대한반도 정책」, 『대한매일』, 2002년 5월 13일, 17면.

돈 오버도퍼(Don Oberdorfer), 이종길 옮김, 『두 개의 한국』(길산, 2002).

박보균, 『살아 숨쉬는 미국 역사』(랜덤하우스중앙, 2005).

박영배, 『미국, 야만과 문명의 두 얼굴: 주미특파원 박영배 리포트』(이채, 1999).

박지향, 『일그러진 근대: 100년 전 영국이 평가한 한국과 일본의 근대성』(푸른역사, 2003).

박진빈, 『백색국가 건설사: 미국 혁신주의의 빛과 그림자』(앨피, 2006).

사루야 가나메(猿谷要), 남혜림 옮김, 『검증, 미국사 500년의 이야기』(행담출판, 2004/2007).

손세일, 『이승만과 김구: 양반도 깨어라 상놈도 깨어라(전3권)』(나남, 2008).

손제민, 「외신기자 눈에 비친 근현대사: 60여 명 취재기 '한국의 목격자들' 출간」, 『경향신문』, 2006년 6월 5일, 21면.

송우혜, 「운명의 20년」, 『조선일보』, 2004년 8월 18일~2004년 10월 20일.

앨런 브링클리(Alan Brinkley), 황혜성 외 옮김, 『미국인의 역사(전3권)』(비봉출판사, 1993/1998).

이광린, 「『대한매일신보』 간행에 대한 일고찰」, 이광린 외, 『대한매일신보연구: 인문연구논총(제16집)』(서강대학교 인문과학연구소, 1986).

이민원, 「당시 국제 역학관계: 러일전쟁 100주년」, 『한겨레』, 2004년 2월 17일, 6면.

잭 런던(Jack London), 윤미기 옮김, 『잭 런던의 조선사람 엿보기: 1904년 러일전쟁 종군기』(한울, 1995).

정수일, 「'장막 속의 조선' 이해하거나 오해하거나: '서양인이 본 조선'에 대한 기록들」, 『한겨레』, 2005년 4월 26일, 16면.

존 벨라미 포스터(John Bellamy Foster), 김현구 옮김, 『환경과 경제의 작은 역사』(현실문화연구, 2001).

한기홍, 「한반도 1904 vs 2004」, 『동아일보』, 2004년 1월 8일, A8면.

한승동, 「'한반도 분할' 일본 아이디어: 러·일전쟁 전 러에 제안/미, 일 전쟁 비용 지원」, 『한겨레』, 2001년 4월 14일, 7면.

한승동, 「여전히 가쓰라와 태프트의 세계」, 『한겨레21』, 2007년 8월 23일.

| "포츠머스 회담은 역사상 가장 위대한 평화 회담"이었나? |

강병한, 「"일본 전쟁비용 지원 위해 루스벨트, 미 사업가 동원"」, 『경향신문』, 2007년 4월 26일, 12면.

김기정, 『미국의 동아시아 개입의 역사적 원형과 20세기 초 한미관계 연구』(문학과지성사, 2003).

김재엽, 『122년간의 동거: 전환기에 읽는 한미관계 이야기』(살림, 2004).

도진순, 「세기의 망각을 넘어서: 러일전쟁 100주년 기념행사를 중심으로」, 『역사비평』, 통권 77호(2006년 겨울), 279~318쪽.

박노자 · 허동현, 『열강의 소용돌이에서 살아남기』(푸른역사, 2005).

박보균, 『살아 숨쉬는 미국 역사』(랜덤하우스중앙, 2005).

손세일, 『이승만과 김구: 양반도 깨어라 상놈도 깨어라』(전3권)(나남, 2008).

송우혜, 「운명의 20년」, 『조선일보』, 2004년 8월 18일~2004년 10월 20일.

안영배, 「1899년 대한제국과 1999년 대한민국: '어설픈 근대화론이 조선 망쳤고, 서툰 세계화가 국난 불렀다'」, 『신동아』, 1999년 3월, 528~545쪽.

앨런 브링클리(Alan Brinkley), 황혜성 외 옮김, 『미국인의 역사』(전3권)(비봉출판사, 1993/1998).

윤덕한, 『이완용 평전: 애국과 매국의 두 얼굴』(중심, 1999).

이덕주, 『조선은 왜 일본의 식민지가 되었는가』(에디터, 2004).

이민원, 「당시 국제 역학관계: 러일전쟁 100주년」, 『한겨레』, 2004년 2월 17일, 6면.

이상찬, 「을사조약과 병합조약은 성립하지 않았다」, 『역사비평』, 통권 31호(1995년 겨울), 223~248쪽.

정일성, 『이토 히로부미: 알려지지 않은 이야기들』(지식산업사, 2002).

프레드 H. 해링턴(Fred. H. Harrington), 이광린 옮김, 『개화기의 한미관계: 알렌 박사의 활동을 중심으로』(일조각, 1973).

허동현, 「그때 오늘」, 『중앙일보』, 2009년 7월 29일~2009년 12월 7일.

호머 B. 헐버트(H. B. Hulbert), 신복룡 역주, 『대한제국멸망사: 한말 외국인 기록 1』(집문당, 1999).

| 썩어도 이렇게 썩을 수가 있는가? |

Jean Folkerts & Dwight L. Teeter, Jr., 『Voices of a Nation: A History of Mass Media in the United States』, 3rd ed.(Boston, Mass.: Allyn and Bacon, 1998).

Lincoln Steffens, 『The Shame of the Cities』(New York: Hill and Wang, 1957).

Louis Filler, 『Appointment At Armageddon: Muckraking and Progressivism in American Life』(Westport, Conn.: Greenwood Press, 1976).

Louis Filler, 『The Muckrakers』(University Park, Penn.: The Pennsylvania State University Press, 1976).

The Commission on Freedom of the Press, 『A Free and Responsible Press—A General Report on Mass Communication: Newspapers, Radio, Motion Pictures, Magazines, and Books』(Chicago: University of Chicago Press, 1947).

글렌 포터(Glenn Porter), 손영호 · 연동원 편역, 『미국 기업사: 거대 주식회사의 등장과 그 영향』(학문사, 1986/1998).

로버트 바스키(Robert Barsky), 장영준 옮김, 『촘스키, 끝없는 도전』(그린비, 1998).

미첼 스티븐스(Mitchell Stephens), 이광재 · 이인희 옮김, 『뉴스의 역사』(황금가지, 1997/1999).

손세호, 『하룻밤에 읽는 미국사』(랜덤하우스, 2007).

CCTV 다큐멘터리 대국굴기 제작진, 소준섭 옮김, 『강대국의 조건: 미국』(ag, 2007).

아리가 나쓰키(有賀夏紀) · 유이 다이자부로(油井大三郎) 외, 양영철 옮김, 『상식으로 꼭 알아야 할 미국의 역사』(삼양미디어, 2003/2008).

앨런 브링클리(Alan Brinkley), 황혜성 외 옮김, 『미국인의 역사』(전3권)(비봉출판사, 1993/1998).

업턴 싱클레어(Upton Sinclair), 채광석 옮김, 『정글』(페이퍼로드, 1906/2009).

이보형, 『미국사 개설』(일조각, 2005).

이재광 · 김진희, 『영화로 쓰는 20세기 세계경제사』(혜윰, 1999).

잭 런던(Jack London), 차미례 옮김, 『강철군화』(한울, 1908/1989).

제러미 리프킨(Jeremy Rifkin), 신현승 옮김, 『육식의 종말』(시공사, 1993/2002).

커윈 C. 스윈트(Kerwin C. Swint), 김정욱·이훈 옮김, 『네거티브, 그 치명적 유혹: 미국의 역사를 바꾼 최악의 네거티브 캠페인 25위~1위』(플래닛미디어, 2005/2007).

케네스 데이비스(Kenneth C. Davis), 이순호 옮김, 『미국에 대해 알아야 할 모든 것, 미국사』(책과함께, 2003/2004).

토머스 아이크(Thomas Ayck), 소병규 옮김, 『잭 런던: 모순에 찬 삶과 문학』(한울, 1976/1992).

폴 애브리치(Paul Avrich), 하승우 옮김, 『아나키스트의 초상』(갈무리, 1988/2004).

하워드 진(Howard Zinn)·레베카 스테포프(Rebecca Stefoff), 김영진 옮김, 『하워드 진 살아 있는 미국 역사』(추수밭, 2007/2008).

허버트 알철(J. Herbert Altschull), 강상현·윤영철 옮김, 『지배권력과 제도언론: 언론의 이데올로기적 역할과 쟁점』(나남, 1984/1991).

허버트 알철(J. Herbert Altschull), 양승목 옮김, 『현대언론사상사: 밀턴에서 맥루한까지』(나남, 1990/1993).

제3장 제1차 세계대전의 시대

| 무엇이 '전파 프런티어' 붐을 일으켰나? |

Christopher H. Sterling & John M. Kittross, 『Stay Tuned: A Concise History of American Broadcasting』(Belmont, Ca.: Wadsworth, 1978).

Daniel J. Czitrom, 『Media and the American Mind: From Morse to McLuhan』(Chapel Hill: University of North Carolina Press, 1982).

David A. Cook, 「The Birth of the Network」, 『Quarterly Review of Film Studies』, 8:3(Summer 1983).

Erik Barnouw, 『Tube of Plenty: The Evolution of American Television』(New York: Oxford Univ. Press, 1982).

Harry Castleman & Walter J. Podrazik, 『Watching TV: Four Decades of American Television』(New York: McGraw-Hill, 1982).

Michael Emery & Edwin Emery, 『The Press and America: An Interpretive History of the Mass Media』, 8th ed.(Boston, Mass.: Allyn and Bacon, 1996).

Sydney W. Head et al., 『Broadcasting in America: A Survey of Electronic Media』, 8th ed.(New York: Houghton Mifflin, 1998).

김용관, 『탐욕의 자본주의: 투기와 약탈이 낳은 괴물의 역사』(인물과사상사, 2009).

스티븐 컨(Stephen Kern), 박성관 옮김, 『시간과 공간의 문화사 1880~1918』(휴머니스트, 1983/2004).

제러미 리프킨(Jeremy Rifkin), 이원기 옮김, 『유러피언 드림: 아메리칸 드림의 몰락과 세계의 미래』(민음사, 2004/2005).

| '세계 민주주의의 안전'을 위해서였나? |

Alexander L. George & Juliette L. George, 『Woodrow Wilson and Colonel House: A Personality Study』(New York: John Day Company, 1956).

David H. Burton, 「The Learned Presidency: Roosevelt, Taft, Wilson」, 『Presidential Studies Quarterly』, 15:3(Summer 1985), pp.486~497.

John D. Stevens, 『Shaping the First Amendment: The Development of Free Expression』(Beverly Hills, Ca.: Sage, 1982).

John F. Wilson, 「Rhetorical Echoes of a Wilsonian Idea」, 『The Quarterly Journal of Speech』,

43(1957), pp.271~277.

Michael Emery & Edwin Emery, 「The Press and America: An Interpretive History of the Mass Media」, 8th ed.(Boston, Mass.: Allyn and Bacon, 1996).

Ronald H. Carpenter, 「America's Tragic Metaphor: Our Twentieth-Century Combatants as Frontiersmen」, 「The Quarterly Journal of Speech」, 76:1(February 1990), pp.1~22.

Shawn Aubitz & Gail F. Stern, 「Ethnic Images in World War I Posters」, 「Journal of American Culture」, 9:4(Winter 1986), pp.83~98.

Verne E. Edwards, Jr., 「Journalism in a Free Society」(Dubuque, Iowa: Wm.C.Brown, 1970).

William Appleman Williams, 「The Tragedy of American Diplomacy」(New York: World Publishing Co., 1959).

Woodrow Wilson, 「Message to Congress(April 2, 1917)」, Richard N. Current & John A. Garraty, eds., 「Words That Made American History: The 1870's to the Present」(Boston, Mass.: Little, Brown and Co., 1962), pp.237~251.

권용립, 「미국의 정치문명」(삼인, 2003).

김봉중, 「카우보이들의 외교사: 먼로주의에서 부시 독트린까지 미국의 외교전략」(푸른역사, 2006).

손세호, 「하룻밤에 읽는 미국사」(랜덤하우스, 2007).

송기도, 「콜럼버스에서 룰라까지: 중남미의 재발견」(개마고원, 2003).

송무, 「영문학에 대한 반성: 영문학의 정당성과 정전 문제에 대하여」(민음사, 1997).

송우혜, 「마지막 황태자(연재소설)」, 「신동아」, 1998년 3월호~1999년 2월호.

앨런 브링클리(Alan Brinkley), 황혜성 외 옮김, 「미국인의 역사(전3권)」(비봉출판사, 1993/1998).

에드워드 버네이스(Edward Louis Bernays), 강미경 옮김, 「프로파간다: 대중심리를 조종하는 선전 전략」(공존, 1928/2009).

정성화, 「제6장 윌슨시대의 외교(1914~1920)」, 차상철 외, 「미국외교사: 워싱턴 시대부터 루즈벨트 시대까지(1774~1939)」(비봉출판사, 1999), 233~293쪽.

제임스 A. 스미스(James A. Smith), 손영미 옮김, 「미국을 움직이는 두뇌집단들」(세종연구원, 1991/1996).

조지프 나이(Joseph S. Nye), 양준희 옮김, 「국제분쟁의 이해: 이론과 역사」(한울아카데미, 2000).

존 스틸 고든(John Steele Gordon), 강남규 옮김, 「월스트리트제국: 금융자본권력의 역사 350년」(참솔, 1999/2002).

케네스 데이비스(Kenneth C. Davis), 이순호 옮김, 「미국에 대해 알아야 할 모든 것, 미국사」(책과함께, 2003/2004).

피터 벤더(Peter Bender), 김미선 옮김, 「제국의 부활: 비교역사학으로 보는 미국과 로마」(이끌리오, 2006).

하워드 진(Howard Zinn), 이아정 옮김, 「오만한 제국: 미국의 이데올로기로터 독립」(당대, 1991/2001).

하워드 진(Howard Zinn), 조선혜 옮김, 「미국민중저항사(전2권)」(일월서각, 1980/1986).

하워드 진(Howard Zinn), 「냉전시대 역사의 정치학: 억압과 저항」, 놈 촘스키(Noam Chomsky) 외, 정연복 옮김, 「냉전과 대학: 냉전의 서막과 미국의 지식인들」(당대, 2001), 80~129쪽.

하워드 진(Howard Zinn)·레베카 스테포프(Rebecca Stefoff), 김영진 옮김, 「하워드 진 살아 있는 미국 역사」(추수밭, 2007/2008).

| 베르사유 조약이 제2차 세계대전을 불러왔는가? |

Barbara W. Tuchman, 「Can History Use Freud?: The Case of Woodrow Wilson」, 「The Atlantic Monthly」, February 1967, pp.39~44.

Sigmund Freud & William C. Bullitt, 「Thomas Woodrow Wilson: A Psychological Study」 (Cambridge, Mass.: Houghton Mifflin, 1967).

김민아, 「1935년 독일, 베르사유 조약 파기 선언」, 「경향신문」, 2009년 3월 16일.

김삼웅, 『사료로 보는 20세기 한국사』(가람기획, 1997).

리처드 솅크먼(Richard Shenkman), 이종인 옮김, 『미국사의 전설, 거짓말, 날조된 신화들』(미래M&B, 1988/2003).

마거릿 맥밀런(Margaret MacMillan), 권민 옮김, 『역사사용설명서: 인간은 역사를 어떻게 이용하고 악용하는 가』(공존, 2008/2009).

마이클 하워드(Michael Howard) · 로저 루이스(Roger Louis), 차하순 외 옮김, 『20세기의 역사』(가지않은 길, 2000).

마이클 헌트(Michael H. Hunt), 권용립 · 이현휘 옮김, 『이데올로기와 미국 외교』(산지니, 1987/2007).

박근태, 「1918년 원조 석호필 박사 조선 독감논문 1호를 쓰다」, 『동아일보』, 2007년 11월 23일.

손세호, 『하룻밤에 읽는 미국사』(랜덤하우스, 2007).

송남헌 외, 우사연구회 엮음, 『몸으로 쓴 통일독립운동사: 우사 김규식 생애와 사상 3』(한울, 2000).

송우혜, 「마지막 황태자(연재소설)」, 『신동아』, 1998년 3월호~1999년 2월호.

앨런 브링클리(Alan Brinkley), 황혜성 외 옮김, 『미국인의 역사(전3권)』(비봉출판사, 1993/1998).

이덕주, 『식민지 조선은 어떻게 해방되었는가』(에디터, 2003).

이삼성, 『세계와 미국: 20세기의 반성과 21세기의 전망』(한길사, 2001).

이철희, 「1918년 윌슨 美 대통령 첫 유럽 방문」, 『동아일보』, 2008년 12월 4일.

이철희, 「1920년 美 국제연맹 가입안 부결」, 『동아일보』, 2009년 3월 19일.

정성화, 「제6장 윌슨시대의 외교(1914~1920)」, 차상철 외, 『미국외교사: 워싱턴 시대부터 루즈벨트 시대까지(1774~1939)』(비봉출판사, 1999), 233~293쪽.

진 립먼-블루먼(Jean Lipman-Blumen), 정명진 옮김, 『부도덕한 카리스마의 매혹』(부글북스, 2005).

질비아 엥글레르트(Sylvia Englert), 장혜경 옮김, 『상식과 교양으로 읽는 미국의 역사』(웅진지식하우스, 2005/2006).

케네스 데이비스(Kenneth C. Davis), 이순호 옮김, 『미국에 대해 알아야 할 모든 것, 미국사』(책과함께, 2003/2004).

케이티 마턴(Kati Marton), 이창식 옮김, 『숨은 권력자, 퍼스트 레이디』(이마고, 2002).

크리스 하먼(Chris Harman), 천경록 옮김, 『민중의 세계사』(책갈피, 2004).

폴 존슨(Paul Johnson), 이희구 외 옮김, 『세계현대사(전3권)』(한마음사, 1991/1993).

프레더릭 L. 알렌(Frederick Lewis Allen), 박진빈 옮김, 『원더풀 아메리카』(앨피, 1931/2006).

하워드 진(Howard Zinn) · 레베카 스테포프(Rebecca Stefoff), 김영진 옮김, 『하워드 진 살아 있는 미국 역사』(추수밭, 2007/2008).

| '열광'은 어떻게 '공포'로 바뀌었나? |

Linda Killen, 『The Russian Bureau: A Case Study in Wilsonian Diplomacy』(Lexington: The University Press of Kentucky, 1985).

Ronald Steel, 『Walter Lippmann and the American Century』(Boston, Mass.: Little, Brown, 1980).

Walter Lippmann & Charles Merz, 「A Test of News」, 『The New Republic』, August 4, 1920, pp.1~42.

William E. Leuchtenburg, 『The Perils of Prosperity, 1914-32』(Chicago: The University of Chicago Press, 1958).

권용립, 『미국의 정치문명』(삼인, 2003).

김학준, 『러시아혁명사』(문학과지성사, 1979).

김학준, 『러시아사』(대한교과서주식회사, 1991).

마이클 헌트(Michael H. Hunt), 권용립 · 이현휘 옮김, 『이데올로기와 미국 외교』(산지니, 1987/2007).

브루스 왓슨(Bruce Watson), 이수영 옮김, 『사코와 반제티: 세계를 뒤흔든 20세기 미국의 마녀재판』(삼천리,

2009).

앤서니 서머스(Anthony Summers), 정형근 옮김, 『조작된 신화: 존 에드거 후버(전2권)』(고려원, 1995).

제임스 B. 트위첼(James B. Twitchell), 김철호 옮김, 『욕망, 광고, 소비의 문화사』(청년사, 2000/2001).

제프리 호스킹(Jeoffrey Hosking), 김영석 옮김, 『소련사』(홍성사, 1988).

존 스틸 고든(John Steele Gordon), 강남규 옮김, 『월스트리트제국: 금융자본권력의 역사 350년』(참솔, 1999/2002).

케네스 데이비스(Kenneth C. Davis), 이순호 옮김, 『미국에 대해 알아야 할 모든 것, 미국사』(책과함께, 2003/2004).

크리스 하먼(Chris Harman), 천경록 옮김, 『민중의 세계사』(책갈피, 2004).

폴 존슨(Paul Johnson), 이희구 외 옮김, 『세계현대사(전3권)』(한마음사, 1991/1993).

표트르 A. 크로포트킨(Pyotr A. Kropotkin), 김유곤 옮김, 『크로포트킨 자서전』(우물이있는집, 2003).

프레더릭 L. 알렌(Frederick Lewis Allen), 박진빈 옮김, 『원더풀 아메리카』(앨피, 1931/2006).

하워드 진(Howard Zinn) · 레베카 스테포프(Rebecca Stefoff), 김영진 옮김, 『하워드 진 살아 있는 미국 역사』(추수밭, 2007/2008).

| 세기의 '원숭이 재판'은 과연 누구의 승리였는가? |

Garry Wills, 『Head and Heart: American Christianities』(New York: Penguin Press, 2007).

James Davison Hunter, 『Culture Wars: The Struggle to Define America』(New York: Basic Books, 1991).

Robert D. Putnam & David E. Campbell, 『American Grace: How Religion Divides and United Us』(New York: Simon & Schuster, 2010).

Rodney A. Smolla, 「Monkey Business」, 『The New York Times Book Review』, October 5, 1997, p.21.

Ronald Steel, 『Walter Lippmann and the American Century』(Boston, Mass.: Little, Brown, 1980).

William E. Leuchtenburg, 『The Perils of Prosperity, 1914-32』(Chicago: The University of Chicago Press, 1958).

고성호, 「'진화론 대 지적 설계론' 논란」, 『한국일보』, 2005년 5월 7일, 14면.

권용립, 『미국의 정치문명』(삼인, 2003).

김보은, 「미 캔자스주 창조론 수업」, 『세계일보』, 2005년 11월 10일, 13면.

김윤성, 「미국 사회와 개신교 근본주의: 사면초가 속의 저력」, 『역사비평』, 통권64호(2003년 가을), 60~81쪽.

김윤성, 권재준 그림, 『그림으로 이해하는 생태사상』(개마고원, 2009).

김학준, 「진화론 대 창조론」, 『한겨레』, 2005년 12월 22일, 7면.

마이클 H. 하트(Michael H. Hart), 김평옥 옮김, 『랭킹 100 세계사를 바꾼 사람들』(에디터, 1993).

메릴 윈 데이비스(Merryl Wyn Davies), 이한음 옮김, 『다윈과 근본주의』(이제이북스, 2002).

미하엘 코르트(Michael Korth), 권세훈 옮김, 『광기에 관한 잡학사전』(을유문화사, 2009).

박동수, 「지적 설계론」, 『국민일보』, 2005년 8월 8일, 27면.

박영배, 『미국, 야만과 문명의 두 얼굴: 주미특파원 박영배 리포트』(이채, 1999).

박찬수, 「미 '생명 창조론' 보수 물결 타고 확산」, 『한겨레』, 2005년 3월 22일, 20면.

앨런 브링클리(Alan Brinkley), 황혜성 외 옮김, 『미국인의 역사(전3권)』(비봉출판사, 1993/1998).

에드워드 라슨(Edward J. Larson), 한유정 옮김, 『신들을 위한 여름: 종교의 신과 과학의 신이 펼친 20세기 최대의 법정 대결』(글항아리, 1997/2014).

이승엽, 「"생명체의 복잡성, 진화론만으론 설명 못해"」, 『중앙일보』, 2005년 9월 9일, 33면.

존 우드브리지(John D. Woodbridge) 외, 박용규 옮김, 『기독교와 미국』(총신대학교출판부, 2002).

존 터먼(John Tirman), 이종인 옮김, 『미국이 세계를 망친 100가지 방법』(재인, 2006/2008).

프레더릭 L. 알렌(Frederick Lewis Allen), 박진빈 옮김, 『원더풀 아메리카』(앨피, 1931/2006).
홍권희, 「NYT "진화론을 추락시키지 말라"」, 『동아일보』, 2005년 1월 25일, A14면.

제4장 섹스·영화·소비

| 섹스는 '마지막 프런티어'인가? |

Daniel Pope, 『The Making of Modern Advertising』(New York: Basic Books, 1983).
Martha Cooper & John J. Makay, 「Knowledge, Power, and Freud's Clark Conference Lectures」, 『The Quarterly Journal of Speech』, 74:4(November 1988), pp.416~433.
뉴욕타임스(New York Times) 기획, 김석정 옮김, 『뉴욕타임즈가 공개하는 숨겨진 역사』(책빛, 2008).
마르트 로베르(Marthe Robert), 이재형 옮김, 『정신분석혁명: 프로이트의 삶과 저작』(문예출판사, 2000).
사라 에번스(Sara M. Evans), 조지형 옮김, 『자유를 위한 탄생: 미국 여성의 역사』(이화여자대학교 출판부, 1997/1998).
사루야 가나메(猿谷要), 남혜림 옮김, 『검증, 미국사 500년의 이야기』(행담출판, 2004/2007).
스토 퍼슨스(Stow Persons), 이형대 옮김, 『미국 지성사』(신서원, 1975/1999).
스티븐 컨(Stephen Kern), 박성관 옮김, 『시간과 공간의 문화사 1880~1918』(휴머니스트, 1983/2004).
앵거스 매클래런(Angus McLaren), 임진영 옮김, 『20세기 성의 역사』(현실문화연구, 1999/2003).
엘리자베스 루즈(Elizabeth Rouse), 이재한 옮김, 『코르셋에서 펑크까지: 현대사회와 패션』(시지락, 2003).
일리야 에렌부르크(Ilya Ehrenbourg), 김혜련 옮김, 『꿈의 공장: 할리우드 영화산업 선구자들의 시련과 야망』(눈빛, 2000).
조선일보 문화부 편, 『아듀 20세기(전2권)』(조선일보사, 1999).
찰스 패너티(Charles Panati), 이용웅 옮김, 『문화와 유행상품의 역사(전2권)』(자작나무, 1991/1997).
케네스 포메란츠(Kenneth Pomeranz)·스티븐 토픽(Steven Topik), 박광식 옮김, 『설탕, 커피 그리고 폭력: 교역으로 읽는 세계사 산책』(심산, 2001/2003).
프레더릭 L. 알렌(Frederick Lewis Allen), 박진빈 옮김, 『원더풀 아메리카』(앨피, 1931/2006).
한스 디터 겔페르트(Hans-Dieter Gelfert), 이미옥 옮김, 『전형적인 미국인: 미국과 미국인 제대로 알기』(에코리브르, 2002/2003).

| 영화는 '제2의 프런티어'였는가? |

Jean Folkerts & Dwight L. Teeter, Jr., 『Voices of a Nation: A History of Mass Media in the United States』, 3rd ed.(Boston, Mass.: Allyn and Bacon, 1998).
John E. O'Connor & Martin A. Jackson eds., 『American History/American Film: Interpreting the Hollywood Image』(New York: Frederick Ungar, 1979).
Richard Dyer, 「Stars as Signs」, Tony Bennett et al. eds., 『Popular Television and Film』(London: BFI, 1981).
권재현, 「[20세기 우연과 필연] (19) 할리우드 건설」, 『동아일보』, 1999년 9월 30일, 8면.
김지운 편저, 『국제정보유통과 문화지배』(나남, 1991).
루이스 자네티(Louis D. Giannetti), 김진해 옮김, 『영화의 이해: 이론과 실제』(현암사, 1990).
빌 브라이슨(Bill Bryson), 정경옥 옮김, 『빌 브라이슨 발칙한 영어산책: 엉뚱하고 발랄한 미국의 거의 모든 역사』(살림, 2009).
손세호, 『하룻밤에 읽는 미국사』(랜덤하우스, 2007).
스티븐 컨(Stephen Kern), 박성관 옮김, 『시간과 공간의 문화사 1880~1918』(휴머니스트, 2004).
에드가 모랭(Edgar Morin), 이상률 옮김, 『스타』(문예출판사, 1992).

에밀리 로젠버그(Emily S. Rosenberg), 양홍석 옮김, 『미국의 팽창: 미국 자유주의 정책의 역사적인 전개』(동과서, 2003).

연동원, 『영화 대 역사: 영화로 본 미국의 역사』(학문사, 2001).

이용관 · 김지석, 『할리우드: 할리우드 영화의 산업과 이데올로기』(제3문학사, 1992).

이재광 · 김진희, 『영화로 쓰는 세계경제사: 15세기에서 19세기까지』(혜윰, 1999).

이현하, 「초기 영화: 영화의 탄생과 매체적 특성」, 임정택 외, 『세계영화사 강의』(연세대학교출판부, 2001), 9~29쪽.

존 벨턴(John Belton), 이형식 옮김, 『미국영화/미국문화』(한신문화사, 2000).

크리스틴 톰슨(K. Thompson) · 데이비드 보드웰(David Bordwell), 주진숙 외 옮김, 『세계영화사(전2권)』(시각과언어, 2000).

| 왜 무역은 영화를 따라갔는가? |

Carrol Binder, 「Freedom of Information and the United Nations」, 『International Organization』, 6(1952), pp.210~226.

Garth Jowett & James M. Linton, 『Movies as Mass Communication』(Beverly Hills, Ca.: Sage, 1980).

Herbert I. Schiller, 「The Diplomacy of Cultural Domination and the Free Flow of Information」, 『Freedomways』, 22:3(1982).

John W. Henderson, 『The United States Informational Agency』(New York : Frederick A. Praeger, 1969).

Margaret A. Blanchard, 『Exporting the First Amendment: The Press-Government Crusade of 1945~1952』(New York: Longman, 1986).

Robert C. Allen & Douglas Gomery, 『Film History: Theory and Practice』(New York: Alfred A. Knopf, 1985).

Robert Sklar, 『Movie-Made America: A Cultural History of American Movies』(New York: Vintage Books, 1975).

Robert U. Brown, 「ASNE Reports Progress on Free Press Pledges」, 『Editor & Publisher』, 16 June 1945, p.64.

김지운 편저, 『국제정보유통과 문화지배』(나남, 1991).

김진송, 『서울에 딴스홀을 허(許)하라: 현대성의 형성』(현실문화연구, 1999).

루이스 자네티(Louis D. Giannetti), 김진해 옮김, 『영화의 이해: 이론과 실제』(현암사, 1990).

볼프 C. 슈바르츠벨러(Wolf C. Schwarzwäller), 이미옥 옮김, 『히틀러와 돈: 권력자는 어떻게 부를 쌓고 관리하는가』(참솔, 2002).

빌 브라이슨(Bill Bryson), 오성환 옮김, 『여름, 1927, 미국: 꿈과 황금시대』(까치, 2013/2014).

에드가 모랭(Edgar Morin), 이상률 옮김, 『스타』(문예출판사, 1992).

유석재, 「1930년대는 영화 한 회에 세 시간」, 『조선일보』, 2008년 4월 8일.

유선영, 「황색 식민지의 서양영화 관람과 소비의 정치, 1934~1942」, 공제욱 · 정근식 편, 『식민지의 일상, 지배와 균열』(문화과학사, 2006).

유선영, 「대한제국 그리고 일제 식민지배 시기 미국화」, 김덕호 · 원용진 엮음, 『아메리카나이제이션』(푸른역사, 2008), 49~84쪽.

이용관 · 김지석, 『할리우드: 할리우드 영화의 산업과 이데올로기』(제3문학사, 1992).

이준식, 「문화 선전 정책과 전쟁 동원 이데올로기: 영화통제체제의 선전영화를 중심으로」, 방기중 편, 『일제 파시즘 지배정책과 민중생활』(혜안, 2004).

일리야 에렌부르크(Ilya Ehrenbourg), 김혜련 옮김, 『꿈의 공장: 할리우드 영화산업 선구자들의 시련과 야망』(눈빛, 2000).

존 벨턴(John Belton), 이형식 옮김, 『미국영화/미국문화』(한신문화사, 2000).

크리스틴 톰슨(K. Thompson) · 데이비드 보드웰(David Bordwell), 주진숙 외 옮김, 『세계영화사(전2권)』(시
　각과언어, 2000).

피터 코리건(Peter Corrigan), 이성룡 외 옮김, 『소비의 사회학』(그린, 2001).

| 왜 찰스 린드버그는 미국인의 영웅이 되었나? |

William E. Leuchtenburg, 『The Perils of Prosperity, 1914~32』(Chicago: The University of Chicago
　Press, 1958).

가브리엘 콜코(Gabriel Kolko), 지소철 옮김, 『제국의 몰락: 미국의 패권은 어떻게 무너지는가』(비아북,
　2009).

놈 촘스키(Noam Chomsky) · 데이비드 바사미언(David Barsamian), 이성복 옮김, 『프로파간다와 여론: 촘
　스키와의 대화』(아침이슬, 2002).

대니얼 J. 부어스틴(Daniel J. Boorstin), 이보형 외 옮김, 『미국사의 숨은 이야기』(범양사출판부, 1989/1991).

라이너 M. 슈뢰더(Rainer M. Schroeder), 이온화 옮김, 『개척자 · 탐험가 · 모험가』(좋은생각, 2000).

마이클 헌트(Michael H. Hunt), 권용립 · 이현휘 옮김, 『이데올로기와 미국 외교』(산지니, 1987/2007).

민융기, 『그래도 20세기는 좋았다 1901~2000』(오늘, 1999).

박재선, 『제2의 가나안 유태인의 미국』(해누리, 2002).

빌 브라이슨(Bill Bryson), 정경옥 옮김, 『빌 브라이슨 발칙한 영어산책: 엉뚱하고 발랄한 미국의 거의 모든
　역사』(살림, 1994/2009).

빌 브라이슨(Bill Bryson), 오성환 옮김, 『여름, 1927, 미국: 꿈과 황금시대』(까치, 2013/2014).

안윤모, 『미국 민중주의의 역사』(이화여자대학교출판부, 2006).

오치 미치오(越智通雄), 곽해선 옮김, 『와스프: 미국의 엘리트는 어떻게 만들어지는가』(살림, 1998/1999).

오치 미치오(越智通雄) 외, 김영철 편역, 『마이너리티의 헐리웃: 영화로 읽는 미국 사회사』(한울, 1993).

유종선, 『미국사 100장면: 신대륙 발견에서 LA 흑인폭동까지』(가람기획, 1995).

찰스 패너티(Charles Panati), 이용웅 옮김, 『문화와 유행상품의 역사(전2권)』(자작나무, 1991/1997).

케네스 데이비스(Kenneth C. Davis), 이순호 옮김, 『미국에 대해 알아야 할 모든 것, 미국사』(책과함께,
　2003/2004).

프레더릭 L. 알렌(Frederick Lewis Allen), 박진빈 옮김, 『원더풀 아메리카』(앨피, 1931/2006).

하워드 민즈(Howard Means), 황진우 옮김, 『머니 & 파워: 지난 천년을 지배한 비즈니스의 역사』(경영정신,
　2001/2002).

| 왜 '생산의 우상'이 '소비의 우상'으로 대체되었는가? |

Daniel J. Boorstin, 『The Image: A Guide to Pseudo-Events in America』(New York: Atheneum,
　1964).

David Halberstam, 『The Powers That Be』(New York: Dell, 1979).

T. H. Watkins, 「Boiling Over」, 『The New York Times Book Review』, April 13, 1997, p.34.

김용관, 『탐욕의 자본주의: 투기와 약탈이 낳은 괴물의 역사』(인물과사상사, 2009).

대니얼 J. 부어스틴(Daniel J. Boorstin), 이보형 외 옮김, 『미국사의 숨은 이야기』(범양사출판부, 1989/1991).

마이클 하워드(Michael Howard) · 로저 루이스(Roger Louis), 차하순 외 옮김, 『20세기의 역사』(가지않은
　길, 2000).

박한용, 「'공황기' 국내 민족해방운동의 고양과 민족통일전선운동의 굴절」, 강만길 외, 『통일지향 우리민족해
　방운동사』(역사비평사, 2000).

빌 브라이슨(Bill Bryson), 정경옥 옮김, 『빌 브라이슨 발칙한 영어산책: 엉뚱하고 발랄한 미국의 거의 모든
　역사』(살림, 1994/2009).

손세호, 『하룻밤에 읽는 미국사』(랜덤하우스, 2007).

앤서니 서머스(Anthony Summers), 정형근 옮김, 『조작된 신화: 존 에드거 후버(전2권)』(고려원, 1995).

양건열, 『비판적 대중문화론』(현대미학사, 1997).

에번 토머스(Evan Thomas), 「카트리나 경제학: 미국의 허점이 드러났다」, 『뉴스위크 한국판』, 2005년 9월 14일, 15~26면.

이성형, 『콜럼버스가 서쪽으로 간 까닭은?』(까치, 2003).

이현두, 「1929년 美 증시 '검은 목요일'」, 『동아일보』, 2008년 10월 24일.

장 보드리야르(Jean Baudrillard), 이상률 옮김, 『소비의 사회: 그 신화와 구조』(문예출판사, 1970/1991).

제러미 리프킨(Jeremy Rifkin), 이희재 옮김, 『소유의 종말』(민음사, 2001).

조선일보 문화부 편, 『아듀 20세기(전2권)』(조선일보사, 1999).

존 스틸 고든(John Steele Gordon), 강남규 옮김, 『월스트리트제국: 금융자본권력의 역사 350년』(참솔, 1999/2002).

찰스 P. 킨들버거(Charles P. Kindleberger), 박명섭 옮김, 『대공황의 세계』(부키, 1998).

찰스 패너티(Charles Panati), 이용웅 옮김, 『문화와 유행상품의 역사(전2권)』(자작나무, 1991/1997).

케네스 데이비스(Kenneth C. Davis), 이순호 옮김, 『미국에 대해 알아야 할 모든 것, 미국사』(책과함께, 2003/2004).

케빈 필립스(Kevin P. Phillips), 오삼교 · 정하용 옮김, 『부와 민주주의: 미국의 금권정치와 거대 부호들의 정치사』(중심, 2002/2004).

테드 할스테드(Ted Halstead) · 마이클 린드(Michael Lind), 최지우 옮김, 『정치의 미래: 디지털시대의 신정치 선언서』(바다출판사, 2002).

폴 메이슨(Paul Mason), 김병순 옮김, 『탐욕의 종말』(한겨레출판, 2009).

프레더릭 L. 알렌(Frederick Lewis Allen), 박진빈 옮김, 『원더풀 아메리카』(앨피, 1931/2006).

프레더릭 카트라이트(Frederick F. Cartwright) · 마이클 비디스(Michael Biddiss), 김훈 옮김, 『질병의 역사』(가람기획, 2000/2004).

피터 코리건(Peter Corrigan), 이성룡 외 옮김, 『소비의 사회학』(그린, 2001).

제5장 뉴딜과 제2차 세계대전

| 왜 지도자에겐 '감성 지능'이 필요한가? |

David H. Burton, 「The Learned Presidency: Roosevelt, Taft, Wilson」, 『Presidential Studies Quarterly』, 15:3(Summer 1985), pp.486~497.

Denis W. Brogan, 『The Era of Franklin D. Roosevelt: A Chronicle of the New Deal and Global War』(New Haven: Yale University Press, 1950).

Frank Freidel, 『Franklin D. Roosevelt: The Triumph』(Boston, Mass.: Little, Brown, 1956).

Hedley Donovan, 『Roosevelt to Reagan: A Reporter's Encounters with Nine Presidents』(New York: Harper & Row, 1985).

Herbert George Nicholas, 「Roosevelt and Public Opinion」, 『Forthnightly』, 163(May 1945), pp.303~308.

James MacGregor Burns, 『Roosevelt: The Lion and the Fox』(New York: Harcourt Brace, 1956).

James MacGregor Burns, 『Roosevelt: The Soldier of Freedom』(New York: Harcourt Brace Jovanovich, 1970).

James E. Pollard, 「Franklin D. Roosevelt and the Press」, 『Journalism Quarterly』, 22(1945), pp.196~206.

John Gunther, 『Roosevelt in Retrospect: A Profile in History』(New York: Harper & Brothers, 1950).
John K. Winkler, 『William Randolph Hearst: A New Appraisal』(New York: Hastings House, 1955).
Raymond Clapper, 「Why Reporters Like Roosevelt」, 『Review of Reviews and World's Work』, June 1934, pp.14~17.
Robert T. Oliver, 「The Speech That Established Roosevelt's Reputation」, 『The Quarterly Journal of Speech』, 31(1945), pp.274~282.
Waldo W. Braden & Earnest Brandenburg, 「Roosevelt's Fireside Chats」, 『Speech Monographs』, 22(November 1955), pp.290~302.
William E. Leuchtenburg, 『The Perils of Prosperity, 1914~32』(Chicago: The University of Chicago Press, 1958).
게리 윌스(Gary Wills), 곽동훈 옮김, 『시대를 움직인 16인의 리더: 나폴레옹에서 마사 그레이엄까지』(작가정신, 1999).
고든 그레이엄(Gordon Graham), 이영주 옮김, 『인터넷 철학』(동문선, 2003).
나윤도, 「미국의 대통령 문화(21회 연재)」, 『서울신문』, 1997년 11월 22일~1998년 5월 7일.
도리스 굿윈(Doris Goodwin), 「프랭클린 D. 루스벨트: 강한 의지·확고한 신념—미소의 리더십」, 로버트 A. 윌슨(Robert A. Wilson) 외, 형선호 옮김, 『국민을 살리는 대통령 죽이는 대통령』(중앙M&B, 1997), 13~48쪽.
로런스 리머(Laurence Leamer), 정영문 옮김, 『케네디가의 신화(전3권)』(창작시대, 1995).
밥 돌(Bob Dole), 김병찬 옮김, 『대통령의 위트: 조지 워싱턴에서 부시까지』(아테네, 2001/2007).
사루야 가나메(猿谷要), 남혜림 옮김, 『검증, 미국사 500년의 이야기』(행담출판, 2004/2007).
손세호, 『하룻밤에 읽는 미국사』(랜덤하우스, 2007).
조지형, 『헌법에 비친 역사: 미국 헌법의 역사에서 우리 헌법의 미래를 찾다』(푸른역사, 2007).
존 스틸 고든(John Steele Gordon), 강남규 옮김, 『월스트리트제국: 금융자본권력의 역사 350년』(참솔, 1999/2002).
찰스 패너티(Charles Panati), 이용웅 옮김, 『문화와 유행상품의 역사(전2권)』(자작나무, 1991/1997).
최웅·김봉중, 『미국의 역사』(소나무, 1997).
케네스 데이비스(Kenneth C. Davis), 이순호 옮김, 『미국에 대해 알아야 할 모든 것, 미국사』(책과함께, 2003/2004).

| 과연 '인간의 얼굴을 가진 파시즘'이었나? |

Arthur M. Schlesinger, Jr., 『The Coming of the New Deal』(Cambridge, Mass.: Houghton Mifflin, 1958).
Arthur M. Schlesinger, Jr., 『The Politics of Upheaval』(Boston, Mass.: Houghton Mifflin, 1960).
Daniel J. Czitrom, 『Media and the American Mind: From Morse to McLuhan』(Chapel Hill: University of North Carolina Press, 1982).
David Halberstam, 『The Powers That Be』(New York: Dell, 1979).
Denis W. Brogan, 『The Era of Franklin D. Roosevelt: A Chronicle of the New Deal and Global War』(New Haven: Yale University Press, 1950).
Frank Freidel, 『Franklin D. Roosevelt: The Triumph』(Boston, Mass.: Little, Brown, 1956).
Frederic Krome, 「From Liberal Philosophy to Conservative Ideology?: Walter Lippmann's Opposition to the New Deal」, 『Journal of American Culture』, 10:1(Spring 1987), pp.57~64.
James E. Pollard, 「Franklin D. Roosevelt and the Press」, 『Journalism Quarterly』, 22(1945), pp.196~206.
John Gunther, 『Roosevelt in Retrospect: A Profile in History』(New York: Harper & Brothers, 1950).

Joon-Mann Kang, 「Franklin D. Roosevelt and James L. Fly: The Politics of Broadcast Regulation, 1941~1944」, 『Journal of American Culture』, 10:2(Summer 1987), pp.23~33.

Raymond Clapper, 「Why Reporters Like Roosevelt」, 『Review of Reviews and World's Work』, June 1934, pp.14~17.

Ronald Steel, 『Walter Lippmann and the American Century』(Boston, Mass.: Little, Brown, 1980).

데이비드 마크(David Mark), 양원보 · 박찬현 옮김, 『네거티브 전쟁: 진흙탕 선거의 전략과 기술』(커뮤니케이션북스, 2006/2009).

보니 앤젤로(Bonnie Angelo), 이미선 옮김, 『대통령을 키운 어머니들』(나무와숲, 2001).

볼프강 시벨부시(Wolfgang Schivelbusch), 차문석 옮김, 『뉴딜, 세 편의 드라마: 루스벨트의 뉴딜 · 무솔리니의 파시즘 · 히틀러의 나치즘』(지식의풍경, 2005/2009).

에드워드 챈슬러(Edaward Chancellor), 강남규 옮김, 『금융투기의 역사: 튤립 투기에서 인터넷 버블까지』(국일증권경제연구소, 2001).

오치 미치오(越智通雄), 곽해선 옮김, 『와스프: 미국의 엘리트는 어떻게 만들어지는가』(살림, 1998/1999).

존 스틸 고든(John Steele Gordon), 강남규 옮김, 『월스트리트제국: 금융자본권력의 역사 350년』(참솔, 1999/2002).

커윈 C. 스윈트(Kerwin C. Swint), 김정욱 · 이훈 옮김, 『네거티브, 그 치명적 유혹: 미국의 역사를 바꾼 최악의 네거티브 캠페인 25위~1위』(플래닛미디어, 2005/2007).

케네스 데이비스(Kenneth C. Davis), 이순호 옮김, 『미국에 대해 알아야 할 모든 것, 미국사』(책과함께, 2003/2004).

크리스 하먼(Chris Harman), 천경록 옮김, 『민중의 세계사』(책갈피, 2004).

타임-라이프(Time-Life) 북스 편집부, 한국일보 타임-라이프 편집부 옮김, 『미국('세계의 국가' 시리즈)』(한국일보 타임-라이프, 1988).

프레더릭 루이스 알렌(Frederick Lewis Allen), 박진빈 옮김, 『빅 체인지』(앨피, 1952/2008).

| 무엇이 20세기를 '미국의 세기'로 만들었나? |

Curtis D. MacDougall, 『Understanding Public Opinion: A Guide for Newspapermen and Newspaper Readers』(New York: Macmillan, 1952).

Robert E. Herzstein, 『Henry R. Luce: A Political Portrait of the Man Who Created the American Century』(New York: Charles Scribner's Sons, 1994).

Verne E. Edwards, Jr., 『Journalism in a Free Society』(Dubuque, Iowa: Wm.C.Brown, 1970).

권용립, 「미국 민족주의의 본질: 반사와 투영」, 『역사비평』, 통권64호(2003년 가을), 82~108쪽.

놈 촘스키(Noam Chomsky), 황의방 · 오성환 옮김, 『패권인가 생존인가: 미국은 지금 어디로 가는가』(까치, 2004).

데이비드 브룩스(David Brooks), 김소희 옮김, 『보보스는 파라다이스에 산다』(리더스북, 2004/2008).

딕 모리스(Dick Morris), 홍수원 옮김, 『파워게임의 법칙』(세종서적, 2003).

로버트 D. 호매츠(Robert D. Homats), 조규정 옮김, 『자유의 대가』(미래사, 2009).

모리스 버만(Morris Berman), 심현식 옮김, 『미국 문화의 몰락: 기업의 문화지배와 교양문화의 종말』(황금가지, 2002).

박명진 편, 『비판 커뮤니케이션과 문화이론: 기본 개념과 용어』(나남, 1989).

사루야 가나메(猿谷要), 남혜림 옮김, 『검증, 미국사 500년의 이야기』(행담출판, 2004/2007).

안토니오 그람시(Antonio Gramsci), 이상훈 옮김, 『그람시의 옥중수고(전2권)』(거름, 1999).

에밀리 로젠버그(Emily S. Rosenberg), 양홍석 옮김, 『미국의 팽창: 미국 자유주의 정책의 역사적인 전개』(동과서, 1982/2003).

이구한, 『이야기 미국사: 태초의 아메리카로부터 21세기의 미국까지』(청아출판사, 2006).

이보형, 『미국사 개설』(일조각, 2005).

이주천, 「루즈벨트와 제2차 세계대전(1939~1945)」, 최영보 외, 『미국 현대외교사: 루즈벨트 시대에서 클린턴
시대까지』(비봉출판사, 1998), 31~112쪽.

이주천, 「제8장 1930년대의 외교(1930~1939)」, 차상철 외, 『미국 외교사: 워싱턴 시대부터 루즈벨트 시대까
지(1774~1939)』(비봉출판사, 1999).

존 루카치(John Lukacs), 『세계의 운명을 바꾼 1940년 5월 런던의 5일』(중심, 1999/2000).

존 키건(John Keegan), 정병선 옮김, 『전쟁과 우리가 사는 세상』(지호, 2004).

케네스 데이비스(Kenneth C. Davis), 이순호 옮김, 『미국에 대해 알아야 할 모든 것, 미국사』(책과함께,
2003/2004).

프레드 그린슈타인(Fred I. Greenstein), 김기휘 옮김, 『위대한 대통령은 무엇이 다른가』(위즈덤하우스,
2000).

피터 벤더(Peter Bender), 김미선 옮김, 『제국의 부활: 비교역사학으로 보는 미국과 로마』(이끌리오, 2006).

피터 J. 테일러(Peter J. Taylor), 「헤게모니 순환으로서의 '미국의 세기'」, 백승욱 편저, 『'미국의 세기'는 끝
났는가?: 세계 체계 분석으로 본 미국 헤게모니의 역사』(그린비, 2005), 52~82쪽.

하워드 민즈(Howard Means), 황진우 옮김, 『머니 & 파워: 지난 천년을 지배한 비즈니스의 역사』(경영정신,
2001/2002).

한국미국사학회 엮음, 『사료로 읽는 미국사』(궁리, 2006).

| 일본 파시스트의 마지막 발악이었나? |

Hannah Arendt, 『Eichmann in Jerusalem: A Report on the Banality of Evil』(New York: Penguin
Books, 1963/1985).

James MacGregor Burns, 『Roosevelt: The Lion and the Fox』(New York: Harcourt Brace, 1956).

Lloyd Morris, 『Not So Long Ago』(New York: Random House, 1949).

Robert E. Lane & David O. Sears, 『Public Opinion』(Englewood Cliffs, N.J.: Prentice-Hall, 1964).

Walter Laqueur, 『Fascism: Past Present Future』(New York: Oxford University Press, 1997).

William H. Chafe, 『The Unfinished Journey: America Since World War II』(New York: Oxford
University Press, 1986).

고정휴, 「[실록 대한민국 림시정부] 제3부 (3) 美·中의 승인을 위한 戰時 외교」, 『조선일보』, 2005년 4월 20일.

권오신, 『미국의 제국주의: 필리핀들의 시련과 저항』(문학과지성사, 2000).

김학준, 『러시아혁명사』(문학과지성사, 1979).

마이클 하워드(Michael Howard)·로저 루이스(Roger Louis), 차하순 외 옮김, 『20세기의 역사』(가지않은
길, 2000).

문창극, 『미국은 살아 있다: 문창극 특파원 미국 리포트』(고려원, 1994).

사루야 가나메(猿谷要), 남혜림 옮김, 『검증, 미국사 500년의 이야기』(행담출판, 2004/2007).

손세호, 『하룻밤에 읽는 미국사』(랜덤하우스, 2007).

손제민, 「[어제의 오늘] 1944년 미국, 일본계 이민자들 석방 발표」, 『경향신문』, 2009년 12월 17일.

앨런 A. 니들(Allan A. Needell), 「트로이 프로젝트와 냉전이 사회과학에 미친 영향」, 브루스 커밍스(Bruce
Cummings) 외, 『대학과 제국: 학문과 돈, 권력의 은밀한 거래』(당대, 2004), 41~83쪽.

앨런 브링클리(Alan Brinkley), 황혜성 외 옮김, 『미국인의 역사(전3권)』(비봉출판사, 1993/1998).

양재열, 『한국인을 위한 미국사』(혜안, 2005).

에릭 홉스봄(Eric Hobsbawm), 이용우 옮김, 『극단의 시대: 20세기 역사(전2권)』(까치, 1997).

요미우리 신문사 엮음, 이종주 옮김, 『20세기의 드라마(전3권)』(새로운사람들, 1996).

이덕주, 『식민지 조선은 어떻게 해방되었는가』(에디터, 2003).

이언 커쇼(Ian Kershaw), 이희재 옮김, 『히틀러(전2권)』(교양인, 2010).

이주영, 『미국사』(대한교과서, 1995).

이창위, 『우리의 눈으로 본 일본제국 흥망사』(궁리, 2005).

장태한, 『아시안 아메리칸: 백인도 흑인도 아닌 사람들의 역사』(책세상, 2004).

정일성, 『일본 군국주의의 괴벨스 도쿠토미 소호』(지식산업사, 2005).

질비아 엥글레르트(Sylvia Englert), 장혜경 옮김, 『상식과 교양으로 읽는 미국의 역사』(웅진지식하우스, 2005/2006).

피터 벤더(Peter Bender), 김미선 옮김, 『제국의 부활: 비교역사학으로 보는 미국과 로마』(이끌리오, 2006).

하워드 진(Howard Zinn), 이아정 옮김, 『오만한 제국: 미국의 이데올로기로터 독립』(당대, 1991/2001).

하워드 진(Howard Zinn · 레베카 스테포프(Rebecca Stefoff), 김영진 옮김, 『하워드 진 살아 있는 미국 역사』(추수밭, 2007/2008).

한국미국사학회 엮음, 『사료로 읽는 미국사』(궁리, 2006).

황성환, 『미 정부 비밀 해제 문건으로 본 미국의 실체』(소나무, 2006).

| 미국인은 과연 누구인가? |

Gary Wills, 『Nixon Agonistes: The Crisis of the Self-Made Man』(New York: New American Library, 1969).

Russell Jacoby, 「The Decline of American Intellectuals」, Ian Angus & Sut Jhally, eds., 『Cultural Politics In Contemporary America』(New York: Routledge, 1989), pp.271~281.

William H. Chafe, 『The Unfinished Journey: America Since World War II』(New York: Oxford University Press, 1986).

김봉중, 『미국은 과연 특별한 나라인가?: 미국의 정체성을 읽는 네 가지 역사적 코드』(소나무, 2001).

대니얼 벨(Daniel Bell), 김진욱 옮김, 『자본주의의 문화적 모순』(문학세계사, 1976/1990).

데이비드 리스먼(David Riesman) 외, 권오석 옮김, 『고독한 군중』(홍신문화사, 1950/1994).

데이비드 브룩스(David Brooks), 김소희 옮김, 『보보스는 파라다이스에 산다』(리더스북, 2004/2008).

데이비드 핼버스탬(David Halberstam), 김지원 옮김, 『데이비드 핼버스탬의 1950년대 아메리카의 꿈』(세종연구원, 1996).

레스터 C. 서로(Lester C. Thurow), 이근창 옮김, 『세계경제전쟁』(고려원, 1992).

레이 P. 쿠조르트(Ray P. Cuzzort) · 에디스 W. 킹(Edith W. King), 한숭홍 옮김, 『20세기 사회사상』(나눔사, 1991).

로버트 라이시(Robert B. Reich), 형선호 옮김, 『슈퍼 자본주의』(김영사, 2008).

루터 S. 루드케(Luther S. Luedtke), 「미국 국민성의 탐색」, 루터 S. 루드케(Luther S. Luedtke) 편, 고대 영미문학연구소 옮김, 『미국의 사회와 문화』(탐구당, 1989), 13~45쪽.

리처드 플로리다(Richard Florida), 이길태 옮김, 『창조적 변화를 주도하는 사람들』(전자신문사, 2002).

마리나 휘트먼(Marina Whitman), 조명현 옮김, 『변화하는 미국경제, 새로운 게임의 룰』(세종서적, 2001).

손세호, 『하룻밤에 읽는 미국사』(랜덤하우스, 2007).

이주영, 『미국사』(대한교과서, 1995).

잭 비어티(Jack Beatty), 유한수 옮김, 『거상: 대기업이 미국을 바꿨다』(물푸레, 2001/2002).

진인숙, 『영어 단어와 숙어에 담겨진 이야기』(건국대학교출판부, 1997).

찰스 패너티(Charles Panati), 이용웅 옮김, 『문화와 유행상품의 역사(전2권)』(자작나무, 1991/1997).

프레데릭 루이스 알렌(Frederick Lewis Allen), 박진빈 옮김, 『빅 체인지』(앨피, 1952/2008).

하워드 민즈(Howard Means), 황진우 옮김, 『머니 & 파워: 지난 천년을 지배한 비즈니스의 역사』(경영정신, 2001/2002).

하워드 진(Howard Zinn), 문강형준 옮김, 『권력을 이긴 사람들』(난장, 2007/2008).

한스 디터 겔페르트(Hans-Dieter Gelfert), 이미옥 옮김, 『전형적인 미국인: 미국과 미국인 제대로 알기』(에코리브르, 2002/2003).

**전쟁이
만든 나라,
미국**
ⓒ 강준만, 2016

초판 1쇄 2016년 5월 20일 찍음
초판 1쇄 2016년 5월 25일 펴냄

지은이 | 강준만
펴낸이 | 강준우
기획·편집 | 박상문, 박지석, 박효주, 김환표
디자인 | 최진영
마케팅 | 이태준, 박상철
인쇄·제본 | 대정인쇄공사

펴낸곳 | 인물과사상사
출판등록 | 제17-204호 1998년 3월 11일

주소 | (121-839) 서울시 마포구 서교동 392-4 삼양E&R빌딩 2층
전화 | 02-325-6364
팩스 | 02-474-1413
www.inmul.co.kr | insa@inmul.co.kr

ISBN 978-89-5906-399-4 03900
값 16,000원

이 도서의 국립중앙도서관 출판시도서목록(CIP)은 서지정보유통지원시스템 홈페이지(http://seoji.nl.go.kr)와
국가자료공동목록시스템(http://www.nl.go.kr/kolisnet)에서 이용하실 수 있습니다.